"十四五"职业教育国家规划教材

高等职业教育铁道桥梁隧道工程技术专业"十四五"系列教材

铁路桥隧建筑物修理(第二版)

侯宪斌◎主　编

李文盛　张利敏◎副主编

王尚军◎主　审

中国铁道出版社有限公司

2025 年·北　京

内容简介

本书以职业教育发展理念为核心,以技能培养为主线,结合生产实践,选取铁路桥隧建筑物修理课程的学习内容。主要讲述了铁路桥隧建筑物修理工作的必要性、铁路桥隧建筑物修理组织及管理制度、桥面修理、钢结构保护涂装修理、钢结构修理、支座修理、圬工梁拱及墩台修理、铁路隧道修理等内容。本书以“适用、够用”为原则,在充分调研的基础上,结合岗位能力及职业发展的需求,科学合理选择学习项目及典型工作任务。依据最新铁路规范,分主次细化学习内容,引入一线作业生产标准,最大化对接生产实践。

本书可作为高等职业院校铁道桥梁隧道工程技术、铁道工程技术、高速铁路施工与维护及城市轨道交通工程等相关专业教材,也可作为桥隧工等职业技能鉴定的培训教材。

图书在版编目(CIP)数据

铁路桥隧建筑物修理 / 侯宪斌主编 . -- 2版. 北京 : 中国铁道出版社有限公司, 2025. 4. -- (“十四五”职业教育国家规划教材)(高等职业教育铁道桥梁隧道工程技术专业“十四五”系列教材). -- ISBN 978-7-113-32056-0

Ⅰ. U448. 135. 7; U459. 1

中国国家版本馆 CIP 数据核字第 2025MR7978 号

书　　名: 铁路桥隧建筑物修理
作　　者: 侯宪斌

策　　划: 李露露
责任编辑: 李露露　　**编辑部电话:**(010)51873240　　**电子邮箱:**lll_tdpress@163.com
封面设计: 刘　莎
责任校对: 王　杰
责任印制: 樊启鹏

出版发行: 中国铁道出版社有限公司(100054,北京市西城区右安门西街 8 号)
网　　址: https://www.tdpress.com
印　　刷: 天津嘉恒印务有限公司
版　　次: 2020 年 9 月第 1 版　2025 年 4 月第 2 版　2025 年 4 月第 1 次印刷
开　　本: 787 mm×1 092 mm　1/16　**印张:** 13　**字数:** 330 千
书　　号: ISBN 978-7-113-32056-0
定　　价: 39.80 元

DI ER BAN QIAN YAN 第二版前言

《铁路桥隧建筑物修理》第一版于2020年9月正式出版，2023年6月成功入选“十四五”职业教育国家规划教材。本次修订主要针对教育部专家提出的修订建议，并结合专业发展动态进行调整。主要变化如下：

1. 深度挖掘思政元素，全面推进课程思政育人

根据《教育部关于职业院校专业人才培养方案制订与实施工作的指导意见》和《高等学校课程思政建设指导纲要》等文件精神，针对教育部专家提出的思政元素不足的问题，编者参考国家铁路局、中国国家铁路集团有限公司官网上铁路桥隧典型案例，深度挖掘专业思政元素，在每个项目前增加了课程导学典型思政案例，通过工匠精神、家国情怀等重点优化课程思政内容供给，系统进行中国特色社会主义和中国梦教育、社会主义核心价值观教育、劳动教育、中华优秀传统文化教育，全面推进课程思政。

2. 对接职业岗位需求，注重学思结合、知行统一

针对教育部专家提出的作业任务考核单一、训练性不强的建议，编者结合桥隧工岗位考核标准、考核内容、考核形式，对项目任务的考核做了修订，修订后的考核内容零距离对接职业岗位需求，注重学思结合、知行统一。客观题对接桥隧工理论考核内容，主观题对接桥隧工实作考核内容。编者参考各铁路局集团公司桥隧工考核形式，给出了试卷、实操两种考核形式，有效解决了课程考核的难点，扩大了教材的使用范围。任务考核的答案采用二维码的形式提供，提高了教材的信息化程度。

3. 强化安全责任，提升职业素养

对各项目的典型工作任务的安全风险进行了补充，统一了全书安全风险的格式，规范化开展安全教育，强化安全责任，提升学生职业素养。

本书由包头铁道职业技术学院侯宪斌任主编，李文盛、张利敏任副主编，中国神华神朔铁路分公司王尚军主审。具体编写分工如下：项目1、项目2、项目3由侯宪斌编写；项目4、项目5由张利敏编写；项目6由包头铁道职业技术学院赵哲、贺文彪、岳荷编写；项目7由包头铁道职业技术学院敖登和中国神华能源股份有限公司轨道机械化维护分公司蔡滨鸿编写；项目8、项目9由李文盛编写；书中的典型工作任务由中国铁路广州局集团有限公司陈志高编写。

本书在编写过程中，得到了学院领导、同事、兄弟院校及一线企业专家们的大力支持，中国铁路呼和浩特局集团有限公司包头工务段张波、范英，包头铁道职业技术学院王开城、潘磊参与了本书内容的审定，在此表示衷心的感谢。

限于作者的水平和经验，本书难免存在疏漏和不足之处，欢迎广大读者批评指正。

编　者

2024年12月

DI YI BAN QIAN YAN 第一版前言

党的十九大报告提出“完善职业教育和培训体系，深化产教融合、校企合作”，进一步指明了新时代我国职业教育改革发展之路。结合高等职业教育实际，传统课程的学科知识体系框架已不能满足现代职业教育发展的需求，本书以“项目导向、任务驱动”重新序化了“铁路桥隧建筑物修理”的学科知识体系框架，融合了当前职业教育的新理念、新思想。

在编写过程中，结合多年教学和工程实际经验，考虑到高等职业教育以技能培养为主的教学特点以及学生职业发展需求等，依托最新铁路规范，紧密联系生产一线，引入大量典型工作任务，与铁路桥隧修理现场零距离对接。

本书以“适用、够用”为原则，结合岗位能力及职业发展需求，科学合理地选择教学项目及任务。依据最新铁路规范，分主次细化教学内容，并引入大量工程案例。本书注重基本原理的阐述，引入大量的工程图文，强调知识的适用性、先进性及系统性，力求做到内容精炼适用，文字叙述简练严谨，易于学习理解。从适用性来看，本书选取的内容与职业岗位能力紧密联系，实现了教学过程与生产过程的对接；从先进性来看，本书编写过程中主要参考了《普速铁路桥隧建筑物修理规则》(TG/GW 103—2018)、《铁路钢梁涂膜劣化评定》(Q/CR 731—2019)等最新标准和规则。与传统教材相比，本书内容选取时还参考了桥隧工职业技能鉴定试题库，服务于1+X证书，符合铁路职业院校毕业生的就业岗位及企业的需求。

本书由包头铁道职业技术学院侯宪斌任主编，李文盛、张利敏任副主编，中国神华神朔铁路分公司王尚军任主审。具体编写分工如下：项目1、项目2、项目3由包头铁道职业技术学院侯宪斌编写；项目4、项目5由包头铁道职业技术学院张利敏编写；项目6由包头铁道职业技术学院赵哲、贺文彪、岳荷编写；项目7由包头铁道职业技术学院敖登和中国神华能源股份有限公司轨道机械化维护分公司蔡滨鸿编写；项目8、项目9由包头铁道职业技术学院李文盛编写。

本书在编写过程中，得到了学院领导、同事、兄弟院校及一线企业专家们的大力支持，中国铁路呼和浩特局集团有限公司包头工务段张波、范英，包头铁道职业技术学院王开城参与了本书内容的审定，在此表示衷心的感谢。

限于作者的水平和经验，本书难免存在疏漏和不足之处，欢迎广大读者批评指正。

编　　者

2020年8月

MU LU

目录

项目1　铁路桥隧建筑物修理概述

项目概述

本项目主要介绍铁路桥隧建筑物修理的必要性及原则，是学习后续课程的基础。

学习目标

知识目标

1. 了解铁路桥隧建筑物修理的必要性。

2. 掌握桥隧建筑物修理工作的原则及任务。

能力目标

培养学生自主学习、独立思考的能力。

素质目标

1. 具有良好的职业道德和专业素养。

2. 遵法守纪、诚实守信、热爱劳动，履行道德准则和行为规范，具有较强的集体意识和团队合作精神。

课前导学

武汉长江大桥（图1.0.1）横跨于武昌蛇山和汉阳龟山之间，被称为"万里长江第一桥"，是新中国桥梁建设的第一座里程碑，开启了我国桥梁建设的崭新篇章。

图1.0.1　武汉长江大桥

武汉长江大桥于1955年9月1日开工建设,1957年10月15日建成通车。全桥总长1 670 m,其中正桥长1 156 m。主桥为连续钢桁梁桥,上层为公路,下层为双线铁路。正桥的两端建有极具民族风格的桥头堡,建筑造型协调精美,使整座大桥雄浑伟岸。

武汉长江大桥基础采用的管柱钻孔法为世界首创。管柱钻孔法这一新技术比气压沉箱法更容易操作,效率大大提高。大桥原计划4年零1个月完工,实际仅用2年零1个月。

毛泽东同志曾在武汉视察时,挥笔写下"一桥飞架南北,天堑变通途"的壮丽诗句。作为新中国第一个五年计划的主要成就,武汉长江大桥图案入选1962年4月发行的第三套人民币图案,成为新中国国家建设成就的重要标志。

2017年10月,武汉长江大桥迎来60周岁生日。在这60年中,大桥历经7次较大洪水、77次轮船撞击考验。从最近一次的"体检报告"来看,全桥无变位下沉,桥墩可承受6万t压力,可抵御10万m^3流量、5 m/s流速的洪水,可抗8级以下地震和强力冲撞,24 805 t钢梁、8个桥墩无一裂纹,无弯曲变形,百万颗铆钉没发现松动,全桥无重大病害。

任务1.1　了解铁路桥隧建筑物修理工作的意义

本任务主要介绍铁路桥隧建筑物修理工作的必要性。

学习目标

了解我国铁路桥隧建筑物修理工作的意义。

自从1825年第一条铁路在英国出现以来,铁路交通就以其安全、准时、高效的特点在世界上得到了长足发展。截至2024年底,全国铁路营业里程达到16.2万km,高速铁路4.8万km。

当铁路线路要通过江河、湖泊、溪沟、谷地、不良地质、环境敏感区以及山岭等天然障碍,或要跨越道路、铁路、城市轨道交通、管道、水渠等人工建筑物,以及节约土地资源,就需要修建桥隧建筑物,以使铁路线路继续向前延伸。桥隧建筑物包括桥梁、涵洞、隧道等。桥隧建筑物是铁路线路的大型永久性建筑物,是构建铁路的重要基础设施,也是铁路建设的关键技术,在整个铁路交通固定资产中占比很大。

从有利于节约宝贵的土地资源和环境保护出发,根据技术需要,时速200 km以上的高速铁路(包含客运专线、城际铁路)中,桥梁的比例比普速铁路高得多。例如,京津城际铁路桥梁累计长度占全线正线总长的比例为87.7%,京沪高速铁路为80.5%,广珠城际铁路为94.2%,武广高速铁路为48.1%,哈大高速铁路为73.4%,见表1.1.1。

表1.1.1　我国部分高速铁路桥梁工程概况表

线路名称	全长/km	桥梁/km	桥梁比重/%
京沪高速铁路	1 318	1 060.9	80.5
石太高速铁路	189.93	39.2	20.6

续上表

线路名称	全长/km	桥梁/km	桥梁比重/%
京津城际铁路	115.2	100.2	87.7
郑西高速铁路	486.9	283.5	58.0
武广高速铁路	968.2	465.24	48.1
甬台温铁路	282.4	91.4	32.4
温福铁路	298.4	77.1	25.8
合武高速铁路	359.4	115.9	32.2
福厦铁路	276.0	84.8	30.8
广深港高速铁路	104.4	59.2	56.7
广珠城际铁路	142.3	134.1	94.2
厦深高速铁路	502.4	204.14	40.6
哈大高速铁路	903.9	663.3	73.4
海南东环铁路	308.11	102.95	33.4
长古城际铁路	96.26	30.3	31.5
昌九城际铁路	91.58	31.96	34.9

丽香铁路位于云南省西北部，连通丽江市与迪庆藏族自治州，从海拔 2 400 m 的丽江盆地一路向北跨金沙江虎跳峡，爬升至海拔 3 400 m 的香格里拉盆地，途经高原雪山地区。全线翻山越岭、桥隧相连——新建桥梁 34 座、隧道 20 座，桥隧比高达 73.4%。丽香铁路建设过程中，铁路建设者先后攻克了玉龙雪山隧道、哈巴雪山隧道高地应力软岩大变形及高海拔长大隧道、大坡道长轨运输和推送等技术难关，修建的丽香铁路金沙江特大桥创造了 3 项世界纪录。全线共申请国家发明专利 18 项、国家实用新型专利 34 项、省部级工法 39 项，为我国高原铁路建设积累了宝贵经验，创造了我国乃至世界铁路建设史上的一个又一个奇迹。昌九高铁，北起江西九江庐山站，终至昌赣高铁何家村线路所，正线全长 137.72 km，设计时速 350 km，全线共设桥梁 59 座、隧道 21 座，桥隧比达 82%。其中，南昌扬子洲赣江公铁大桥、天祥大道盾构隧道，为全线两大重难点控制性工程。

池黄高铁沿线分布有自然保护区、风景名胜区、湿地公园、森林公园等各类生态敏感区 5 处，涉及生物多样性保护及水源涵养生态保护红线共 16 段 36.8 km。池黄高铁全线共有隧道 34 座，隧道占比 60.8%；共有特大、大中桥梁总计 55 座，占线路长度的 28%；桥隧比高达 89%。

沪渝蓉沿江高铁合武段是我国“八纵八横”高铁网沿江通道的重要组成部分，路网地位十分重要。线路全长约 360 km，设计时速 350 km，桥隧比超过 90%，其中由中铁十八局集团有限公司承建的大别山隧道长度超过 8 000 m，为全线控制性工程，穿越省级自然保护区和二级水源保护区。

福厦铁路全长 276 km，是中国“八纵八横”高速铁路网重要组成部分，沿线设福州南、福清西、莆田、泉港、泉州东、泉州南、厦门北、漳州 8 座客运车站，正线桥梁 84 座、隧道 29 座，桥隧比高达 85.1%。该项目开启了中国沿海智能高铁建设的新篇章，通过智能建造、智能装备、智能运营技术创新的不断深化,完善沿海智能高铁建设体系。

中老铁路北起云南省会昆明,途经玉溪、普洱、景洪至磨憨口岸出境,最终到达老挝首都万象,全长1 035 km,是首条以中方为主投资建设、全线采用中国技术标准、使用中国设备并与中国铁路网直接连通的国际铁路。中老铁路是一条被称为“不是穿行在洞中、就是穿行在空中”的铁路。老挝境内线路80%为山地和高原,2次跨越湄公河,有隧道75座、桥梁165座,桥隧总长261 km,桥隧比达到62.7%。中国境内线路自北向南穿越磨盘山、哀牢山和无量山,跨元江、阿墨江、把边江和澜沧江,经过的区域穿越断层、断裂218条和褶皱66条,具有高地热、高地应力、高地震烈度等特点,桥隧比高达87%,被称为“活的地质博物馆”。

随着社会经济和交通运输事业的快速发展,过去修建于各年代的桥隧建筑物承担着十分沉重的交通荷载及繁重的客货运输量。由于历史的原因,如当时的资金紧缺、设计荷载及泄洪标准偏低、技术力量缺乏、施工管理粗放、设计施工技术水平较低以及设备、材料限制,部分建造的桥隧建筑物或多或少存在一些缺陷。随着社会经济的不断发展,车辆速度不断加快,荷载不断加重,密度不断提高,部分既有桥隧建筑物难以适应日益增长的交通运输量的要求。桥隧结构长期处在列车动荷载的作用下,加上材料老化、环境劣化以及自然灾害等因素的联合作用,其生命周期内结构状态必然发生退化。这些不良因素,除影响桥隧建筑物的使用寿命之外,有的已经危及过往人车的安全,甚至发生桥梁倒塌、隧道坍塌等重大事故。

铁路桥隧建筑物是铁路线路的重要组成部分,构造复杂、技术性强、价值较高,一旦损坏,修复和改造都很困难,将严重影响铁路的正常运行。对既有桥隧进行必要的维护修理,可以恢复和提高既有桥隧的承载和通行能力,延长桥隧的使用寿命,满足新的交通运输需要。这样不仅能节省大量投资,获得良好的社会经济效益,而且可以消除交通安全隐患。很多资料显示,当前一些交通发达的国家,已把桥隧建设的重点放在既有桥隧加固和改造方面,而新建桥隧已降为次要地位。所以,做好铁路桥隧建筑物的养护修理工作,对保障铁路运输的安全畅通,促进国民经济的发展有着重要的意义。

京汉铁路郑州黄河老桥(图1.1.1)加固补强案例——京汉铁路郑州黄河老桥,在抗日战争中遭受破坏,后简单修复维持通车。中华人民共和国成立初期,为了保证行车安全,只得限制时速在5 km以下,用小机车牵引列车分解过桥,所以每趟列车过桥需3个多小时,成为京汉铁路上运输薄弱环节。该桥曾进行5次加固:第一次加固工程于1949年12月开始,1950年1月完成。工程的主要内容是:修理损坏的第15孔钢梁上弦(原用木料支撑部位);加固第22号桥墩的临时支撑;在第5号、8号、19号、22号、38号、48号等受损桥墩周围抛填铁丝石笼2 109 m^3;整理桥上轨道,更换钢轨1 769 m。第二次加固工程于1950年2月17日开始,同年3月完成。其目的是在第一次加固的基础上,整治一些弱点,进一步改善桥梁的状态。工程主要工作量:更换桥枕806根,增铺桥上护轨,更换和修理失效的军用梁配件。第三次加固工程于1950年4月开始,同年10月中旬提前完成。主要工作量是上部结构的整修加固,包括14孔下承钢桁梁和86孔日式军便梁的加固,全部更换为注油木桥枕,更换桥上钢轨为43 kg/m苏制轨,以及全部钢梁油漆等。第四次加固工程,于1950年10月开工,1951年4月全面开展,同年8月完成。其主要内容是打试桩,进一步弄清楚管桩的承载能力和寻求桥墩加固的方法;拆换桥墩上部临时连结杆件,共88个桥墩,5 034根;更换螺栓3 792个;加桩箍909套,使管桩共同受力增加稳定性;试做柴排防护,寻求防护桥基的方法。第五次加固工程于1951年6月开始,1952年10月完成。本次工程分两期进行,第一期工程是采用打入钢轨桩修复或重建第 5 号、8 号、14 号、19 号、20 号、22 号、23 号、33 号、43 号等 9 个损坏的桥墩；第二期工程为全部更换 100 孔钢梁。除北端 14 孔上承钢桁梁使用 80 t 架桥机更换外，其余则采用轨道吊机更换。前后五次加固工程，解决了该桥的许多突出病害和薄弱环节，使桥梁面貌基本改观，与中华人民共和国成立初期相比，运输能力提高了 36 倍。五次加固工程的总费用为 410 万元。采用整修加固老桥的办法，费用少，收效快，将新桥建设推迟近 10 年，节约了国家投资。这在中华人民共和国成立初期的经济、技术条件下，无疑是一个正确的决策，是桥梁建设上突出的技术成就之一，是陈旧桥梁通过技术改造，延长使用寿命的范例。其他许多桥也是通过这样的加固补强，延长了铁路桥梁的使用寿命。

图 1.1.1　京汉铁路郑州黄河大桥遗址

隧道冻害治水整治案例——主体于 1961 年 9 月建成的牙林线岭顶隧道，同年 11 月发现冻害现象。拱顶普遍渗漏水，入冬后拱顶挂冰，隧底形成冰笋，边墙上出现 1 m 大的冰柱，隧底积冰厚度 0.3~1.3 m，严重影响通车。出现冻害的原因是未设防寒排水系统而采取了注浆堵水，同时气候严寒也加重了冻害。经设计、施工、运营三方联合调查研究后提出了在隧道下方设置排水洞的整治方案，使岭顶隧道成为我国在严寒地区第一座采用泄水洞排水的隧道。泄水洞全长 720 m，洞身高 2 m、宽 2 m，洞底距隧道仰拱顶面 5.5 m。隧道边墙背后设竖排水盲沟，通过泄水孔、支导洞将水引入泄水洞，并设有洞外暗沟、保温出水口、检查井，如图 1.1.2 所示。自 1966 年建成泄水洞后，隧道内未再产生冰柱、冰溜、隧底积水等现象，效果较好。但也有不足之处，泄水洞内每年结冰，需要人工处理。泄水洞有足够排水断面，从未发生因结冰堵塞的情况。因其治水防冻效果明显，西罗奇 2 号、平型关、乌鞘岭等隧道也增设了泄水洞，均取得较好效果。

无衬砌隧道整治案例——我国少量铁路隧道在修建时未设衬砌或部分衬砌，无衬砌隧道运营后围岩暴露风化形成病害，导致洞内落石、漏水发展严重。20 世纪 40 年代修建的黔桂线金城江——麻尾段有无衬砌隧道 22 座。1962—1991 年期间 11 座隧道落石 19 次。1997 年 9 月 26 日新谷 2 号隧道一处落石 0.5 m^3，303 次客车机车被撞，迫使列车停站修理。1989 年 11 月铁道部批准对黔桂线金麻尾段无衬砌隧道进行加固，1998 年全部完工。整治后该段隧道内再未发生落石现象，漏水现象也得到了改善。

随着铁路桥隧使用年代的增长，许多桥隧将进入后期维护阶段，因此桥隧加固维修的任务量会越来越大。为了保证运行车辆的安全，有必要对桥隧的病害进行整治和处理。对于那些不满

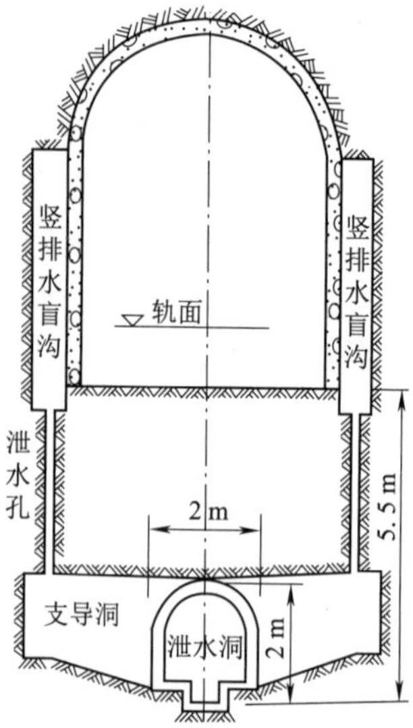

图 1.1.2　隧道排水系统

足列车通行要求的桥隧结构物，如果全部拆除重建，不仅资金耗费巨大，而且在时间上也不允许。因此，世界各国都把既有桥隧视为国家的财富，并投入人力、物力和财力，不断加强现有桥隧的维修、养护、加固及改造，提高其设计承载能力或荷载标准，把延长桥隧结构物的使用年限、保持铁路建设的可持续发展作为一项发展方向。随着交通事业的发展，旧桥的维修、养护、加固和改造已经成为一门新兴的学科，一些发达国家已把桥隧加固纳入土木工程学科的重点课题，培养了一大批维修、养护和加固改造的专门技术人才。我国势必要适应这种潮流，培养适应我国国情的桥隧养护、维修和加固改造的专业人才。

半个多世纪以来，我国铁路系统对事关行车安全的桥隧设施的管理、检查、养护维修、大修加固、技术检定等制订了一整套严格的制度。中国国家铁路集团有限公司(以下简称“国铁集团”)长期以来严格执行各项规章制度，维护了桥隧的正常完好状态，从而大大地延长了桥隧的使用寿命。例如，1906 年前后修建的津浦铁路上的 1 000 多座桥梁(如济南黄河桥、淮河桥等)，1934 年前后修建的浙赣铁路上的近 400 座大中小桥(如钱江一桥、浦阳江桥等)，以及1910—1945 年间修建的东北地区大量的既有桥梁，除少数做了加固、换梁或改建之外，绝大多数至今仍保持着安全运营状态，为国家承担着日益繁重的铁路运输任务，创造了极大的经济效益和社会效益。

学生任务

查找国家铁路局《“十四五”铁路科技创新规划》全文，分小组学习讨论深化设备养护维修关键技术的重点任务。

国家铁路局《“十四五”铁路科技创新规划》部分

到 2025 年，铁路创新能力、科技实力进一步提升，技术装备更加先进适用，工程建造技术持续领先，运输服务技术水平显著增强，智能铁路技术全面突破，安全保障技术明显提升，绿色低碳技术广泛应用，创新体系更加完善，总体技术水平世界领先。

2025 年主要目标

技术装备:复兴号中国标准动车组谱系化更加完善,时速 400 公里级高速轮轨客运列车、3 万 t 须重载列车、高速轮轨货运列车等装备研制实现重大突破。

工程建造:掌握复杂地质30 公里以上长大隧道建设技术,突破岩爆与大变形隧道设计施工、深切峡谷特大跨度桥梁建造等一系列技术难题,并逐步形成更高速度铁路设计建造成套技术。

运输服务:铁路高效、快速、精细化运维水平明显提高,掌握高速铁路更小追踪间隔技术并推广应用,旅客联程运输网络构建与协同运输组织技术实现突破,客货运服务技术进一步提升。

智能铁路:智能铁路成套技术体系不断完善,北斗卫星导航、第五代移动通信技术(5G)、人工智能、大数据等信息技术在铁路实现更广泛、成体系应用,各种交通方式信息共享水平明显增强。

安全保障:风险预测预警与防控的一体化主动安全防控技术体系基本形成,应对各类重大风险能力显著提高,铁路本质安全水平、设施设备运维养护能力、应急处置及救援技术水平全面提升。

绿色低碳:铁路能源供给技术取得显著进展,高能效和智能化的牵引供电核心装备技术达到世界一流水平,能源系统综合损耗逐年降低,生态环保修复和污染综合防治关键技术得到普遍应用。

创新体系:企业主体、市场导向、产学研用深度融合的技术创新体系更为健全,科技创新体制机制更加完善,综合评价指标体系基本形成,铁路技术标准体系自主完备、世界领先,建成 50 个以上铁路科技创新基地,人才队伍建设成效显著。

展望到 2035 年,中国铁路战略科技力量不断增强,总体技术水平、科技创新能力大幅跃升,成为全球铁路科技的创新高地、引领先锋和重要人才中心,有力支撑社会主义现代化强国建设。

任务 1.2　掌握铁路桥隧建筑物修理工作的原则和任务

本任务主要介绍铁路桥隧建筑物修理工作的原则和任务,为桥隧建筑物的修理奠定基础。

学习目标

1. 掌握铁路桥隧建筑物修理工作的原则。
2. 了解铁路桥隧建筑物修理工作的任务。

桥隧修理施工作业,应特别注意行车和人身安全,严格遵守营业线施工作业相关规定,影响行车安全纳入天窗项目的施工作业必须在天窗内进行,正确处理施工作业与运输的关系,在保证安全和质量的前提下,尽量减少中断行车和限制行车速度的时间。

桥隧建筑物修理实行检查与养修分开的管理体制,如图 1.2.1 所示。修理工作分为检查、维修和大修,维修工作分为经常保养和综合维修。桥隧建筑物检查、监控是全面掌握设备状态变化的重要手段,也是保证行车安全的基础性工作。

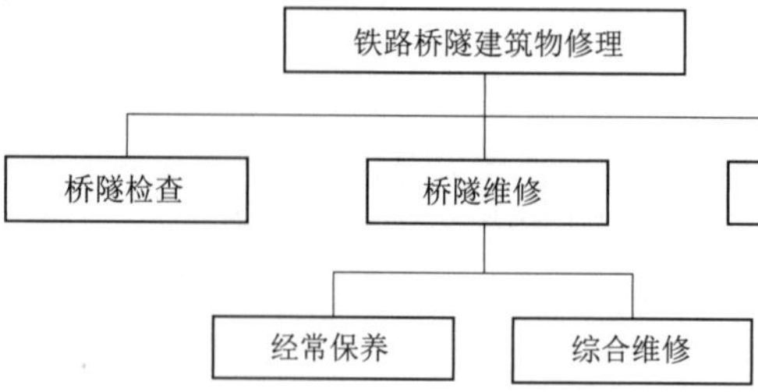

图 1.2.1　铁路桥隧修理内容

整座桥隧设备由多种不同构件组成,各个构件之间相互传递着来自列车的荷载,并保持整体平衡完好。由于各个构件的材质不同、构造不同、功能不同,其自身的状态变化规律也不同。应根据构件不同规律和特点,区分出保养、维修、大修的不同修程范围,确定不同修程的作业项目和要求。

桥隧修理工作采用状态修与周期修相结合的方式进行,以状态修为主,通过综合维修与经常保养相结合的方式,整治既有病害,及时消除危及行车安全处所,经常保持桥隧建筑物状态均衡完好,使列车能以规定的速度安全、平稳和不间断地运行,如图 1.2.2 所示。

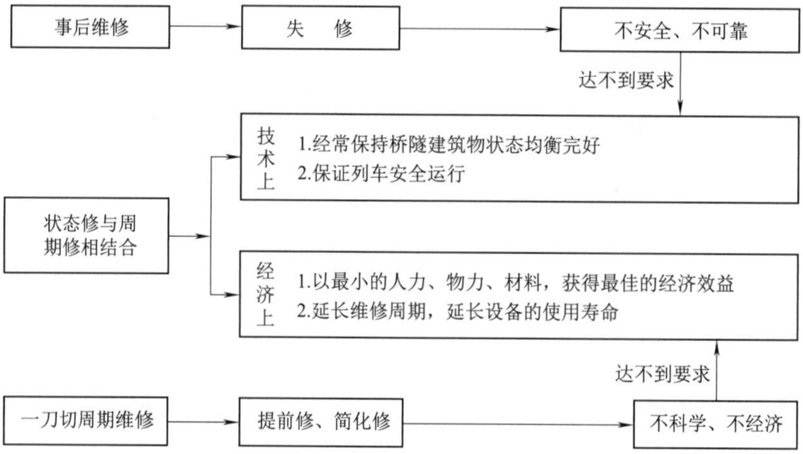

图 1.2.2　铁路桥隧修理工作发展

桥隧养护维修工作,必须确立以"保证行车安全"为主要目标,遵循以"设备质量保安全"的指导思想,做到每座桥隧建筑物"基础牢固,结构良好,扣件紧密,状态均衡,行车平稳",掌握设备状态的变化规律和劣化程度,适时进行修理。其基本任务是:

(1)详细了解桥隧建筑物在运用中所发生的变化,及时发现病害,并分析产生的原因,据此采取有效预防、整治措施,合理安排维修、大修工作;并积累技术资料,系统掌握桥隧建筑物状态,以便正确规定建筑物的使用条件,保证其安全运用。

(2)消除危及行车安全的处所,经常保持桥隧建筑物的均衡完好,使列车以规定的速度安全平稳和不间断地运行。

"经常保持"是指时时刻刻保持,不是时好时坏;"均衡"是指一条线上的各座桥隧之间或一座桥隧建筑物的各部件之间的强度、刚度和稳定性要均衡,不致因某一座桥隧或一座桥隧中某个部件的缺陷而影响其他桥隧或部件充分发挥其效能;"完好"是指完整良好,完整是部件齐全不缺少,良好是技术状态达到规定的技术标准。

(3)恢复或提高设备的运营能力,以充分发挥桥隧建筑物的使用效能,满足铁路运输的需要。

设备的运营能力指设备的承载能力、动力性能、稳定性,防洪、抗震能力,建筑限界等。因为既有线上的桥隧建筑物修建的年代不同,技术标准不一,以及在设计、制造、施工上的某些局限性,另外随着社会经济的发展对铁路运输要求不断增长和提高,如机车车辆轴重的加大,列车运行速度的提高,铁路超重超限货物和公路、水路运输的发展,以及防洪、抗震等防灾的需要对桥隧设备提出了更高的要求,所以有的桥隧建筑物已不能满足运输发展的需要,造成其承载能力、动力性能、抗洪抗震能力不足,建筑限界和桥下净空偏小等。桥隧大修工作应根据运输发展的需要,分轻重缓急,有计划地进行加固改善或改建。

桥隧修理工作应认真执行检查、分析、计划、作业、验收等基本工作制度,运用工务安全生产管理系统,实现检查、分析、计划、作业、验收5个环节闭环管理(图1.2.3)和资源共享,及时准确地传递信息,提高管理效能,大力发展机械化作业,不断提高工作效率和经济效益。

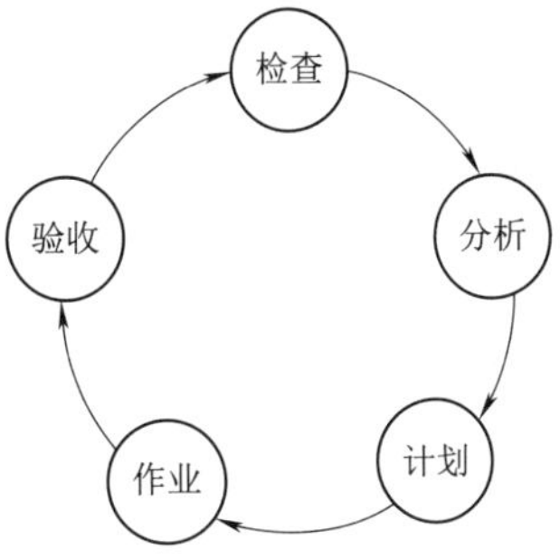

图1.2.3　铁路桥隧养护修理内容

普速铁路桥隧建筑物的修理必须符合《普速铁路桥隧建筑物修理规则》(TG/GW 103—2018)规定的基本技术条件要求,其基本技术条件包括荷载、限界、孔径和净空、刚度、墩台基础埋置深度、抗震等。

学生任务

查找《普速铁路桥隧建筑物修理规则》,学习《普速铁路桥隧建筑物修理规则》的组成部分及规则制定的意义。

项目 2　铁路桥隧建筑物修理组织及管理制度

项目概述

本项目包括5个任务，主要介绍我国铁路桥隧建筑物在运营过程中的修理组织及管理制度，对后续养护维修技术的学习、实际工作任务的开展具有指导意义，属于本门课程的重点学习内容。

学习目标

知识目标

1. 熟悉铁路桥隧修理组织机构。
2. 掌握铁路桥隧检查制度。
3. 熟悉铁路桥隧经常保养制度。
4. 熟悉铁路桥隧综合维修制度。
5. 熟悉铁路桥隧大修制度。

能力目标

具备铁路桥隧修理作业组织管理的能力。

素质目标

遵法守纪、诚实守信、热爱劳动，履行道德准则和行为规范，有较强的集体意识和团队合作精神。

课前导学

1888年，唐山至塘沽铁路建成通车。全长约130 km，沿途建有大小桥梁涵洞48座，其中最大最长的桥梁当属蓟运河铁路桥（图2.0.1），随着蓟运河铁路桥建成，养桥道班成立。

1942年，侵华日军为了掠夺更多资源，在蓟运河第一座铁路桥下游100 m处修建了第二座铁路大桥，也使得该段铁路由单线变为复线。

1983年，在两座老铁路桥的上游，由中铁大桥局设计施工的双线新桥建成通车。原有的两座桥梁，拆除了钢梁和支座，只保留了墩台部分。

2011年，在第三座蓟运河铁路大桥的上游，修建了“第四座钢筋混凝土铁路大桥”（天津至秦皇岛高铁客运专线）。铁路快速发展的新时代，维修保养桥涵设备也不仅依靠“眼穿、手摸”等传统维修作业模式和老经验也实行从桥面到桥下的立体化综合维修方式，有效延长了桥涵设备的维修周期。

图 2.0.1　蓟运河铁路桥

任务 2.1　了解铁路桥隧建筑物修理组织

本任务主要介绍铁路桥隧修理组织，为桥隧建筑物的修理奠定基础。

学习目标

1. 了解铁路桥隧建筑物的修理组织机构设置。
2. 了解铁路桥隧修理各组织部门的工作职责及管辖范围。
3. 了解铁路桥隧修理人员设备配置规定。

2.1.1　组织机构

我国铁路桥隧修理组织机构如图 2.1.1 所示。铁路桥隧设备的维修管理工作业务隶属国铁集团，负责制订发布有关桥隧维修总的方针、原则和标准；铁路局集团公司直接管理工务段（含桥工段、工电段、综合维修段），负责决策、组织；工务段作为基层设备管理部门，具体负责桥隧设备的检查和维修管理工作，分级管理，有机结合，加以实施。为做好专业技术业务管理，工务段必须设立专门的桥隧科或路桥科，且通过“工务段—车间—工区”的分工运作，实现设备检查和维修全过程管理。检查维修组织实行“检查和养修”分开的体制，工务段设置一定数量的桥隧车间，车间分别下设检查工区、养修工区，实现检查、维修的专业化和异体监督维修质量。

2.1.2　工作职责

1. 工务段桥隧科或路桥科

全面负责桥隧设备技术状态的管理。按照铁路局集团公司相关要求及批准下达的桥隧生产任务、指标，根据管内桥隧设备实际状态并结合维修周期，制定年度维修计划及组织、技术措施；审核批准桥隧车间维修月度生产计划，保养和检查的年度、月度生产计划；组织定期检查，

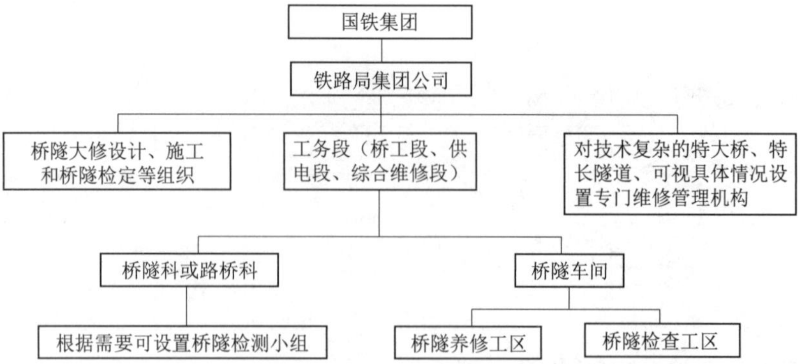

图 2.1.1 铁路桥隧修理组织机构

掌握安全生产信息;对生产过程进行指导、监督、验收和考核。工务段根据需要设置桥隧检测小组,业务上由工务段桥隧科或路桥科直接管理。

2. 桥隧车间

全面负责所辖设备状态检查维护,组织生产,掌控作业安全、质量和进度;编制本车间维修月度生产计划和保养、检查的年度、月度生产计划,报工务段审核批准后执行;根据批准计划,制定各工区月度生产计划和检查、养修作业日计划,申报天窗作业计划;按规定完成设备检查、保养质量评定和维修质量复验,并对作业安全和质量进行全过程跟踪检查和考核。定期分析设备质量状态适时调整生产计划。

3. 桥隧检查工区

负责桥隧设备经常检查,对桥隧车间制定的日计划提出建议,提报周检查报告;参加工务段组织的定期检查;参与保养质量评定、维修质量复验、维修工作量调查等工作。

4. 桥隧养修工区

负责桥隧设备保养、维修和部分大修工作以及桥隧周边环境检查工作,除河床断面测量以外的水文观测项目,对桥隧车间制定的日计划提出建议;完成保养质量自评、维修质量自验;参与维修工作量调查;参与防洪、地震等临时检查工作和现场应急处置。

5. 桥隧检测小组

桥隧检测小组负责桥隧专项检测,以及水文观测中的河床断面测量,对技术复杂、难度大的项目可委托专业单位进行检测。

2.1.3 管辖范围

桥隧设备的修理管理工作由工务段负责,实行检查与养修分开的管理体制。工务段应根据管辖桥隧建筑物的管辖长度、设备数量、交通条件、地形地貌等因素,设置桥隧车间,桥隧车间下设桥隧检查工区和养修工区。

1. 桥隧车间

桥隧车间管辖桥隧换算长不宜超过 3 万 m;桥隧车间管理的营业长度,平原微丘区不宜超过 250 km、重丘山区不宜超过 200 km、险峻山区不宜超过 150 km、草原沙漠戈壁地区不宜超过 400 km。

2. 桥隧检查工区

每个桥隧车间下设1至2个桥隧检查工区,山区铁路检查工区管辖范围可适当缩短。

3. 桥隧养修工区

桥隧养修工区管辖桥隧换算长不宜超过0.6万m;管辖的营业长度,平原微丘区不宜超过60 km、重丘山区不宜超过50 km、险峻山区不宜超过40 km、草原沙漠戈壁地区不宜超过100 km。长大隧道或隧道较多的工务段宜设置专门工区负责隧道低压通风、照明工作。桥隧换算长度计算标准见表2.1.1。

桥隧换算长度=桥隧维修长度×折合系数

维修长度指维修的桥隧建筑物长度。单线桥为全长,双线及多线桥为各线相加;单孔涵洞为全长,双孔及多孔涵洞为各孔相加;单线隧道为全长,双线及多线隧道为全长的1.2倍。

说明:桥梁全长指两桥台边墙外端(包括托盘和基础)间的距离,两边墙不相等时以短边计,曲线桥为中心线上墩台之间各段折线之和;涵洞全长指两端墙外端间的中心轴线长度。隧道全长指隧道长度。

表2.1.1 桥隧换算长度计算标准

序号	设备分类	分类明细	折合桥隧换算米
1	钢梁和组合梁桥	跨度40 m以下的钢板梁(包括结合梁、箱形梁)	1.0
		跨度40 m及以上的钢板梁、结合梁、箱形梁及跨度小于64 m的钢桁梁	1.5
		跨度64~80 m的钢桁梁	2.0
		跨度64~80 m的混凝土梁+钢管拱组合结构	2.2
		跨度大于80 m的钢桁梁	3.0
		跨度大于80 m的混凝土梁+钢管拱组合结构	3.2
2	圬工桥	圬工桥(含框构桥)	0.3
3	隧道	隧道、明洞和棚洞(全长在1 500 m以下)	0.4
		隧道(全长在1 500 m以上)	0.5
4	涵洞	涵洞	0.2
5	河调	调节河流建筑物及桥涵上下游防护设备(每1 m^3体积)	0.025
6	桥涵限高防护架	钢管或型钢防护架(每吨钢材)	1.0
		钢轨防护架(每吨钢材)	0.5
		钢筋混凝土防护架(按跨度每米)	0.2

注:(1)混合桥按类分别计算。

(2)公路、铁路两用桥的公路部分及站内检查坑、渡槽比照圬工桥,天桥比照桥梁,地道比照隧道,倒虹吸管比照涵洞。

(3)设有整体道床的隧道,维修长度每米增加0.1桥隧换算米;设有通风及照明的隧道,维修长度每米增加0.005换算米。

2.1.4 人员配置

为进一步优化人力资源配置,根据"按作业流程设置岗位、按生产任务核定定员、按定员组织生产"的原则,结合新技术新装备的使用、生产资源整合和劳动组织改革等情况来核定桥隧修理人员的配员。根据铁路运输成本支出和劳力编制的管理办法,工务设备维修的费用计划和工人定编,都是按管理设备的数量多少来核定的,即以每线路换算公里的费率和定员来计算,其中桥隧设备是以每百桥隧换算米为一个线路换算公里来折算统计。

2.1.5 设备配置

工务段、桥隧检测小组、桥隧车间、工区按照专业化管理的需要应配备相应的交通运输工具、动力机械、专用检测设备及作业机具。其机具配备标准按《普速铁路桥隧建筑物修理规则》附录五办理。机具的运用情况应建立相应台账,并按月统计分析。

2.1.6 任务考核

文本

2.1.6 答案

1. 单选题

(1)______作为基层设备管理部门,具体负责桥隧设备的检查和维修管理工作,分级管理,有机结合,加以实施。

(A)铁路局集团公司　(B)工务段　(C)车间　(D)工区

(2)桥隧养修工区管辖桥隧换算长不宜超过______万 m。

(A)0.3　(B)0.8　(C)0.6　(D)1.0

2. 判断题

(1)桥隧检查工区全面负责所辖设备状态检查维护,组织生产,掌控作业安全、质量和进度。　(　)

(2)工务段必须设立专门的桥隧科或路桥科,且通过“工务段—车间—工区”的分工运作,实现设备检查和维修全过程管理。　(　)

(3)工务段应根据管辖桥隧建筑物的管辖长度、设备数量、交通条件、地形地貌等因素,设置桥隧车间。　(　)

(4)桥隧车间管辖桥隧换算长不宜超过 2 万 m。　(　)

(5)桥隧检测小组负责桥隧专项检测,以及技术复杂、难度大的项目。　(　)

3. 简答题

(1)说明桥隧车间、桥隧检查工区及桥隧养修工区的不同。

(2)双线跨度为 75 m 的钢桁梁,桥隧换算长是多少米?

拓展知识——国家铁路局与国铁集团的不同

国家铁路局隶属于中华人民共和国交通运输部,其主要职责如下:

一、起草铁路监督管理的法律法规、规章草案,参与研究铁路发展规划、政策和体制改革工作,组织拟订铁路技术标准并监督实施。

二、负责铁路安全生产监督管理,制定铁路运输安全、工程质量安全和设备质量安全监督管理办法并组织实施,组织实施依法设定的行政许可。组织或参与铁路生产安全事故调查处理。

三、负责拟订规范铁路运输和工程建设市场秩序政策措施并组织实施,监督铁路运输服务质量和铁路企业承担国家规定的公益性运输任务情况。

四、负责组织监测分析铁路运行情况,开展铁路行业统计工作。

五、负责开展铁路的政府间有关国际交流与合作。

六、承办国务院及交通运输部交办的其他事项。

国铁集团是经国务院批准、依据《中华人民共和国公司法》设立、由中央管理的国有独资公司。国铁集团以铁路客货运输为主业，实行多元化经营。负责铁路运输统一调度指挥，统筹安排路网性运力资源配置，承担国家规定的公益性运输任务，负责铁路行业运输收入清算和收入进款管理。自觉接受行政监管和公众监督，负责国家铁路新线投产运营的安全评估，保证运输安全，提升服务质量，提高经济效益，增强市场竞争能力。坚持高质量发展，确保国有资产保值增值，推动国有资本做强做优做大。

任务2.2　掌握铁路桥隧建筑物检查制度

本任务主要介绍铁路桥隧建筑物的检查制度，是修理工作有序、规范开展的基础。

学习目标

1. 掌握铁路桥隧建筑物检查制度。
2. 掌握铁路桥隧建筑物状态评定方法。

桥隧设备检查是做好桥隧大修、维修工作的重要依据。对桥隧建筑物进行周密检查的目的是详细了解桥隧建筑物在运营中所发生的变化，及时发现病害和分析病害原因，并据以采取有效防治措施，合理安排维修工作；积累技术资料，系统地掌握桥隧设备状态，准确规定建筑物的使用条件；使设备经常保持完好状态，保证列车安全和不间断地运行。对桥隧建筑物的检查是桥隧修理工作中极其重要的组成部分。

桥隧建筑物修理实行检查与养修分开的管理体制。成立专业的检查队伍，执行设备检查、监控，实现检查与维修的异体监督。

桥隧检查包括：水文观测、经常检查、定期检查、临时检查、专项检查、检定与试验等项目，如图2.2.1所示。各有关单位应建立检查记录、病害观测记录，并按规定认真填写，保证数据的准确可靠，为状态分析评定和修理工作计划的编制提供依据。

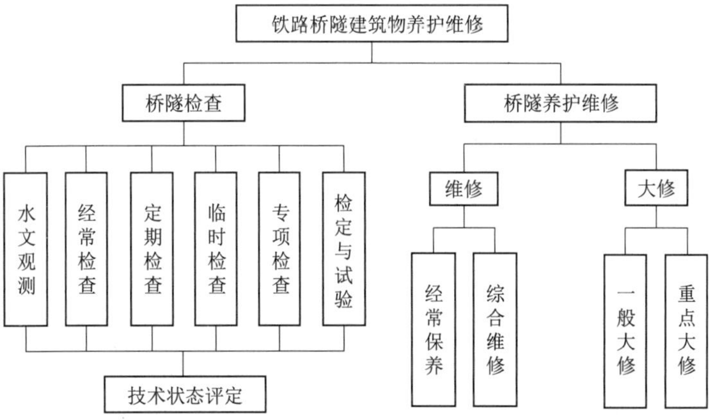

图2.2.1　铁路桥涵建筑物修理的内容

2.2.1　水文观测

水文观测包括河床断面测量、洪水通过观测、结冰及流冰观测。

凡有洪水通过的桥涵,应在上游设置稳固而垂直的水标尺(图 2.2.2)或在墩台侧面的上游处或涵洞的进口端用油漆画出水标尺。水标尺的起点须与国家水准基点高程相对应,标出历史最高洪水位和发生年月日。

图 2.2.2　水标尺

凡跨越江河水库的特大桥、大桥及其他需要了解墩台基础冲刷、河床变化、河道变迁、流量、冰凌等情况的桥梁,均应进行河床断面测量(图 2.2.3)、洪水通过观测、结冰及流冰观测。其他有洪水通过的桥梁和涵洞,只需观测最高洪水位。

1. 河床断面测量

测量时间:常年有水的桥梁,至少每年洪水后测量一次;对季节性河流上的桥梁,洪水冲刷河床断面发生变化时,汛后测量一次。

测量地点:一般在桥下及桥梁上下游各 25 m 的三个断面上进行,每次测量的断面应固定。

测量范围:应在桥梁全长范围内进行。

测点位置:应能明确表示出河床断面,每隔 10 m 左右一个测点,必要时应增加测点;每次测量的点应相对固定。

对常年有水的桥梁,需要了解墩周冲淤变化时,应从桥墩中心为圆心,一定距离为半径,测量范围内的水下地形。必要时,在墩台周边进行潜水摸测。

每次测量结果应绘在图纸上,用不同色笔绘制历年冲刷总图,每五年更换一次。图上应绘有各种水位、轨底、墩台顶、基底、河床的标高及水深、墩台中心线及河床断面。

2. 洪水通过观测

洪水通过时(图 2.2.4),应观察水流流向、旋流、斜流、流木、漂浮物等情况,观测水位、水流流速等,同时应监视墩台、调节河流建筑物、防护设备和桥头路基状态。对排洪能力不足和墩台稳定易受影响的桥涵,应特别加强观测。

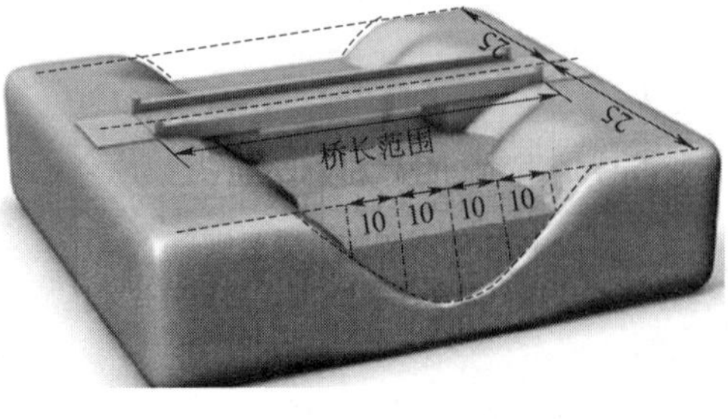

图 2.2.3　河床断面测量(单位:m)

图 2.2.4　洪水通过铁路桥梁

对冲刷严重的墩台,可在该处设置自动记录的测深装置或在洪水通过时使用铅鱼等设备进行测深,必需时使用仪器测深。

洪水过后,应立即检查河道、河床、防护设备、调节河流建筑物和桥头路基的状态。

位于泥石流区的桥涵,应注意检查泥石流的动态、谷坊内储量和冲积扇的变化。

设有巡守工的桥梁,应在汛期或水库放水时期每日上午八时观测水位一次,其余时间每旬首日上午八时观测水位一次,并填写水位观测记录。在主汛期水位上涨时,应增加观测次数,找出当年最高水位及其发生日期。其他排洪桥涵应设洪峰观测水尺,指派专人记录当年最高洪水位。设备管理单位应根据水位观测记录,定期绘制水位曲线图。

3. 结冰及流冰观测

结冰初期,须观测结冰时间、封冰情况、气温、水温、风力及风向。

结冰期,须经常观测冰层厚度、河面及河岸处是否结冰、有无冰槽(亮子)及水温、气温情况。

解冻期,须观测水位、冰层厚度、冰色及冰槽(亮子)的变化和冰层初期移动时间、流冰密度等,并测水温、风向,以判断流冰(图 2. 2. 5)的可能及流向。

图 2. 2. 5　中俄界江黑龙江流冰

2. 2. 2　经常检查

对管辖的桥隧设备应通过认真检查,了解掌握设备状态的变化程度,以便及时采取相应措施,经常保持设备状态的均衡完好,确保列车安全、平稳、不间断地运行。尤其对于状态变化较快或直接影响列车安全的部位,如明桥面桥枕、护木、护轨、各种联结螺栓、梁部裂纹、支座锚栓与横向限位装置、涵洞排洪设施与管节接缝、各种安全检查设备等应经常检查。桥隧设备由检查工区组织人员分段定期检查。对于长大桥隧设备有桥隧工区的,也可由其实施检查,但需明确其职责。组织机构检查任务见表 2. 2. 1。

表 2. 2. 1　组织机构检查任务

组织机构	检查任务
桥隧检查工区	应根据“桥隧检查计划表”,每月对钢梁和工务段规定的重要桥隧设备及重点病害设备检查一遍;至少每半年对管内设备全面检查一遍;在每座桥隧综合维修时,应进行一次全面检查。仅通行货车且年运量小于 500 万 t 的线路可适当放宽检查周期
桥隧车间	桥隧车间主任(副主任、技术员)每半年有计划地对管内桥隧设备全面检查一遍;至少每季度对钢梁和工务段规定的重要桥隧设备及重点病害设备检查一遍
工务段	工务段段长至少每年对工务段规定的重点病害设备检查一遍;主管副段长至少每年对工务段规定的重要桥隧设备及重点病害设备检查一遍;桥隧科或路桥科至少每半年对钢梁和工务段规定的重要桥隧设备及重点病害设备检查一遍

各组织部门每次检查的情况,应运用管理系统认真填写“桥隧检查记录簿”,桥隧检查工区还要填写“桥隧检查结果汇总表”,将检查结果上传到桥隧车间,桥隧车间组织分析桥隧检查结果,形成月度检查分析报告,于每月 25 日前报工务段备案。对超过保养标准的设备,由桥隧车间通过管理系统及时向桥隧养修工区下达“桥隧紧急保养通知书”(图 2.2.6),并由桥隧检查工区检查其完成情况。

桥隧紧急保养通知书

______桥隧养修工区：

现根据______月______日______桥隧检查工区，检查______线______行K______+______，______设备，以下项目已超保养质量评定标准，须进行紧急保养处理，请你工区于______月______日前完成处理。自检合格后，通知______桥隧检查工区会同复检，合格后销记。

1.______

2.______

3.______

4.______

______桥隧车间（盖章）

年 月 日

图 2.2.6 桥隧紧急保养通知书

工务段应对桥隧车间、桥隧检查及养修工区、桥隧检测小组填写的检查数据和状态描述进行不定期现场抽查核对,对检查质量进行考核。桥隧车间对桥隧检查及养修工区也应进行相应的考核。

2.2.3 定期检查

定期检查工作由工务段根据铁路局集团公司的要求组织进行,铁路局集团公司应有重点地进行检查。对桥隧设备各部分的技术状态,应按《普速铁路桥隧建筑物修理规则》(TG/GW 103—2018)附录七的规定,进行全面细致的检查,必要时用仪器检测或试验,以查明各种病害情况及发生原因。

春融时,冬季结冰的河流会使水位上涨,并和上游流冰同时发生,可能撞坏墩台,甚至会堵塞桥孔堆积成冰坝和冰桥,对桥梁危害大,因此在春融前应对破冰棱等防护设备、有大量流冰凌的河流的冰层情况进行详细调查,严密观察开河解冻情况,采取有效安全措施。

汛前,对桥涵排水通道和调节河流建筑物防护设备进行检查,对上游水库、植被、堤坝等进行调查,以便开展桥涵排水通道疏浚,淤泥、杂草的清理,整修防护、防洪设备,制定度汛应急措施。

秋季,开展一年一度的秋季大检查,对桥隧设备各部分状态进行全面细致的检查评定,据以拟定病害整治对策和安排修理计划。

工务段根据秋检结果,对每座设备填写“桥隧状态评定记录表”,凡劣化桥隧建筑物应填写“桥隧状态评定明细表”,并汇总填写“桥隧状态评定报告表”,提出病害发生原因、增减情况等状态分析报告，铁路局集团公司审查汇总后于 10 月底上报国铁集团。

2.2.4　临时检查

当桥隧设备遭受地震、洪水、台风、火灾及车船撞击等紧急情况（图 2.2.7）或发生突发性严重病害时，由工务段组织临时检查，必要时由铁路局集团公司组织。

图 2.2.7　船只撞击铁路桥梁

2.2.5　专项检查

1. 桥隧限界检查

重要线路的桥隧限界每五年检查一遍、其他线路的桥隧限界每十年检查一遍，并根据检查结果绘出每座桥隧综合最小限界图，填写“单个桥隧综合最小建筑限界尺寸表”及“线路桥隧综合最小建筑限界尺寸表”。

运营桥隧不能满足现行行业标准中桥梁、隧道建筑限界要求时，各部分及其附属设备均不得侵入基本建筑限界（图 2.2.8～图 2.2.10），曲线上按规定加宽。对不能满足桥隧建筑限界的桥隧应有计划地逐步改造。

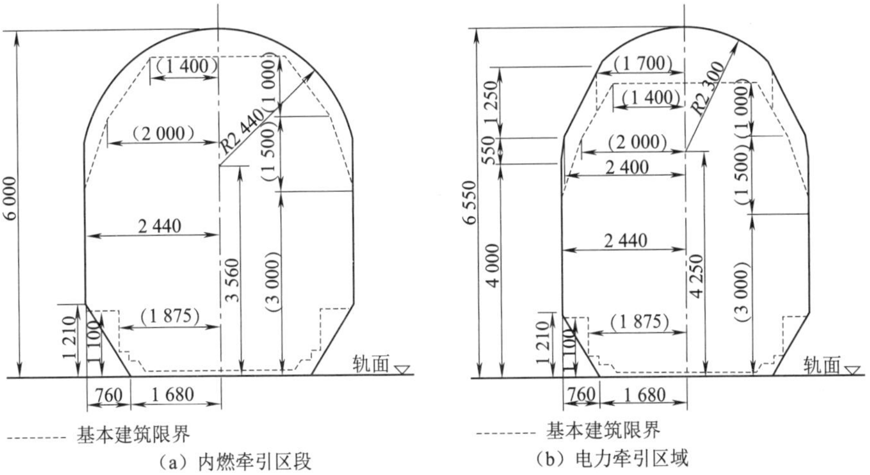

图 2.2.8　$v \leq 160$ km/h 客货共线铁路桥梁建筑限界（单位：mm）

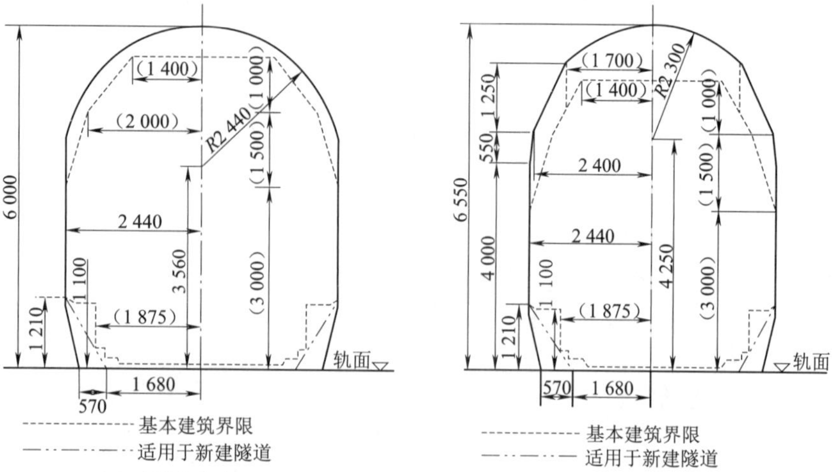

（a）内燃牵引区段　　（b）电力牵引区段

图 2.2.9　$v \leq 160$ km/h 客货共线铁路隧道建筑限界(单位:mm)

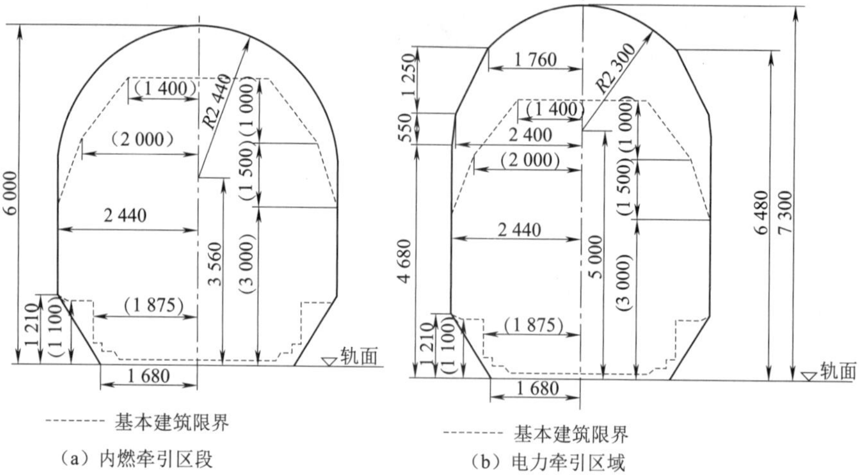

（a）内燃牵引区段　　（b）电力牵引区域

图 2.2.10　$v > 160$ km/h 客货共线铁路桥隧建筑限界(单位:mm)

2. 刚度检查

刚度系指桥跨结构受荷载后抵抗弯曲变形的能力。它是标志桥跨结构的整体性能和综合技术状态的一个重要指标。为了保证桥跨结构在荷载作用下不致发生巨大变形和剧烈的振动,使列车安全平稳运行,桥跨结构必须具有足够的刚度。桥跨结构是一个空间结构,它在荷载作用下的工作状态和形变是复杂的。如何准确地测定出它的刚度也是一件很复杂的事情,这需要从理论上和实践上做深入的研究。我国目前是将桥跨结构的刚度分为竖向刚度和横向刚度来进行检验的。衡量竖向刚度的指标是挠度,衡量横向刚度的指标是水平自由振动周期和宽跨比。

运营桥梁梁跨实测竖向变形(换算到相应线路类型标准活载,中—活载及以前荷载标准设计的桥涵换算到中—活载)、竖向和横向自振频率、桥面竖向振动加速度应满足《普速铁路桥隧建筑物修理规则》(TG/GW 103—2018)第 2.4.1 条、第 2.4.2 条、第 2.4.4 条和第 2.4.5 条有关限值的规定,横向振幅应满足《铁路桥梁检定规范》的要求。如超过限值,则应检查分析桥梁的技术状态,采取限速或加固、改造措施。

运营桥梁的混凝土、钢筋混凝土和石砌实体墩台在动活载作用下应具有足够的刚度,实测墩顶横向最大振幅和最低频率应满足《普速铁路桥隧建筑物修理规则》(TG/GW 103—2018)附录一通常值的规定。如超过通常值规定,应查明桥墩的技术状态,必要时进行加固或采取保证行车安全的措施。

跨度在 40 m 及以上的钢梁,由工务段负责至少每三年测量一次挠度和拱度。对有病害的钢梁、钢筋混凝土梁和预应力混凝土梁的挠度、拱度和跨中横向振幅的测定由铁路局集团公司确定。

3. 墩台变位测量

技术复杂、重要桥梁及墩台基础病害严重的桥梁,对其墩台均应进行下沉或偏斜的观测。墩台高程测量应与国家水准基点相联系。

观测工作一般每年一次,经多年观测基本稳定时,可每隔若干年观测一次。观测资料应妥善保管,绘制出汇总后的图表,分析其变化趋势。

2.2.6　桥梁检定与试验

对新建的特殊结构、技术复杂的桥梁,必须进行全面的检定试验。在竣工移交时,其检定试验报告应作为交接验收资料的一部分。

对运营中的特殊结构、技术复杂的桥梁,铁路局集团公司应每 10 年进行一次检定,桥梁出现严重病害,可能危及行车安全的,应及时进行检定。

桥梁检定工作由铁路局集团公司按国铁集团《铁路桥梁检定评估管理办法》的有关规定进行。桥梁检定工作计划由铁路局集团公司工务部负责编制,并纳入铁路局集团公司年度工作计划,其主要任务是:

(1)确定桥梁的承载能力,规定其运用条件。

(2)进行孔径和冲刷调查、检算,确定桥梁的抗洪能力。

(3)调查、分析桥梁病害提出养护措施和整治意见。

(4)对提报加固、换梁、扩孔、改建的桥梁进行技术状态检定,提出是否需要加固、换梁、扩孔或改建的意见。

(5)参与新建新型结构及加固后重要桥梁的竣工检定。

(6)选择提速区段具有代表性的桥梁,对提速条件下的长期运营性能进行试验评估。

(7)积累桥梁的技术资料,为加强科学管理和提高桥梁检定技术水平创造条件。

桥梁经检定后,应提出检定报告,主要内容包括:

(1)桥梁的历史与特征。

(2)桥梁及养护中存在的问题,提出整治意见。

(3)桥梁各部分的承载能力。

(4)桥梁的抗洪能力。

(5)桥梁的抗震能力(必要时)。

(6)结构的实际工作状态。

(7)桥梁运用条件。

检定报告应在工务段、桥检队存档,技术复杂及病害严重桥梁的检定报告应报国铁集团存查。

2.2.7　桥梁巡守

1. 桥隧巡守设置原则

(1)全封闭线路上桥隧可不设巡守。

(2)未全封闭线路,全长在 500 m 以上至 1 000 m 的钢桥,实行昼夜巡守;全长在 1 000 m 以上的钢桥,分两个巡回区,实行昼夜巡守;混合桥根据钢梁长度,按上述规定设置巡守;圬工桥一般不设巡守。

(3)未全封闭线路,全长在 3 000 m 以上的隧道,分两个巡回区,实行昼夜巡守。

考虑到 120 km/h 以上线路采用了全封闭,轨道检查手段的提高,新建铁路钢梁桥(包括混合桥)已开始不再采用明桥面体系;隧道衬砌状态已大为改善,结合生产力布局调整,随着地方交通道路的完善,居民将铁路桥梁、隧道作为出行通道已较少,桥隧受外部人为因素的影响明显降低,故除既有 500 m 以上明桥面钢梁桥设巡守,既有隧道设置巡守范围由长度 1 000 m 以上扩大至 3 000 m 以上外,对圬工桥和新建铁路钢梁桥(包括混合桥)、隧道一般不再设置巡守。

2. 桥隧巡守制度

桥隧巡守工的主要职责是经常检查监视桥隧设备变化情况和对行车安全直接影响的病害,以便及时正确地采取防护措施,确保行车安全。为了对桥隧巡守人员实行规范化管理,本条规定桥隧巡守人员应严格执行交接班、汇报、水位、流冰、病害观测等制度。

(1)交接班制度

对昼夜连续巡守的桥隧执行交接班制度,除点交工具备品外,应记录桥隧状态变化的情况等。交接人应共同检查建筑物一遍,使接班人了解情况,做到心中有数,接班者未按时到岗时,值班巡守工不能离开工作岗位,否则桥隧一旦发生问题,特别是遇到有碍行车安全的情况时就无人及时处理。

(2)汇报制度

发现危及行车安全的处所(如钢轨折断、护锥滑移、基础冲空、洞口塌方落石、衬砌掉块等),除立即采取防护措施外,应同时报告车站和工长,并及时向工务段调度汇报,以便车站采取是否放行列车措施,使工务段能及时安排抢修。洪水期定时向工务段调度汇报水位及洪水通过桥梁情况,使工务段能掌握汛期该桥河流水位的涨落,以便采取必要的防洪措施。

每月定期向工长汇报行车及人身安全、桥隧设备病害变化等情况,使工长对桥隧巡守工作和桥隧病害状态有全面的了解,以便处理存在的问题。

(3)水位、流冰观测制度

要求巡守工在每日上午 8 时整必须观测水位一次(在主汛期水位上涨时增加观测次数),这是国家水文观测的统一要求。

(4)病害观测制度

巡守工对病害的观测任务,是根据工务段的规定,对桥隧设备存在的严重病害(如钢梁、支座不正常倾斜、隧道衬砌严重裂损变形等)定期进行监视,观测其有无发展或变化。另外,对铺有伸缩调节器的桥梁,对调节器的伸缩变化及轨距进行定时观测并记录气温,检查工作情况是否正常。

2.2.8 分析

分析是指对桥隧设备检查结果以及设备状态进行分析,通过分析,逐条逐项对检查结果进行复核和判断,填写处理意见,标注重复病害,并对设备类型、病害部位、病害类型、处理措施等数据进行分类、筛选和统计,得出相应分析报表。

分析包括经常检查分析、定期检查分析、临时检查分析、专项检查分析。各类分析,实现各自相应功能和目的,如根据经常检查的分析,来下达桥隧紧急保养通知书和编制月度养修计划。根据秋季检查的分析,来编制桥隧建筑物维修、大修等年度计划,制定桥隧建筑物修理的长远规划,重新确定重点检查设备。至于检查、保养年度计划,只需根据周期来制定。

1. 经常检查分析

(1)桥隧车间经常检查分析

对超过紧急保养处所,由桥隧检查工区立即上报桥隧车间,由桥隧车间及时进行分析、复核后,向养修工区下达"桥隧紧急保养通知书"。

其他经常检查结果,桥隧车间逐条分析病害的严重程度,判定需要保养、维修、大修、加密观测、暂不处理及其他的措施,得出下月保养工作量和保养月度计划。

(2)工务段经常检查分析

工务段主管维修工程师需每月复核确认桥隧车间的分析和保养月度计划,由桥隧车间执行保养月度计划。

工务段专职分析人员按照桥梁、隧道、涵渠、其他桥隧建筑物4种类型,每月底完成汇总当月经常检查的设备数量、检查结果的数量、不同处理措施和列入整治计划的数量,形成经常检查分析报表报送相应人员。

对于工务段每年指定的使用年久、结构特殊及有严重病害的桥隧建筑物,工务段专职分析人员除了以上分析以外,还要增加一份单独分析图表。将经常检查的周期检查、重点病害检查、病害观测等均纳入经常检查分析,对指定观测的项目,绘制病害观测变化图,每月形成分析图表报送相应人员。

2. 春、秋季检查分析

根据春、秋季对桥隧设备的全面检查,得到桥隧设备技术状态评定结果。桥隧车间逐条逐项对检查结果进行复核和判断,填写大修、维修、整治、防洪、观测等处理意见。形成检查分析结果及年度建议计划。

2.2.9 状态评定

工务段每年应结合秋季设备大检查,对每座桥隧建筑物按项目进行一次全面的状态评定。

状态评定按劣化程度分为A、B、C三级,A级又分为AA、A1两等。评定项目及标准详见《普速铁路桥隧建筑物修理规则》(TG/GW 103—2018)附录七。不同劣化等级建筑物的处理措施见表2.2.2。

表2.2.2 不同劣化建筑物的处理措施

等级	评定标准	处理措施
AA级	结构物或主要构件功能严重劣化,危及行车安全	一般需要通过大修或更新改造进行整治;当结构物存在影响行车安全的病害,应采取相应的限速或限载措施,遇紧急情况,应立即采取临时加固措施,并视具体情况,尽快安排彻底整治或列入下一年度的桥隧大修或更新改造计划及时进行整治
A1级	结构物或主要构件功能严重劣化,进一步发展会危及行车安全	
B级	结构物或构件功能劣化,进一步发展将会升为A级	一般需要通过维修进行整治(个别病害需要通过大修进行整治)
C级	结构物或构件劣化,对其使用功能和行车安全影响较小	可通过维修进行整治,个别病害只需加强观测并根据其变化情况采取相应的措施

2.2.10 任务考核

1. 单选题

文本

2.2.10 答案

(1)检查维修组织实行“检查和养修”______的管理体制。

(A)一体化 (B)分开

(2)一般在桥下及桥梁上下游各______的三个断面上进行,每次测量的断面应固定。

(A)15 m (B)25 m (C)20 m (D)30 m

(3)按照经常检测的要求,桥隧检查工区应根据“桥隧检查计划表”,______对钢梁和工务段规定的重要桥隧设备及重点病害设备检查一遍;至少______年对管内设备全面检查一遍。

(A)每月、半年 (B)每年、半年 (C)每日、一年 (D)每季度、一年

(4)当桥隧设备遭受地震、洪水、台风、火灾及车船撞击等紧急情况或发生突发性严重病害时,由______组织临时检查

(A)铁路局集团公司 (B)工务段 (C)车间 (D)工区

(5)重要线路的桥隧限界每______检查一遍、其他线路的桥隧限界每______检查一遍。

(A)五年、五年 (B)十年、十年 (C)五年、十年 (D)三年、五年

2. 判断题

(1)桥隧设备检查是做好桥隧大修、维修工作的重要依据。 ( )

(2)水文观测包括河床断面测量、洪水通过观测,不包括结冰及流冰观测。 ( )

(3)凡跨越江河水库的特大桥、大桥及其他需要了解墩台基础冲刷、河床变化、河道变迁、流量、冰凌等情况的桥梁,均应进行河床断面测量、洪水通过观测、结冰及流冰观测。 ( )

(4)尤其对于状态变化较慢或直接影响列车安全的部位,如明桥面桥枕、护木、护轨、各种联结螺栓等应经常检查。 ( )

(5)秋季,开展一年一度的秋季大检查,对桥隧设备各部分状态进行全面细致的检查评定。 ( )

(6)刚度系指桥跨结构受荷载后抵抗破坏的能力。 ( )

(7)对运营中的特殊结构、技术复杂的桥梁,铁路局集团公司应每 15 年进行一次桥梁检定。 ( )

(8)全封闭线路上桥隧可不设巡守。 ( )

(9)根据春、秋季对桥隧设备的全面检查,得到桥隧设备技术状态评定结果。 ( )

(10)状态评定按劣化程度分为 A、B、C 三级,A 级又分为 AA、A1 两个等级。 ( )

3. 思考题

(1)桥隧建筑物进行检查的目的是什么?

(2)桥隧检查包括哪些项目?

任务 2.3 掌握铁路桥隧建筑物经常保养制度

本任务主要介绍铁路桥隧建筑物经常保养作业制度,是桥隧建筑物有序、规范开展保养工作的基础。

学习目标

掌握铁路桥隧建筑物经常保养作业制度。

桥隧建筑物的经常保养,是桥隧维修管理工作的主要内容,其目的是通过对桥隧建筑物的经常保养,及时消灭超限和临近超限处所,预防病害的发生和发展。为经常保持设备状态均衡完好,保证行车安全平稳,应对管辖范围内的所有桥隧设备认真做好经常保养工作,更应高度重视维修或大修前的设备跟踪保养,切忌只修不养或重修轻养,造成设备状态的劣化。

2.3.1 保养周期

保养周期应按不同设备类型的状态变化加以控制,钢梁桥(图 2.3.1,含混合钢梁桥)、木桥枕明桥面(图 2.3.2)每半年一遍,其他桥隧设备保养周期 1~2 年一遍。在做好适时保养的同时,还应加强预防性的周期保养,使设备质量经常控制在保养合格状态。

图 2.3.1 简支桁架梁公铁两用桥(钱塘江大桥)

图 2.3.2 明桥面

2.3.2 保养的范围

(1)更换连二、横梁边及钢轨接头四根中的失效桥枕和桥涵其他木质部分的防腐、修理。
(2)各种联结铁件、螺栓涂油或更换。
(3)明桥面护轨整修。
(4)钢梁清扫和补充、拧紧少量高强度螺栓,局部涂层修补。
(5)支座清扫、涂油,整修排水坡。
(6)隧道除冰,清理危石及衬砌掉块,疏通排水沟、补充水沟盖板等。
(7)涵洞少量清淤,修补涵洞护坡、翼墙、管节勾缝。
(8)添补防火设备内的水、砂。
(9)各种标志的刷新和补充。
(10)补充作业通道、吊篮等步板,整修危及人身安全的安全检查设备。
(11)修补圬工梁、墩台勾缝,清除梁端石砟及梁缝止水装置内的杂物,疏通排水管。
(12)清除桥下小量淤积,修理砌体圬工。
(13)梁端横向位移的限位装置、防落梁装置复位。
(14)桥涵限高防护架涂装及不影响结构稳定的小量整修。
(15)地道、调节河流建筑物等设备保养。
(16)及时消除可能危及行车安全的病害。

2.3.3 经常保养计划的编制与实施

桥隧车间应根据桥隧设备项目周期和设备状态,编制“桥隧检养维修月度计划及完成表”。根据桥隧养修计划、季节性工作和桥隧检查工区的检查结果,以及养修工区提报的可支配劳动力,在管理系统上编制月度保养计划,上传至工务段,批准后在管理系统上编制日计划,下达至桥隧养修工区执行。实施情况、班前安全质量预想防控点及措施记录在“桥隧检养修日计划及完成表”内。

2.3.4 桥隧建筑物保养质量的评定考核

桥隧保养质量的评定,是对桥隧设备维修管理工作质量考核的一项重要工作,不同于大修作业质量验收的含义。对设备保养质量的评定,是以单位维修长度的合格率来衡量设备的完好程度。保养质量处于合格状态,是确保行车安全的基本条件。具体要求如下:

(1)通过工区自评、车间定期评定和工务段抽查评定的方式进行。定期评定工作,可由车间主任、副主任或主管技术人员组织检查工区,结合春检和秋检,按照保养周期进行保养质量评定。工务段派主管工程师会同车间进行抽查评定。

(2)每座设备的保养质量评定是根据该设备各部分存在的问题,按照“桥隧建筑物保养质量评定标准”(表 2.3.1)的规定,根据扣分的情况来评定保养质量的优劣。每座设备扣分的总和除以该设备的维修长度(取整数),即为该设备的保养质量平均分(取小数点后一位)。保养质量每米维修长度平均分在 5 分及以下且无单项质量扣 10 分者为合格,否则为失格。

(3)每次评定的情况,均应填写“桥隧保养质量评定记录表”,以备抽查。

(4)工务段每月应对车间、工区经常保养的质量和数量进行现场抽查核实,根据抽查结果进行考核。车间对工区也应进行相应的考核。

表 2.3.1 桥隧建筑物保养质量评定标准

项目	保养标准	扣分条件	单位	扣分
1. 明桥面护轨	1.1 护轨与基本轨间距离符合规定,顶面不应高出基本轨 5 mm,也不低于基本轨 25 mm	超过规定允许误差	处	10
	1.2 轨底悬空大于 5 mm 处所不超过 15%,并不得连五出现	护轨底、垫板、桥枕间悬空大于 5 mm 处所超过 15%或连五出现	处	5
	1.3 梭头各部完好,联结牢固,尖端悬出桥枕不大于 5 mm	联结松动或尖端底部悬出桥枕大于 5 mm	个	5
	1.4 护轨垫板设置符合规定,厚度大于 30 mm 处所不得超过 15%	护轨垫板设置不符合规定或厚度大于30 mm处所超过 15%	块	5
	1.5 护轨道钉或扣件齐全,浮离 2 mm 及以上不超过 15%,并不得连五出现	护轨道钉或扣件缺少、断头或浮离 2 mm 及以上超过 15%或连五出现	个	5
2. 桥枕	2.1 腐朽部分或垫板切入深度在 3 mm 及以上处所不超过 15%	表层腐朽或垫板切入深度在 3 mm 及以上未削平、未挖补处所超过 15%	根	5
	2.2 桥枕顶面 2 mm 及以上裂缝漏灌不超过 15%	桥枕顶面裂缝宽度大于 2 mm,漏灌处所超过 15%	根	5
	2.3 桥枕端部裂缝宽大于 3 mm 应做防裂处理	未处理或处理失效处所超过 15%	根	5
	2.4 桥枕无连二失效或接头四根中无单根失效,净距符合标准	有连二失效或接头四根中有单根失效或桥枕净距超过 180 mm	处	10
	2.5 桥头双枕完好,联结牢固	桥头双枕腐朽,联结松动	根	5
	2.6 时速 120 km 及以上区段的桥枕无隔一或连二失效	有隔一或连二失效	处	10
3. 护木及道心步行板	3.1 护木腐朽或垫圈切入深度在 3 mm 及以上处所不得超过 15%	腐朽或垫圈切入深度在 3 mm 及以上未削平、未挖补处所超过 15%	处	5
	3.2 顶面宽 2 mm 以上裂缝漏灌处所不得超过 15%	护木顶裂缝宽度大于 2 mm,漏灌处所超过 15%	处	5
	3.3 道心步行板无缺少,无翘头,无失效	步行板缺少,翘头、失效	块	5
4. 各种螺栓	4.1 钩螺栓无连三及以上失效	有连三及以上失效	处	10
	4.2 钩头、护木螺栓顶面不超过基本轨面 20 mm	钩头、护木螺栓顶面高度超过基本轨面 20 mm	个	10
	4.3 护轨夹板螺栓安装符合规定	安装不正确或缺少	个	10
	4.4 各种螺栓齐全,无折断,无松动,无锈蚀	各种螺栓缺少、折断、松动	个	5
		各种螺栓锈蚀超过 10%	个	5
	4.5 行车时速 120 km 及以上区段的桥面螺栓不得有缺少或连二失效	有缺少或连二失效	个	10

续上表

项目	保养标准	扣分条件	单位	扣分
5. 钢梁	5.1 涂层无大于25 cm^2 的局部锈蚀	局部锈蚀大于25 cm^2	处	5
	5.2 高强度螺栓和铆钉无松动	高强度螺栓及铆钉松动、缺少	个	5
	5.3 腻缝无开裂、流锈	腻缝开裂、脱落、流锈	处	5
	5.4 梁体各部清洁	梁体有灰渣,尘土堆积	m	5
6. 圬工梁拱及墩台	6.1 梁拱及墩台裂缝修补完好	修补脱落延长0.5 m以上	处	5
	6.2 梁端伸缩缝挡砟板完好,缝内无石砟、杂物	梁端伸缩缝缺少挡砟板,缝内有石砟、杂物,影响梁体伸缩	处	10
	6.3 排水管通畅	排水管失效	个	5
	6.4 表面无缺损、露筋	掉块露筋	处	5
7. 支座	7.1 支座排水良好,无翻浆、流锈	支座积水、翻浆、流锈	个	5
	7.2 支座清洁、润滑良好	支座不洁,活动部分未涂固体油脂或石墨	个	5
	7.3 支座螺帽无缺少、松动,螺栓无折断	支座螺帽缺少、松动,螺栓折断	个	5
	7.4 上下座板与梁体及支承垫石间密贴	不密贴,用1 mm塞尺插入深度超过50 mm	个	10
	7.5 限位装置齐全有效	限位装置缺失、失效	个	10
8. 隧道	8.1 隧道排水沟畅通,盖板完好	排水沟有杂草、淤泥、碎石影响排水	m	5
		排水沟盖板缺少、损坏	块	5
	8.2 洞内煤尘无堆积	煤尘堆积	m	5
	8.3 洞内积冰无侵限	积冰侵限	处	10
9. 涵洞	9.1 涵洞内淤积轻微,不影响排洪	涵内淤积,影响排洪	座	10
	9.2 涵洞内管节接缝完好	接缝脱落	处	5
		漏土	处	10
	9.3 混凝土表面无缺损	剥落掉块致使露筋	处	5
10. 限高防护架	10.1 结构完整、连接安全、可靠	结构不完整,连接不安全、可靠	处	10
	10.2 涂装无大于25 cm^2 的局部锈蚀	局部锈蚀大于25 cm^2	处	5
11. 其他	11.1 河道排水通畅	桥涵上下游规定范围内泥石淤积影响排洪	座	10
	11.2 防护砌体状态完好	局部损坏,影响设备稳定	处	10
		勾缝脱落	处	5
	11.3 防火设备齐全	防火设备缺少	处	5
	11.4 作业通道栏杆、步行板、安全检查设备完好	栏杆、步行板、安全检查设备严重失修,连接不牢固,危及人身和行车安全	处	10
		涂装失效、步行板状态不良	处	5
	11.5 抗震设施完好	失修损坏	处	5
	11.6 各种标志齐全、完好、清晰	桥隧标、水位标、桥枕、油漆大修年度标志,病害观测标等缺少、破坏,不清晰	处	5

2.3.5　任务考核

文本

2.3.5　答案

1. 单选题

(1)经常保养的周期应按不同设备类型的状态变化加以控制,钢梁桥每______一遍。

(A)每月　(B)半年　(C)每年　(D)每季度

(2)保养质量每米维修长度平均分在______及以下且无单项质量扣______者为合格,否则为失格。

(A)2 分、5 分　(B)5 分、5 分　(C)10 分、10 分　(D)5 分、10 分

(3)护轨底、垫板、桥枕间悬空大于 5 mm 处所超过 15%或连五每出现一处,扣______分。

(A)2　(B)3　(C)5　(D)10

(4)有连二失效或接头四根中有单根失效或桥枕净距超过 180 mm 每出现一处,扣______分。

(A)2　(B)3　(C)5　(D)10

(5)护木顶裂缝宽度大于 2 mm,漏灌处所超过 15%每出现一处,扣______分。

(A)2　(B)3　(C)5　(D)10

(6)各种螺栓锈蚀超过 10%每出现一个,扣______分。

(A)2　(B)3　(C)5　(D)10

(7)隧道内积冰侵限每出现一处扣______分。

(A)2　(B)3　(C)5　(D)10

(8)限高防护架涂装大于 25 cm^2 的局部锈蚀每出现一处扣______分。

(A)2　(B)3　(C)5　(D)10

(9)栏杆、步行板、安全检查设备严重失修扣______分。

(A)2　(B)3　(C)5　(D)10

2. 判断题

(1)桥隧建筑物的经常保养的目的是通过对桥隧建筑物的经常保养,及时消灭超限和临近超限处所,预防病害的发生和发展。(　　)

(2)涵洞少量清淤、修补管接勾缝属于桥隧经常保养工作范围。(　　)

(3)在做好适时保养的同时,还应加强预防性的周期保养,使设备质量经常控制在完好状态。(　　)

(4)各种标志的刷新和补充不属于桥隧经常保养工作范围。(　　)

(5)工务段每年应对车间、工区经常保养的质量和数量进行现场抽查核实,根据抽查结果进行考核。(　　)

3. 思考题

桥隧建筑物经常保养的目的、周期、验收标准是什么?

任务 2.4　掌握铁路桥隧建筑物综合维修制度

本任务主要介绍铁路桥隧建筑物的综合维修作业制度,是桥隧建筑物有序、规范开展综合维修工作的基础。

学习目标

掌握铁路桥隧建筑物综合维修作业制度。

桥隧建筑物的综合维修是桥隧设备修理工作中的一个修程,其作用是通过综合维修,全面恢复桥隧各部件的功能,实现设备质量的良性循环,以保持设备状态均衡完好,保证行车安全,其目的是通过对设备的适时预防性的修理和病害整治,达到延缓状态劣化速率,延长维修周期和使用寿命,其原则是“预防为主,防治结合,有病治病,治病除根”。做到“项目齐全、作业彻底、一次达标”“修一项、保一项,修一座、保一座”。必须充分认识,努力遵循,才能真正实现“确保状态均衡完好”,以最合理的投入取得最佳技术经济效益的目的。

2.4.1　桥隧综合维修的方式

桥隧综合维修采用状态修与周期修相结合的方式,钢梁桥(含混合桥钢梁)钢杆件和木桥枕明桥面实行周期修,其他实行状态修。大桥、特大桥可分孔或分段进行。

从实践来看,采用状态修与周期修相结合的方式,对过去较多的“盲目修”或“过剩修”的状况有所改善。在允许范围内出现稍稍的“超前”或“滞后”还是允许的,要“因地制宜”,切忌“一刀切”。

2.4.2　桥隧综合维修的周期

钢梁桥(含混合桥钢梁)和木桥枕明桥面采用周期修,维修周期为2~3年一遍,采用新技术和新工艺的可适当延长维修周期。其他桥隧设备按状态修适时进行维修。

综合维修周期内,绝不允许设备出现失修状态,以设备的储备能力略有过剩为好。

2.4.3　桥隧建筑物综合维修的范围

(1)单根抽换木桥枕及桥涵其他木质部分的防腐、修理和个别更换、整修复合材料桥枕。

(2)桥梁各种螺栓、联结铁件的涂油、修理、补充和更换。

(3)钢结构维护性涂装(包括钢梁上盖板),少量铆钉、螺栓或联结系杆件的更换,杆件裂纹、损伤和弯曲等就地修理,结构不良的小型改善,增设防爬角钢。

(4)圬工梁拱、墩台裂缝整治、圬工勾缝、抹面、小量喷浆和压浆,局部翻修和加固修理及局部增设防水层,排水设备的修理和部分增设。

(5)支座整平、修正、涂油和捣垫砂浆,支座更换和增设座板,更换和补充锚螺栓,钢部件维护性涂装。

(6)混凝土梁横隔板开焊脱落、裂缝整治、掉块和露筋修补。

(7)梁缝止水装置少量修理或更换。

(8)梁端横向位移的限位装置的修理。

(9)明桥面护轨、防火设备、安全检查设备、抗震设施、水标尺、支座防尘罩以及各种标志的修理、零小更换和增设。

(10)桥涵的调节河流建筑物和防护设备的局部修理。

(11)桥涵上下游30 m范围内河床的少量清理,隧道内结冰和洞口危石处理。

(12)隧道漏水的少量整治,排水沟清理,衬砌少量圬工修补,隧道通风、照明设施修理。

(13)立交桥涵限高防护架的修理,框构桥涵渗漏水整治。

(14)涵洞局部改善,管节修理和个别更换。

(15)其他不属于大修范围的少量工作。

2.4.4　综合维修计划的编制与实施

“桥隧综合维修年度计划”由工务段编制,经铁路局集团公司批准后实施,铁路局集团公司汇总后,1 月底前报国铁集团备案。其完成情况由车间向工务段、工务段向铁路局集团公司分别按月、季统计,逐级上报“桥隧大修维修完成情况报表”,铁路局集团公司汇总当年综合维修计划完成情况后,次年 1 月底前报国铁集团备案。

桥隧设备的月度综合维修计划,按照工务段下达的任务,桥隧车间根据综合维修的要求,以工作量调查结果为依据,在管理系统上编制次月维修计划,上传至工务段,批准后在管理系统上编制日计划,下达至桥隧养修工区执行。

2.4.5　综合维修作业质量的验收与考核

认真把好质量验收关,是保证作业质量的关键,因此,对综合维修作业质量的验收,提出以下几点要求:

(1)桥隧综合维修作业质量的验收,要严格执行工区、车间、工务段三级验收制,分级把关,异体监督,控制综合维修质量。

(2)作业过程中,每天应在作业中及收工前进行质量自检、互检和回检,发现不符合标准的项目应及时返修达标。钢梁涂装、圬工整修等项目,车间、工务段增加抽查频次。

(3)每座设备综合维修作业全部完工后,应按“桥隧建筑物修理作业验收标准”(表 2.4.1)的有关规定进行质量验收评定,如图 2.4.1 所示。先由桥隧养修工长组织进行全面检查,初检合格后报请车间复验,车间组织检查工区进行复验。如发现不合格处所,由工区继续整修,整修合格后再报请复验,复验合格报请工务段,工务段派主管工程师会同车间、检查工区进行验收。如发现不合格处所,由车间组织继续整修,整修合格后再报请复查。

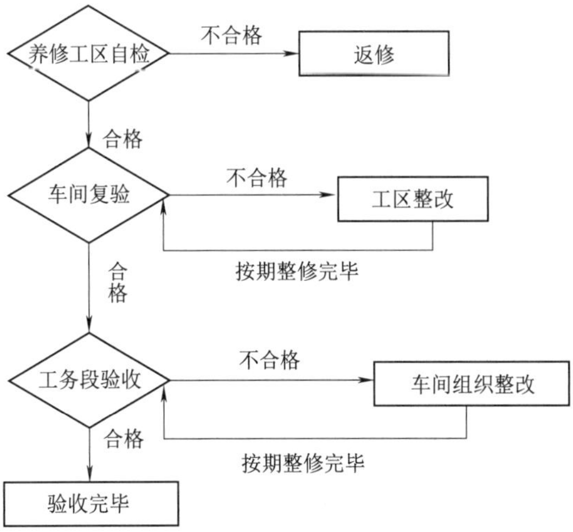

图 2.4.1　质量验收

(4)每次维修验收时,桥隧养修及检查工区、车间、工务段均应把验收质量评定结果填写在“桥隧综合维修验收证”中。

(5)综合维修作业质量评定分为合格、不合格两个等级。全部项目一次验收达到合格,可评为“合格”,否则为“不合格”。若出现不合格处所,经返修复验合格,评为“合格”。

(6)工务段每月应对车间、工区综合维修的质量和作业量进行现场抽查核实,根据抽查结果进行考核。车间对工区也应进行相应的考核。

表 2.4.1 桥隧建筑物修理作业验收标准

分类	工作项目	质量标准	附注
一、整修更换钢梁明桥面	1. 线桥偏心	符合线桥偏心的允许值	
	2. 上拱度	跨中上拱度值与设计值误差不超过±3 mm,轨面平顺,并应于钢梁两端线路的衔接平顺	
	3. 制作、修理桥枕	(1)树心向下,槽口平整,槽深不大于 30 mm,与上盖板顶面缝隙小于 1 mm,与钢梁翼缘间隙每边不大于 4 mm (2)镶垫木板尺寸符合规定,联结牢固,缝隙不大于 2 mm (3)螺栓孔位置正确,垂直误差不超过 4 mm (4)顶面 2 mm 以上裂缝漏灌处所不超过 5% (5)新面防腐油涂刷均匀,漏涂、流淌不超过 3% (6)端头 2 mm 以上裂缝未作防裂处理头数不超过 3% (7)表面腐朽(或垫板切入)深度达 3 mm 以上,未处理处所不超过 5% (8)钢轨接头处 4 根木桥枕(支接时为 5 根)中无一根或其他部位无连续 2 根及以上的失效,行车速度大于 120 km/h 区段钢梁明桥面无隔一或连二失效桥枕	以根计 以根计 以处计 以处计
	4. 更换铺设桥枕	(1)材质、规格尺寸符合标准 (2)桥枕与钢梁中心线垂直,并一头找齐 (3)桥枕底与钢梁联结系杆件(含钉栓)间隙大于 3 mm,与横梁间隙大于 15 mm (4)横梁短枕无松动,与钢轨底间隙不小于 5 mm (5)钩、护螺栓顺直,中心左右偏差不超过 7 mm	
	5. 更换护木	(1)材质、制作铺设符合规定,三面刨光并作防腐、灌缝、防裂处理,螺栓孔眼目视正直 (2)与桥枕间缝隙大于 2 mm 的槽口不超过 10% (3)梁端断开,两孔护木左右错牙小于 10 mm,护木接头连接牢固,缝隙不大于 2 mm	
	6. 更换、整修明桥面护轨	(1)符合桥面布置图规定 (2)轨底悬空大于 5 mm 处所不超过 8% (3)梭头各部联结牢固,尖端悬空小于 5 mm (4)接头靠基本轨一侧左右错牙不大于 5 mm (5)护轨道钉或扣件齐全完好,浮离 2 mm 及以上不超过 5%	
	7. 修理及安装各种螺栓	(1)螺杆、螺帽及垫圈除锈彻底,沾油厚度适宜或经镀锌处理 (2)螺杆顶部不高出基本轨 20 mm,且无不满帽现象 (3)螺栓拧紧后扭矩达到要求,不足者不超过 5% (4)各种垫圈符合标准无缺少,歪斜损坏或多层垫圈(作业通道支架除外)不超过 5% (5)钩螺栓钩头位置正确,有 2/3 钩头面积与钢梁钩紧,如遇到铆钉允许钩头偏斜。螺杆与钢梁翼缘间隙大于 4 mm 者不超过 5% (6)行车速度大于 120 km/h 区段钩(护木)螺栓无缺少和连二失效 (7)自动闭塞区间,钩螺栓铁垫圈与钢轨垫板间必须有 15 mm 以上的间隙	

续上表

分类	工作项目	质量标准	附注
一、整修更换钢梁明桥面	8. 更换安装防爬角钢	安装位置符合规定，与盖板及桥枕间联结牢固，缝隙小于 1 mm	
	9. 上盖板涂装	符合上盖板喷涂标准	
	10. 更换作业通道、步行板及栏杆	(1)各部尺寸符合设计要求，钢支架的铆接、栓接、焊接及涂装质量符合有关规定 (2)步行板四角整平，连接牢固，钢筋混凝土板平整无裂无损，边缝填塞饱满，钢质、橡胶步板等应与作业通道托架有防止移动、脱落的扣系 (3)步行板铺设平直，边缘成一直线，钢步板无锈蚀 (4)栏杆平直，联结牢固，无扭曲，10 m 弦矢度小于 20 mm (5)梁端断开，活动端处能与梁体共同移动	栓钉、焊接、涂装质量同钢结构；钢筋混凝土板质量同钢筋混凝土结构
二、钢梁保护涂层	1. 钢表面清理	(1)电弧喷铝或涂装环氧富锌底漆，达到 Sa3 级或 P St3 级 (2)红丹醇酸、红丹酚醛或聚氨酯底漆，达到 Sa2½级或 P Sa2½级 (3)桥栏杆、扶手、人行道托架、墩台吊篮等桥梁附属钢结构涂装红丹防锈底漆，非密封的箱形梁和非密封的箱形杆件内表面涂装环氧沥青涂料，达到 Sa2 级或 P Sa2 级 (4)附属钢结构的光圆钢涂装红丹防锈底漆，达到 St3 级或 P St3 级 (5)涂装涂料涂层时，钢表面粗糙度为 25～50 μm；电弧喷铝时，钢表面粗糙度为 50～100 μm	
	2. 涂膜粉化清理	涂层表面打磨、污垢清除彻底，不损伤底漆	
	3. 腻缝	作业范围内，凡能积水的缝隙内的旧漆污垢除净无漏腻，腻子填实压平，无开裂积水	
	4. 涂层涂装		
	(1)涂料涂装	(1)涂装体系、层数、厚度符合规定 (2)涂层表面平整均匀，新旧涂层衔接平顺，色泽不匀不超过 10% (3)无剥落、裂纹，附着力不小于 3 MPa (4)起泡、气孔每平方米不超过两个 5 cm×5 cm 缺陷	
	(2)电弧喷铝	(1)涂装体系、涂层厚度符合规定 (2)涂层表面平整均匀、附着力符合要求 (3)基本无起皮、鼓泡、大溶滴、散粒、裂纹、掉块，有细微缺陷，但不影响防护性能	
三、基础加固	1. 地基处理	正式施工前要进行试夯、试桩，且资料完整	
	(1)换填地基	(1)换填用砂应为中、粗砂，有机质和含泥量均≤5%；碎石料径≤100 mm，含泥量≤5%；石灰等级≥Ⅲ级 (2)换填范围、填料比例、填筑及压实工艺、压实密度符合设计要求 (3)换填地基底部和顶部高程偏差为±50 mm	砂和碎石同产地、同品种、同规格以连续进场量每 400 m^3 为一批；石灰每 200 t 为一批
	(2)夯实地基	(1)处理范围、施工技术方案、夯点布置、密实度、承载力和有效加固深度符合设计要求 (2)重锤夯实最终总下沉量应大于试夯总下沉量的 90% (3)允许偏差为顶面平整度：50 mm；夯点间距：重锤夯实±0.1d（d 为锤头直径），强夯±500 mm	检查数量为每基坑不少于 5 处

续上表

分类	工作项目	质量标准	附注
三、基础加固	(3)旋喷桩加固	(1)桩的加固范围、数量和布置形式、水泥浆配合比例、柱身无侧限抗压强度、地基承载力符合设计要求 (2)允许偏差:桩位中心 50 mm;柱径-50 mm;桩长$^{+100}_{0}$ mm;桩体垂直度 1.5%	检查桩数的 2%,并不少于 5 根;地基承载力检查总桩数的 2‰,且每基坑不少于 1 处
	2. 明挖基础	(1)基坑平面位置、坑底尺寸、开挖方式、支护形式、基底地质条件、回填填料应满足设计要求,夯实符合规定 (2)岩层基底应清除岩面松散石块、淤泥、苔藓,凿出新鲜岩面,表面清洗干净,应将倾斜岩面凿平或凿成台阶;碎石类土及砂类土层基底承重面应修理平整,黏性土层基底整修时,应在天然状态下铲平,不得用回填土夯平;砌筑基础时,应在基础底面先铺一层 5~10 cm 水泥砂浆 (3)基础浇筑、砌筑应在无水情况下施工,混凝土和砌体砂浆终凝前不得浸水 (4)基底高程偏差:土质±50 mm,石质$^{+50}_{-200}$ mm	模板、钢筋、混凝土及砌体按有关标准评定
	3. 灌注桩基础	(1)孔径、孔深、孔型、钻(挖)顺序、防护措施、桩头处理、桩顶高程、主筋伸入承台长度和桩承载力试验符合设计、施工技术要求 (2)浇筑水下混凝土前应清底,桩底沉渣允许厚度:摩擦桩不大于 300 mm,柱桩不大于 100 mm (3)孔位中心允许偏差为:钻孔桩群桩 100 mm,单排桩 50 mm;挖孔桩 50 mm (4)成孔倾斜度:钻孔桩不大于 1%;挖孔桩不大于 0.5%	钢筋、混凝土按有关标准评定
四、整修加固钢梁	1. 加固	部位及尺寸符合设计要求	
	2. 钢料切割	切割刨边后,边缘平整尺寸误差:宽度:$^{+4}_{-2}$ mm 长度:$^{0}_{-4}$ mm	
	3. 钻孔	新钻钉孔与钢面自下而上垂直,孔壁平滑,不良钉孔(指直径误差不超过:$^{+0.5}_{-0.2}$ mm,斜孔偏斜小于 2 mm,错孔小于 1 mm)的个数不超过 20%	
	4. 组拼	钢料接触面间无铁屑,锈皮、污垢,组装紧密用 0.3 mm 塞尺插入深度不大于 30 mm	
	5. 铆合	铆钉无松动,钉头无裂纹及全周浮离,其他不良铆钉不超过 10%	
	6. 高强度螺栓连接	(1)无缺少、松动,超拧或欠拧螺栓不超过节点螺栓总数的 5% (2)栓焊梁螺栓联结部位摩擦系数不小于 0.45	应同时检查同一节点的原有铆钉是否松动
	7. 弯曲整修	整修后,无压痕及裂纹,弯曲矢度在容许范围以内,整修处附近铆钉无松动,其他不良铆钉不超过 10%	
	8. 洞孔伤损	钢料伤损及洞孔边缘修磨平整,填补后,钢料间接触紧密,无缝隙	
	9. 清扫	各部分清洁、无积垢,排水良好	

续上表

分类	工作项目	质量标准	附注
五、更换钢梁	1. 位置	钢梁中心线与设计线路中心线位置偏差小于15 mm	拨正钢梁按本项评定
	2. 支点位置	(1)钢梁一端支承垫石顶面高差小于钢梁宽的1/1 500 (2)每一主梁两端支承垫石顶面高差：当跨度小于55 m时为5 mm；当跨度大于55 m时为计算跨度的1/10 000并不大于10 mm (3)前后两孔钢梁在同一墩顶支承垫石顶面高差不大于5 mm (4)支座底板四角相对高差不大于2 mm	
	3. 钢桁梁拼装位置	(1)弦杆节点对梁跨端节点中心连接线偏移不大于跨度的1/5 000 (2)弦杆节点对相邻两个节点中心连线偏移不大于5 mm (3)立柱在横断面内垂直偏移不大于立柱理论长度的1/700 (4)拱度偏差：设计拱度60 mm不超过±4 mm；设计拱度120 mm不超过±8%；设计拱度大于120 mm，按设计规定	
六、整修圬工梁拱及墩台	1. 抹面	抹面压实，裂纹、空响面积不超过2%，砂浆符合规定	
	2. 压浆	(1)注浆孔位置、深度及灰浆配合比、水灰比符合要求 (2)不因钻孔而损坏原圬工，裂纹和空隙内经压水冲洗，并注满浆 (3)注浆孔用砂浆填实，无裂纹，淌出灰浆清除干净	
	3. 修补	(1)材料配合比、工艺符合要求 (2)槽宽度误差不超过±5 mm，深度不小于8 mm (3)勾缝平实，凸凹不超过±3 mm，与圬工结合牢固，无断道 (4)色泽协调均匀	
	4. 整修更换防水层	(1)垫层抹平无坑洼，与原圬工联牢 (2)防水层平顺密实，与边墙及泄水孔衔接严密，无渗漏现象 (3)保护层厚度不小于30 mm，坡度不小于3%，压实抹平，无裂损和空响，与圬工边缘衔接处无裂纹，流水坡度平顺	
	5. 整修更换泄水孔	(1)管内畅通，无杂物堵塞 (2)外露部分无锈蚀 (3)排水不污染梁体	
	6. 整修伸缩缝(或沉降缝)	缝内杂物清除干净，填塞密实，表面平整，无漏水、无断裂或挤出	
	7. 灌注混凝土及钢筋混凝土	(1)混凝土配合比、水灰比、各部尺寸符合要求 (2)钢筋的品种规格应符合设计要求，无出厂合格证时应试验合格 (3)钢筋的锈蚀、油污清除干净、加工正直，组配及弯曲尺寸符合设计要求。在“同一截面”内，受力钢筋闪光接触对焊接头在受拉区不得超过50%，电焊接头应错开，主筋横向位置偏移不大于±7.5 mm，箍筋位置偏移不大于±15 mm，其他钢筋位置偏移不大于±10 mm (4)新旧圬工连接按规定凿毛并埋设牵钉(牵钉直径、间距及埋深符合设计要求)，冲洗干净 (5)混凝土拌和均匀，分层灌注，捣固密实，施工接缝连接牢固 (6)混凝土表面有微小的麻面、蜂窝和龟裂，但不得露主筋	混凝土试块强度符合设计要求，并有施工检算记录

续上表

分类	工作项目	质量标准	附注
六、整修圬工梁拱及墩台	8. 分片式混凝土梁横向加固	（1）加固方案及布置形式、加固位置、数量、施工工艺等符合设计要求 （2）新增联结板（隔板）尺寸偏差：宽度（顺桥向）±10 m；高度 $^{+10}_{-5}$ mm；厚度 $^{+10}_{0}$ m；表面平整度≤3 mm/m；中心偏离设计位置≤10 mm （3）钢筋锚固孔深允许偏差 $^{+15}_{-5}$ mm，孔内清洁无杂物，使用植筋胶时且应干燥 （4）封锚混凝土高度偏差≤10 mm，封锚前锚具外露端涂黄油，安装防水塑料盖 （5）预应力筋张拉回缩量≤1 mm （6）新增混凝土与梁体间的施工缝表面涂 2～3 层聚氨酯防水涂料，涂层厚度≥1 mm	钢筋混凝土、混凝土及预应力筋符合有关规定
七、更换圬工梁拱及墩台	1. 架梁位置	梁的中心线与设计位置偏差不大于 20 mm	拨正圬工梁按本项评定
	2. 梁体尺寸	（1）梁高度的偏差不超过 $^{+20}_{-5}$ mm （2）跨度±20 mm （3）梁长 L_p>16 m±30 mm L_p≤16 m±12 mm （4）下翼宽度 $^{+20}_{0}$ mm （5）腹板厚度：钢筋混凝土梁为+3%；预应力混凝土梁为+15 mm	圬工质量、防水层铺设、支座安装参照有关项目评定
	3. 墩台尺寸	（1）结构各部分尺寸与设计中心线误差：基础平面尺寸为±50 mm，墩台前后左右平面尺寸为±50 mm （2）顶面流水坡不小于 3%	
	4. 支承垫石	（1）表面平整，局部凹陷深度小于 5 mm （2）标高与设计误差不超过±10 mm	
	5. 表面裂纹	符合限值规定	
八、整修更换支座	1. 整修支座	（1）各部分清洁，无灰渣，活动端涂固体油脂或擦石墨涂擦均匀，无缺漏 （2）支座位置平整密实，各部分相互密贴 （3）锚栓无松动、缺少 （4）排水良好，无翻浆、流锈 （5）涂装油漆良好	
	2. 凿埋锚栓	锚栓直径及埋入深度符合规定，位置偏差小于 5 mm，螺栓杆正直无松动，周围砂浆填实、无裂纹	
	3. 支座更换安装	（1）支座的质量和规格符合标准，安装位置正确 （2）支座平整、密贴、无缝隙 （3）活动支座滚动（滑动）面洁净滑润，梁跨伸缩、转动自由。固定支座应稳固可靠 （4）支撑及限位设备齐全	

续上表

分类	工作项目	质量标准	附注
八、整修更换支座	4. 支座捣垫砂浆	(1)原圬工面凿毛洗净,水灰比、砂浆配合比符合规定,拌和均匀,捣固密实,周围抹面平整,无裂纹,抹面少量有轻微空响 (2)与座板间缝隙小于1 mm,深度小于30 mm (3)排水良好	
九、整修更换涵洞	1. 整修涵洞	(1)勾缝无脱落,节缝无漏水、漏土 (2)清除淤积,排水通畅	圬工部分修理加固质量标准同圬工梁拱墩台
	2. 更换或增设涵洞	(1)孔径与各部尺寸与设计相符,误差: 孔径:$^{+20}_{0}$ mm 厚薄:钢筋混凝土$^{+10}_{-5}$ mm,混凝土±15 mm,浆砌块石料石±20 mm (2)涵身顺直,弯曲矢度小于1/250 (3)沉降缝垂直、整齐、无交错,填塞紧密,无漏土、漏水,接头错牙小于10 mm	圬工质量符合有关标准
	3. 框架桥涵顶进	(1)外形尺寸误差: 宽度:±50 mm 轴向长度:±50 mm 顶底板厚度:$^{+20}_{-5}$ mm 中边墙厚度:$^{+20}_{-5}$ mm 肋:±3% (2)顶进误差: 中线:(一端顶进)200 mm (二端顶进)100 mm 高程:顶程的1%,但偏高不得超过150 mm,偏低不得超过200 mm	钢筋混凝土、混凝土及砌石圬工质量按有关规定标准
	4. 圆涵顶进	顶进误差: 中线:50 mm 高程:偏高20 mm 偏低50 mm 管节错口:10 mm 对顶法接头的管节错口:30 mm	
十、整修加固隧道	1. 整修隧道	(1)整治漏水后无滴水 (2)煤灰清扫无堆积 (3)排水沟无渗漏、积水,盖板齐全、有效,局部淤积但不影响排水 (4)圬工裂损修补符合圬工修补要求 (5)通风照明设施整修完好、使用正常	
	2. 加固更换模注混凝土衬砌	(1)限界及各部尺寸与设计相符,向内无偏差 (2)圬工质量符合标准 (3)墙顶封口处与拱脚底面结合无浮渣,并用同等级较干的砂浆捣实结合平整	

续上表

分类	工作项目	质量标准	附注
十、整修加固隧道	3. 锚喷混凝土(或钢筋混凝土)衬砌	(1)混凝土配合比和添加剂掺量符合要求 (2)受喷面无浮渣,并经高压风、水清洗 (3)试块的抗压强度等级平均值不低于C25,任意一组试验抗压强度平均值,最低不得低于设计等级的85% (4)喷射厚度所有检查断面上全部检查孔处喷射混凝土的厚度80%以上应不小于设计厚度,网喷最小厚度不小于6 cm,素喷最小厚度不小于4 cm (5)喷射混凝土与围岩或受喷面应紧密黏结,锤敲击无空声(或仪器检测黏结紧密) (6)锚杆材质、尺寸、间距和锚固力符合设计要求 (7)钢筋网与受喷面的空隙应不小于3 cm (8)无裂缝、露筋,非寒冷和严寒地区有个别面积漏水	(1)检查施工纪录 (2)观察、检查 (3)隧道每30延米取一组试块,检查试验报告单 (4)凿孔测量厚度单线每30延米、双线每20延米至少检查一个断面,检查锚固力试验报告,每300根至少做3根试验,检查隐蔽记录
	4. 翻修整体道床	(1)道床基底无风化、虚渣软土、杂物和地下水等,钢筋布置和道床混凝土强度符合设计要求;道床混凝土与支承垫块联牢,无松动,混凝土无裂缝、蜂窝、露石;道床顶面平整,排水坡流向正确,道床面标高误差不大于设计±10 mm,表面整洁无脏物 (2)整体道床与弹性道床之间的过渡段,其平面布置、结构尺寸符合设计要求 (3)伸缩缝设置数量和位置符合要求	
十一、整修加固防护及河调建筑物	1. 浆砌料石或块石	(1)砌体尺寸、砂浆等级符合设计要求,石质无风化、裂纹,耐久性、抗冻性符合要求 (2)旧圬工损坏部分清除彻底、清洗干净,并且砂浆抹平,新旧圬工联牢 (3)分层砌筑,丁顺相间,石块间砂浆饱满密实,无松动及空隙 (4)缝宽:块石不大于20 mm,料石10~15 mm,垂直灰缝无贯通,错缝间距离块石不小于80 mm,如有超限,每10 m^2 不超过3处	一条砌缝算1处
	2. 浆砌片石	(1)砌体尺寸、砂浆等级符合设计要求,石质无风化、裂纹、水锈、泥土、清洗干净 (2)基底符合设计要求,岩石基底表面无风化及松软土石。非基底夯实平整,表面无浮土杂物,土质基底铺有砂石垫层 (3)分层填筑(每层1 m左右找平),大面向下咬接密实,石块间砂浆饱满,缝宽不大于40 mm,不小于20 mm,垂直无空缝,错缝距离不小于80 mm,三块石料相砌,内切圆不大于70 mm,灰缝下限处所每10 m^2 不超过5处	一条砌缝算1处
	3. 干砌片石	(1)砌体尺寸符合要求 (2)石质无风化、裂纹,片石中部厚度不小于15 cm (3)碎石垫层夯实平稳,厚度不小于10 cm (4)大块在底层,大面向下,咬接密实,支垫稳固 (5)砌石面坡平顺,用2 m弦线丈量凹陷矢度不超过50 mm	

续上表

分类	工作项目	质量标准	附注
十一、整修加固防护及河调建筑物	4. 勾缝	(1)勾缝无脱落 (2)勾缝深度不小于 30 mm,新旧缝相接良好,砂浆符合规定,勾缝压实。断道空响处所不超过 5%	
	5. 铁线石笼	(1)铁线石笼断面、长度、材料符合设计要求,网格不大于 14 cm×18 cm,并双扣拧紧(六角形)不松弛 (2)铺设范围、高程符合设计要求,基础平整,根部稳固,各石笼骨架间相互联牢,笼内石块填满,铁线无折断	
十二、整修其他设备	1. 修理及增设水位标尺	位置、式样符合要求,尺寸准确,描绘整齐鲜明、并标出历史最高洪水位及发生年、月、日	
	2. 整修或增设其他标志	位置、式样符合要求,尺寸字样准确,标志清晰	
	3. 整修或增设安全检查设备	位置、式样符合要求,质量参照钢结构、圬工部分标准	
	4. 整修或增设桥涵限高防护架	位置、式样符合要求,质量参照钢结构、圬工部分标准	

2.4.6　任务考核

文本

2.4.6　答案

1. 单选题

(1)明桥面整修更换钢梁时,跨中上拱度值与设计值误差不超过______ mm。

(A)±2　(B)±3　(C)±4　(D)±5

(2)钢梁保护涂层时,涂料涂装起泡、气孔每平方米不超过两个______缺陷。

(A)2 cm×2 cm　(B)3 cm×3 cm　(C)4 cm×4 cm　(D)5 cm×5 cm

(3)整修加固钢梁,高强螺栓连接部位摩擦系数不小于______。

(A)0. 25　(B)0. 35　(C)0. 45　(D)0. 55

(4)整修更换支座时,锚栓直径及埋入深度符合规定,位置偏差小于______ mm,螺栓杆正直无松动,周围砂浆填实、无裂纹。

(A)4　(B)5　(C)6　(D)8

(5)整修加固隧道时,锚喷混凝土试块的抗压强度等级平均值不低于______。

(A)C20　(B)C25　(C)C30　(D)C35

2. 判断题

(1)桥隧建筑物维修工作实行综合维修和局部维修相结合的方式。　(　　)

(2)桥隧综合维修采用状态修与周期修相结合的方式,钢梁桥钢杆件和木桥枕明桥面实行状态修。　(　　)

(3)单根抽换木桥枕属于桥隧建筑物综合维修工作范畴。　(　　)

(4)梁端横向限位装置的修理属于桥隧建筑物综合维修工作范畴。　(　　)

(5)隧道漏水的少量整治,排水沟清理,衬砌少量圬工修补,隧道通风、照明设施修理属于桥隧建筑物综合维修工作范畴。　(　　)

(6)桥隧综合维修作业质量的验收,要严格执行工区、车间、工务段三级验收制,分级把关,异体监督,控制好综合维修质量。 (　　)

(7)综合维修作业质量评定分为合格、不合格两个等级。全部项目一次验收达到合格,可评为“合格”,否则为“不合格”。 (　　)

(8)若出现不合格处所,经返修复验合格,评为“合格”。 (　　)

3. 思考题

桥隧建筑物综合维修的原则、周期、验收标准是什么?

任务 2.5　掌握铁路桥隧建筑物大修制度

本任务主要介绍铁路桥隧建筑物的大修管理制度,是桥隧建筑物有序、规范开展大修工作的基础。

学习目标

掌握铁路桥隧建筑物大修作业制度。

桥隧大修工作的基本任务是恢复或提高设备的运营能力,以充分发挥桥隧建筑物的使用效能,满足铁路运输的需要。设备的运营能力指设备的承载能力、动力性能、稳定性,抗洪、抗震能力,建筑限界等。桥隧大修工作应根据运输发展的需要,分别轻重缓急,有计划地进行加固改善或改建。

根据其工程性质、复杂程度和工作量大小,可分为重点大修和一般大修。整孔更换桥面、整孔钢梁(或钢塔架)重新涂装或罩涂面漆、中桥以上更换梁跨、扩孔、移梁、墩台大修、基础加固、复杂的钢梁加固、增设或更换隧道衬砌及需要便线施工的工程等为重点大修。其他病害整治的大修为一般大修。重点大修或一般大修属于重点病害整治或加固改善工程,根据设备状态及劣化等级实行状态修。

2.5.1　桥隧建筑物大修工作的范围

1. 桥梁大修

(1)整孔更换桥面,包括整孔更换桥枕,换铺分开式扣件,更换护轨,钢梁上盖板、上平纵联的保护涂装,更换上盖板松动、失效铆钉等。

(2)更换或增设整孔作业通道和安全检查设备(包括避车台,防火设备)。

(3)整孔钢梁或整个钢塔架的重新涂装或罩涂面漆。

(4)加固钢梁或钢塔架,包括更换、加固、修理损伤杆件,提高承载能力,扩大建筑限界,改善不良结构,更换大量铆钉和高强度螺栓。

(5)更换支座,包括跨度 80 m 以上钢梁支座的起顶整正。

(6)更换钢梁或圬工梁。

(7)整孔圬工梁裂缝注浆、封闭涂装或钢筋混凝土保护层中性化裂损、钢筋锈蚀整治。

(8)更换或增设整孔圬工梁拱防水层。

(9)圬工梁横隔板加固、横隔板断裂修补、梁体加固。

(10)加固圬工墩台及基础。
(11)更换墩台。
(12)更换或修复支承垫石、更换折断的支座销钉。
(13)修复或加固防护及河调建筑物。
(14)整治威胁桥梁安全的河道。
(15)整治梁端顶死、线间距不足的移梁施工。
(16)更换整孔作业通道步行板。
(17)加固或恢复桥涵限高防护架。
(18)孔径不足的桥梁的扩孔。
(19)成段修复或加固桥梁声屏障、防抛网。
(20)整桥栏杆涂装或更换。
(21)更换梁缝止水带、盖板。

2. 隧道大修

(1)加固、更换、增设衬砌或扩大限界。
(2)隧道空洞、掉块、冷缝、防水板切割二衬整治。
(3)加固洞门。
(4)加固明洞。
(5)成段翻修铺底、仰拱。
(6)整治漏水,改善和增设排水设备。
(7)整治洞口边坡、仰坡。
(8)修理隧道消防设施、照明、防护门及机械通风。

3. 涵洞大修

(1)加固涵洞,更换盖板。
(2)修复或加固防护及河调建筑物。
(3)整治危及涵洞安全的河道。
(4)孔径不足的涵洞的扩孔。

2.5.2　桥隧建筑物大修工作计划的编制

桥隧大修计划任务的确定,可按下列程序进行:

首先,工务段应根据铁路局集团公司制定的桥隧大修规划和设备技术状态,每年上半年提出次年的大修申请,详细填写"桥隧大修项目建议书",报送铁路局集团公司工务部审核。

其次,铁路局集团公司工务部对工务段报请的大修工程复查后,于10月底前提出次年度"桥隧大修年度建议计划件名表",铁路局集团公司根据轻重缓急和投资能力,确定次年度大修任务计划。

病害复杂的桥隧大修项目,应对病害原因、程度、发展趋势进行专家论证,提出整治建议;对整治设计、施工方案复杂的大修项目应进行专家论证。

2.5.3　设计文件

设计文件是指导施工和进行经济核算的主要依据,应做到技术先进,经济合理。每项桥隧大修工程均应进行设计,编制设计文件。一般大修件名可直接进行设计。重点桥隧大修工程可分两阶段进行设计,即先提出初步设计和概算,经铁路局集团公司主管部门审查确定后,再编制技术设计。

桥隧大修设计文件应包括说明书、设计图表、预算3部分。

全年大修的设计文件应在当年的6月底前完成。在施工中,如需变更原设计和预算时,应根据变更性质及程度,按《普速铁路桥隧建筑物修理规则》(TG/GW 103—2018)的相关规定处理。

2.5.4 施工管理

大修施工管理总的要求是:建立正常的生产秩序,进行合理的施工组织,按照严密的作业程序,严格遵照技术标准,达到保证工程质量和施工安全、降低成本的目的。桥隧大修施工必须以批准的设计文件为依据,没有批准的设计文件不得开工。

桥隧大修施工的特点是:在运营线路上行车条件下进行,对施工安全要求高,因此必须要由熟悉铁路技术管理和运营线施工要求的单位进行施工,一般由专门设置的铁路桥隧大修施工单位负责,不能随意委托或发包给对运营线施工毫无经验的单位施工,只有零小病害整治的一般大修工程,可由工务段自行组织施工,铁路局集团公司应严格掌握把关。

桥隧大修施工应做到:

(1)建立施工安全质量负责制。

(2)大修封锁施工,必须充分做好施工前的各项准备。

(3)填写"桥隧大修施工日志簿"及"隐蔽工程检查验收记录表"。

(4)大修使用的主要材料应提供材质说明书和合格证,并按有关规定进行检验,检验合格并经监理或监护员审核签认后,才准领用和运往工地。使用代用材料时,应征得原设计单位同意。

(5)大修工程竣工后应做好恢复、清场、资料整理等工作。

2.5.5 检查验收

为了保证大修施工的安全质量,桥隧大修施工单位应建立严格的检查制度,做好以下施工检查工作:

(1)施工负责人应在每日工作中、收工前,对当日作业质量和安全情况进行全面检查。

(2)严格执行《国铁集团铁路营业线施工管理办法》的规定。施工单位应加强经常性技术指导,至少每月进行一次检查,尤其是封锁施工时,主管领导必须亲自检查。

(3)对委托或发包给其他单位施工的单项工程,施工单位应派专人负责现场施工的工程质量和施工安全的检查监督,严禁以包代管。

(4)影响线路稳定的施工,应派专人对线路变化情况进行检查,及时对线路不良处所进行整修和保养,并做好记录。

为保证大修工程质量,还应做好以下质量监督工作:

(1)铁路局集团公司应指派专人认真检查大修工程的安全质量情况。

(2)隐蔽部分的施工、关键工序,现场应旁站监理或监护。

大修验收以每件为单位,工程项目工作量较大的工程亦可分项或分孔(个)进行验收,但全部工程竣工后,须再进行一次总的质量评定。大修工程竣工验收程序如下:

(1)工程竣工后,应先由施工单位按设计文件和"桥隧建筑物修理作业验收标准"(表2.4.1)逐级检验施工质量,并作出检验记录及质量评定。如质量不合格或有漏项等缺陷,应及时整修完好,同时备齐竣工文件,报请铁路局集团公司验收,并通知有关设备管理单位。

(2)铁路局集团公司在接到施工单位申请办理正式验收的报告后,应立即组织验收。经验收合格,组织设备管理单位和施工单位办理验交手续。

(3)经验收人员检查,认为工程内容符合设计文件,工程质量符合验收标准的要求,竣工文件齐全完整时,验收人应签发“桥隧大修竣工验收证”。如检查不合要求时,应指出不合格处所和改正意见,由施工单位继续整修,限期完成,达到标准时再行复验。

桥隧大修工程的施工质量,以每件工程为单位综合评定,分为“合格”“不合格”两个等级。

合格——全部工作项目的质量达到合格。

不合格——任何一项工作项目的质量未达到合格。

若不合格项目返工整修,经复验达到合格,评为“合格”。

文本

2.5.6　答案

2.5.6　任务考核

1. 单选题

(1)下列属于桥梁大修工作范围的是______。

(A)更换钢梁或圬工梁

(B)圬工梁拱、墩台裂缝整治、圬工勾缝、抹面、小量喷浆和压浆

(C)局部翻修和加固修理局部增设防水层,排水设备的修理和部分增设

(2)下列属于隧道大修工作范围的是______。

(A)隧道漏水的少量整治,排水沟清理

(B)加固洞门

(C)衬砌少量圬工修补

(D)隧道通风、照明设施修理

(3)下列属于涵洞大修工作范围的是______。

(A)桥涵限高防护架的修理,框构桥涵渗漏水整治

(B)涵洞局部改善

(C)管节修理和个别更换

(D)孔径不足的涵洞的扩孔

(4)工务段应根据铁路局集团公司制定的桥隧大修规划和设备技术状态,每______提出次年的大修申请。

(A)下半年　(B)上半年　(C)任意时段

(5)全年的设计文件应在当年______月底前完成。

(A)3　(B)6　(C)9　(D)12

2. 判断题

(1)桥隧大修工作的基本任务是恢复或提高设备的运营能力,以充分发挥桥隧建筑物的使用效能,满足铁路运输的需要。　(　　)

(2)整孔更换桥面、整孔钢梁(或钢塔架)重新涂装或罩涂面漆为周期性大修。　(　　)

(3)更换整孔作业通道步行板为重点大修。　(　　)

(4)更换墩台不属于重点大修。　(　　)

(5)隧道空洞、掉块、裂缝、防水板切割二衬整治为重点大修。　(　　)

(6)桥隧大修设计文件应包括说明书、设计图表和预算三部分。　(　　)

3. 思考题

桥隧建筑物大修的基本任务、分类、质量验收标准是什么?

拓展知识——桥隧班组一日(次)作业指导书

1. 目的与要求

目的:使桥隧班组的作业标准化、规范化,确保职工安全生产。

要求:作业人员掌握桥梁作业基本操作规程。

2. 适用范围和条件

适用范围:本作业指导书适用于桥隧班组。

条件:天窗点内外作业。

3. 作业准备

(1)工长(副工长)根据车间审批的日生产作业计划,结合作业项目、人员、环境等综合因素,正确利用工时定额、合理分工,填写派工单。

(2)根据作业安排,作业人员在点名前准备好作业工(机)具和材料,按规定使用劳动保护用品,并检查其状态、性能是否良好。

(3)作业负责人根据作业计划和作业安全、质量要求,检查作业人员、工(机)具准备到位情况。

(4)防护人员备齐各种防护用品,检查通信设备状态,校对时间、通信频道,确保性能良好。

4. 上道作业

(1)点名布置。

①工(班)长组织职工列队点名,布置当日作业地点、项目、内容,明确工作量及安全、质量要求。

②安全值日员补充安全注意事项。

(2)设置防护。

作业负责人确认防护员已到位,接到天窗命令(命令号、作业起讫时间)后,防护员设置作业标牌,进行天窗作业时,需接到调度命令后,方可通知作业人员上道作业。

防护人员必须经考试合格的持证人员担任。驻站联络员必须提前到达车站办理登记手续,详细询问车站值班员,掌握列车运行情况,确认天窗计划的作业地点、项目是否一致,并将列车运行情况及时通知工地防护员;工地防护员与驻站联络员联系确认无误后,通知作业负责人。

(3)上线确认。

①作业负责人组织所有作业人员在规定的安全通道行走至作业地点。

工地防护员(联系困难地段增加中间联络员)接到驻站联络员通知后,会同作业负责人,组织作业人员在就近安全通道或在路肩上列队行走,由防护员带队,作业负责人殿后,至作业地点。如需穿越线路,应防护到位确认无车,方可穿越。

②需汽车运输时,工(机)具装卸、人员上下等,应注意人身安全。使用汽车运输时,要确保汽车性能良好。工(机)具、材料装卸、人员上下车时,应注意人身安全及工(机)具装载稳固。

5. 现场作业

(1)按"单项作业指导书"进行作业。

(2)作业注意事项:

①根据邻线列车速度要求，严格执行避车规定，作业人员禁止在两线间停留、站立。下道避车，面迎列车方向，防止车上绳索等物伤人。严禁养修作业超范围。

②严格执行避车规定；严禁养修作业超百米。

③严格执行“红线”管理，当上下行“红线”重叠时，任何作业人员及工(机)具一律撤至隔离网外。

④严格执行防护员定时通话和密码、复诵制度，通信联络中断时，立即下道，进入安全地点避车；通信联络恢复后，须重新确认，方可重新组织上道。

⑤严格落实电气化区段现场作业安全卡控措施。

⑥严禁单人离开作业群体，如遇特殊情况，须填写“零星请假单”，经作业负责人同意，并采取一定的安全措施，方能离开。

⑦遇恶劣天气(降雾、暴风、雨雪，能见度低于 800 m 时)，应严格执行相关的劳动安全卡控措施。

6. 销点

作业负责人确认作业质量达到要求，作业人员及携带工(机)具、材料已全部撤出限界以外，通知工地防护员作业完毕。清扫作业现场及回收清理料具、撤除防护，按要求销点，开通线路。

7. 过车后作业回检

作业人员按标准自检。作业负责人对当日作业项目进行全面回检，统计完成工作量，记录回检质量数据，发现不合格及时返工，确保当日作业符合作业要求。

8. 完工会

收工后，施工(作业)负责人组织召开完工会，对当日作业质量及安全情况进行总结。

说明：

后续项目中的典型工作任务必须遵循《桥遂班组一日(次)作业指导书》的要求。

项目 3　桥面修理

项目概述

本项目包括5个任务，主要介绍桥上线路、木桥枕、护木、护轨、零部件等的养护维修，旨在技术技能培养。

学习目标

知识目标

1. 熟悉铁路桥梁上线路的基本技术指标。
2. 掌握木桥枕修理技术。
3. 掌握护木与防爬角钢的修理技术。
4. 掌握护轨、零部件的修理技术。
5. 掌握典型工作任务及其安全注意事项。

能力目标

1. 具备铁路桥面构件病害判别及劣化状态评定的能力。
2. 具备铁路桥梁桥面设备养护维修的能力。

素质目标

培养学生的专业技能及职业素养；培养学生严谨务实、实事求是的工作作风。

课前导学

九江长江大桥(图3.0.1)位于中国江西省九江市浔阳区和湖北省黄冈市黄梅县之间的长江上，是双层双线铁路、公路两用桥，是中国桥梁建设史上第三座“里程碑”式的桥梁。

图3.0.1　九江长江大桥

九江长江大桥在设计、施工上采用了大量先进技术。建设者勇于创新，无论大桥的上部还是下部结构，无论主桥还是引桥建筑，无论桥体还是线路铺设，都“全面开花结果”，在“大跨、高强、轻质”上取得了突破性进展。九江长江大桥先后荣获中国建设工程鲁班奖、国家科技进步奖一等奖、中国土木工程詹天佑奖。

2022 年 12 月 12 日，中国铁路南昌局集团有限公司利用天窗期对京九铁路九江长江大桥进行桥枕更换（图 3.0.2）。此次作业使用的是新型树脂桥枕，具有耐酸、耐碱、耐盐雾腐蚀、防虫蛀等特点。新型树脂桥枕使用寿命超过 30 年，是普通木枕的 4 倍，且树脂桥枕耐压强度高，不易变形，能够持久保持足够的握钉力。

图 3.0.2　九江长江大桥更换桥枕

桥面是桥梁直接承受列车荷载的部分，它把列车活载比较均衡地传递给桥跨结构。桥面状态是否完好，直接关系到列车在桥上运行的平稳和安全，关系到桥梁各部分的受力状况及其使用寿命。所以，桥面必须经常保持良好状态。铁路桥梁常用桥面有以下三种。

1. 道砟桥面

道砟桥面（图 3.0.3）即桥上线路铺设在道砟道床和轨枕上，一般圬土桥多采用这种桥面。道砟桥面在运营方面具有许多优点。

图 3.0.3　道砟桥面（湘潭湘江铁路二桥）

（1）梁上道砟具有弹性，能最大限度地保证桥上线路和路基上线路的一致性。

(2)机械化养护维修技术成熟。

(3)位于曲线或坡道上的桥梁,对调整超高和坡度以及校正线路中心线与桥梁中心线的偏移比较简单。

道砟桥面的缺点是:桥面重量大,一般为明桥面的2~3倍,这将导致桥梁的结构断面较其他类型桥面要大,而且会降低梁的自振频率。

2. 明桥面

明桥面(图3.0.4)即支承钢轨的桥枕直接铺在钢梁或木梁上,钢桥和木桥多采用这种桥面。大跨度的钢桥,为了减轻恒载,节省钢料和投资,一般多为明桥面。明桥面的基本轨、护轨、护木、桥枕及与钢梁间的连接应紧密牢固,相互间位置正确,整体性良好。

3. 无砟桥面

无砟轨道(图3.0.5)是以钢筋混凝土道床取代散粒道砟道床的整体式轨道结构。铺设无砟轨道的桥梁与铺设有砟轨道的桥梁相比,具有以下特点:

(1)轨道结构自重轻,可减少桥梁二期恒载,节约工程投资。

(2)轨道结构高度小,能争取桥梁净空。

(3)轨道稳定性、连续性和平顺性好,可减少列车振动对桥梁的影响。

(4)轨道结构耐久性和少维修性能良好,可延长桥面结构的使用寿命。

(5)桥上工务养护、维修工作少,可减少养护设备的投入。

(6)避免了高速行车通过时散粒体道砟的飞溅。

图3.0.4 明桥面(武汉长江大桥)

图3.0.5 无砟轨道
(同江中俄铁路大桥,中俄两国首座铁路桥)

无砟轨道的缺点是:轨道造价较贵;适应变形的能力低,因而提高了对桥梁变形的控制标准,对桥梁沉降、混凝土收缩徐变及温度变化产生的变形控制要求严格;一旦产生病害,修复困难。

目前国内高速铁路所采用的无砟轨道主要有CRTS Ⅰ型板式无砟轨道、CRTS Ⅱ型板式无砟轨道、CRTS Ⅲ型板式无砟轨道和CRTS双块式无砟轨道等几种形式。

任务3.1 熟悉铁路桥上线路技术标准

桥上线路不同于一般线路,除了满足普通线路的要求外,还要满足一些特殊要求。通过本任务的学习学生能熟悉铁路桥上线路的技术标准。

学习目标

熟悉桥上线路的技术指标。

3.1.1　桥上线路上拱度

为保证列车平顺舒适地通过桥梁,并减小由于挠度而产生列车活载对钢梁的附加冲击力,达到线路动态平顺。跨度在 30 m 及以上的钢梁,桥上线路应设置上拱度(图 3.1.1);对实测或计算挠度值(图 3.1.2)δ 小于跨度 1/1 600 或≤15 mm 时及连续梁的中孔,可不设上拱度。

图 3.1.1　上拱度设置

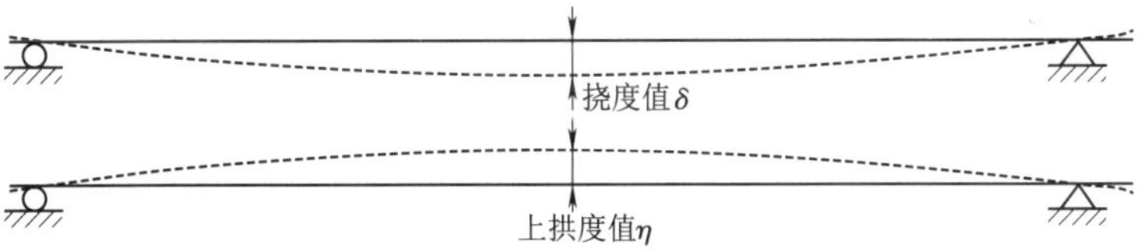

图 3.1.2　上拱度、挠度示意

上拱度值 η 一般按以下规定设置:

(1)现行最大活载(包括冲击)作用下实测竖向挠度的 1/2;开行动车组区段,按动车组和普通客车实测平均挠度的 1/2。

(2)ZKH 或 ZH 活载作用下为计算静挠度的 1/2。

(3)悬臂梁端部的上拱度可采用按 2 倍悬臂梁长度的简支梁计算挠度的 1/2,自由梁(挂孔)的上拱度值,按简支梁设置。

(4)连续梁的边跨按简支梁设置。

3.1.2　运营桥上线路中线与梁跨设计中线的偏差

从理论上说,直线上的桥梁,线路中心线应和梁跨中心线相吻合;曲线上的桥梁,由于采用曲梁直做,梁的设计中心线一般按平分中矢布置或切线布置。由于架梁施工或两端线路拨道的影响,线路中心线与梁跨设计中心线常发生偏差(图 3.1.3),这样就影响活载的分配,使梁的一侧负载增加。

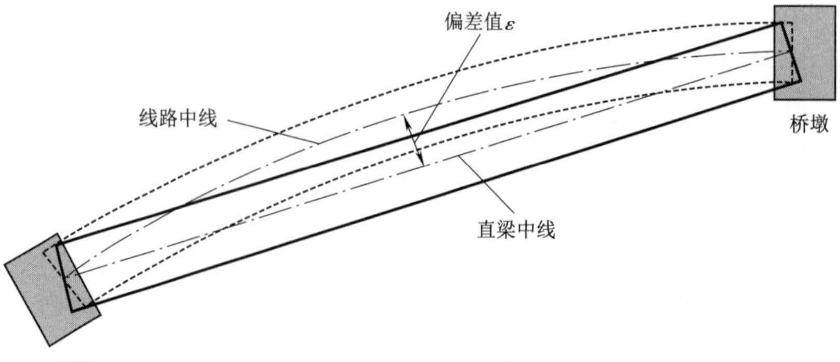

图 3.1.3　线路中线与梁跨设计中线的偏差示意

钢梁不应大于 50 mm,圬工梁不应大于 70 mm,行车速度大于 120 km/h 区段,钢梁、圬工梁均不应大于 50 mm。超过偏差限值时应进行检算,如影响承载能力(即 $K<1$)或侵入限界时,必须进行调整。

3.1.3　曲线上明桥面的线路外轨超高设置方法

超高指的是列车在圆曲线上行驶时,受横向力或离心力作用会产生滑移,为抵消车辆在圆曲线路段上行驶时所产生的离心力,保证列车能安全、稳定、满足设计速度和经济、舒适地通过圆曲线,在该路段横断面上设置的外侧高于内侧的单向横坡。曲线上明桥面的线路外轨超高设置方法如下:

(1)在桥枕挖槽限度内调整。

(2)在墩台顶面做成超高,但应检算钢梁斜放后的应力和稳定性,并注意钢梁排水。

(3)用楔形枕木。

(4)在曲线外侧的桥枕下加垫木垫板,用木螺钉(或螺栓)联结牢固,木垫板净厚不小于 30 mm,每边伸出钢梁上翼缘盖板边缘不小于 200 mm,如图 3.1.4 所示。

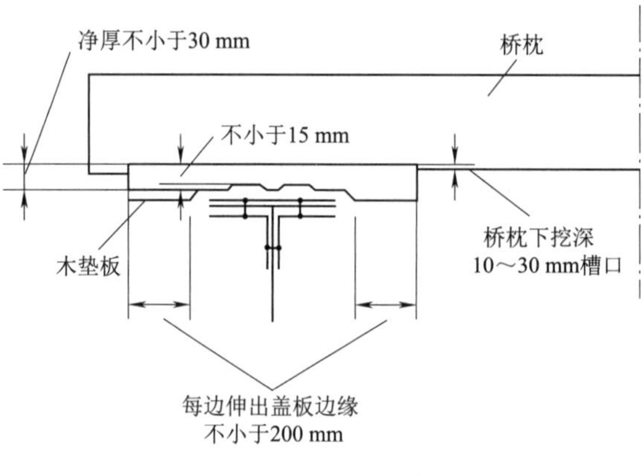

图 3.1.4　桥枕下木垫板

3.1.4　其他

(1)行车速度大于 160 km/h 线路,不宜采用明桥面钢桥,否则应采取补强和加固措施。目前既有线采用的明桥面体系中,木枕与纵梁上翼缘采用钩螺栓连接。主要原因有:

①在客车的高频振动和无缝线路长钢轨力的联合作用下，钩头螺栓对枕木的固定作用难以长时间保持，枕木易横向变位，易出现轨距扩大和影响线路的稳定性，保养维修频繁，给高速行车带来安全隐患。

②运行 120 km/h 货车会对明桥面产生较大的冲击作用。

③明桥面噪声大。

(2)车轮通过钢轨接缝处的空隙发生较大的冲击，使桥梁结构受损。故在桥梁一些受力薄弱的部位不得有钢轨接头，否则应将其冻结、焊接或铺设长钢轨。

①桥长在 20 m 及以下的明桥面上。

②允许速度大于 120 km/h 区段的钢梁明桥面上。

③钢梁端、无砟无枕梁端、拱桥温度伸缩缝和拱顶处前后各 2 m 范围内，纵横梁连接处距横梁边缘 0.6 m 范围内。

④设有钢轨伸缩调节器的钢梁，在温度跨度(由一孔钢梁的固定支座至相邻梁固定支座或桥台挡砟墙的长度)的范围内。

(3)明桥面上如有竖曲线或缓和曲线时，需用木枕调整高低，每根木枕厚度都不一样，需固定位置顺序铺设，缓和曲线地段的超高和轨距变化的调整更为复杂，给施工和养护都带来困难。当列车通过桥梁时，易产生车轮悬浮现象，影响行车安全平稳。设有竖曲线的明桥面，还会产生竖向冲击力，对梁跨结构很不利，所以，明桥面上线路不应设置竖曲线和缓和曲线。明桥面钢梁桥设在坡道上时，由于钢轨爬行的影响，难于锁定线路和保持轨距，容易造成病害，危及行车安全，给养护带来很大的困难，故明桥面桥应尽量设在平坡道上，如果条件不容许，必须设在坡道上时，最大坡度不宜超过 4‰。设置在竖曲线或缓和曲线上的明桥面，有条件时，应有计划的改造。

(4)由于桥面窄、较线路上道床薄，桥上无法采用大型养路机械进行清筛作业，只有采用人工清筛，道床弹性较差；并且既有桥梁道砟槽只能采用增设"L"形挡砟块(图 3.1.5)进行加宽，道砟桥面成为线路的薄弱环节之一。因此要求改建桥梁防护墙(挡砟墙)内侧至线路中心距离不得小于 2.2 m，以满足大型养路机械进行清筛的要求，同时也确保了无缝线路的稳定。桥面防水层应采用防水和耐久性好、施工方便的防水层，保护层采用强度等级不低于 C40 的纤维混凝土。

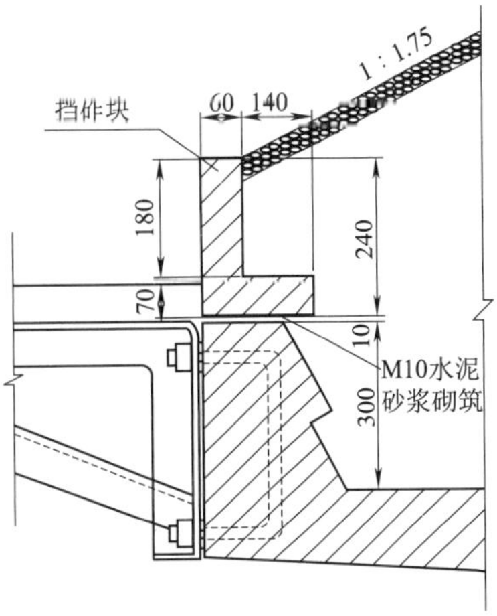

图 3.1.5　"L"形挡砟块
(单位：mm)

(5)铺设无缝线路桥梁的作业条件

桥上无缝线路钢轨除承受温度应力外，还要承受桥梁伸缩附加力和挠曲附加力，受力情况比较复杂，且桥上若发生胀轨跑道或钢轨折断等造成行车事故时，后果比其他线路上要严重得多，故对桥梁大维修作业在轨温的限制方面要比一般其他线路严格。铺设无缝线路桥梁作业应满足下列规定：

①明桥面单根更换及移动桥枕时，在实际锁定轨温加 20 ℃以下。

②上盖板涂装、更换铆钉、成段更换或方正桥枕及其他原因须起道时，在实际锁定轨温加 5 ℃减 15 ℃以内。

③起梁、移梁及拨移支座、捣垫砂浆等整治支座作业时，在实际锁定轨温加减 5 ℃以内。

④架空线路施工,必要时需采取钢轨应力放散或其他措施进行。

⑤在单独设计铺设无缝线路的桥梁上,应在设计允许的轨温范围内进行桥面作业。

文本

3.1.5 答案

3.1.5 任务考核

1. 单选题

(1)跨度在______ m 及以上的钢梁,桥上线路应设置上拱度。

(A)20　(B)30　(C)40　(D)50

(2)对实测或计算挠度值 δ 小于跨度______时及连续梁的中孔,可不设上拱度。

(A)1/1 600 或≤15 mm　(B)1/1 000 或≤15 mm

(C)1/1 600 或≤10 mm　(D)1/1 000 或≤10 mm

(3)悬臂梁端部的上拱度可采用按______悬臂梁长度的简支梁计算挠度的一半设置。

(A)1 倍　(B)2 倍　(C)3 倍　(D)4 倍

(4)解决梁跨挠度过大的方法是规定桥梁最大容许挠度值和______。

(A)增加道砟厚度　(B)设上拱度　(C)使用垫板　(D)钢轨设上弯度

(5)______表示桥跨结构的整体性能和综合技术状态的一个重要指标。

(A)上拱度　(B)挠度　(C)刚度　(D)振动周期

(6)铁路线路曲线地段的外轨最大实设超高,双线地段不得超过______ mm。

(A)125　(B)140　(C)150　(D)160

(7)铁路线路曲线地段的外轨最大实设超高,单线地段不得超过______ mm。

(A)125　(B)140　(C)150　(D)160

(8)明桥面的质量一般为道砟桥面质量的______左右,可以减轻桥跨结构的载重。

(A)1/2　(B)1/3　(C)1/4　(D)1/5

2. 判断题

(1)桥面是桥梁直接承受列车荷载的部分,它把列车活载比较均衡地传递给桥跨结构。　(　　)

(2)衡量桥梁横向刚度的指标是上拱度。　(　　)

(3)线路允许速度 120 km/h $<v\leqslant$ 200 km/h,钢梁、圬工梁,桥梁中心线与线路中心线偏差不得大于 50 mm。　(　　)

(4)从理论上说,直线上的桥梁,线路中心线应和梁跨中心线相吻合。　(　　)

(5)行车速度大于 160 km/h 线路,宜采用明桥面钢桥,否则应采取补强和加固措施。　(　　)

3. 思考题

(1)曲线上明桥面的线路外轨超高设置方法有哪些?

(2)简述铺设无缝线路桥梁的作业条件。

任务 3.2　木桥枕修理

木枕是铁路桥梁明桥面的主要组成部分,具有重新分布力、固定钢轨等功能,是安全行车的重要保障。本任务主要讲述铁路桥梁木桥枕的基本技术指标、主要病害识别、劣化等级评定及木桥枕修理等内容。

学习目标

1. 掌握木桥枕的劣化等级的评定。
2. 掌握木桥枕的维修技术。

3.2.1　木桥枕劣化等级评定

1. 木桥枕劣化类型

(1)腐朽。原指物质长时期遭受氧化、侵蚀等而导致的腐烂。

(2)劈裂。

(3)承轨部位切压或压溃。

(4)虫蛀。

2. 劣化评定方法

可采用目视、敲击、听声及钻孔取样等方法判别。

3. 劣化等级评定及处理措施

木桥枕劣化等级及评定标准见表 3.2.1,处理措施见表 2.2.2。

表 3.2.1　木桥枕劣化等级评定标准

等级	腐　朽	劈　裂	承轨部位切压或压溃	蛀　蚀
AA	一孔梁的桥枕发生 A1 级劣化根数总和超过规定百分比(行车速度 $v \leqslant 120$ km/h 的区段达 25% 及以上,120 km/h $< v \leqslant 160$ km/h 的区段达 20% 及以上,$v > 160$ km/h 的区段达 15% 及以上)			
A1	①道钉孔周围腐朽严重,无处改孔,不满足持钉和保持轨距要求 ②桥枕内部腐朽严重	通裂严重,影响共同受力	标准断面的桥枕因腐蚀、挖补、削平和刻槽等累计深度达 80 mm 及以上	桥枕内部蛀蚀严重,木材的强度已显著下降,不能满足承压、持钉的要求
B	腐朽迹象明显,但经过改孔、挖补等手段还能持钉和保持轨距	劈裂明显,裂缝长度大于全长的 1/2,且通过一个螺栓孔,处在发展阶段	已经过削平、挖槽等作业,但累计深度小于 80 mm	
C	有轻微腐朽,钉孔周围木材强度无显著下降	有劈裂发生,最大裂缝长度大于 400 mm,但小于全长的 1/2	有切压现象,深度小于 3 mm	

3.2.2　桥枕养护维修

木桥枕应注油防腐,加工新面和栓钉孔眼应按规定做好防腐处理。桥枕应及时做好灌缝、捆扎、削平、挖补工作,防止雨水进入或因积水使枕木产生腐朽。

1. 桥枕整修

(1)桥枕灌缝

桥枕、护木顶面裂缝(2 mm 以上)以及侧面向上能进水的裂缝(5 mm 以上)均应灌缝(图 3.2.1)。灌缝材料要有防腐和防水性能。灌缝材料以弹性为好,一般使用氟化钠浆膏或加温的煤焦油与氟化钠混合而成。

灌缝之前应将缝内污垢尘屑等杂物清除干净,并用压缩空气或皮老虎吹净后灌缝。

(2)桥枕捆扎

桥枕端头有大于 3 mm 的裂缝应捆扎(图 3.2.2)或端部钉组钉板,也可加 S、C 钉,事先均应用枕木夹榨器夹紧枕木。捆扎一般使用直径 3～3.5 mm 的铁线捆两圈半捆紧,铁线两头都应在桥枕侧面和顶面钉牢固定。潮湿的枕木不能捆扎,以免枕木干缩时捆扎松弛。

图 3.2.1　桥枕灌缝

图 3.2.2　桥枕捆扎

(3)桥枕削平

桥枕表层腐朽,以及因列车运行使钢轨或垫板磨损桥枕,产生毛刺或切入枕木,深度在 3 mm 以上时应予削平(图 3.2.3),削平范围为垫板外 30～60 mm,削面呈斜坡状,涂上防腐油以利排水。

(4)桥枕挖补

若磨损或腐朽较剧时,应挖除腐朽部分并镶补,镶补木料应防腐处理。为提高镶补质量,最好先单根换下,对其集中挖补修理,用酚醛树脂胶合牢固,再换上就位。镶补的厚度不得超过 50 mm,最大刻槽深也不能超过 30 mm,以免桥枕失效,如图 3.2.4 所示。

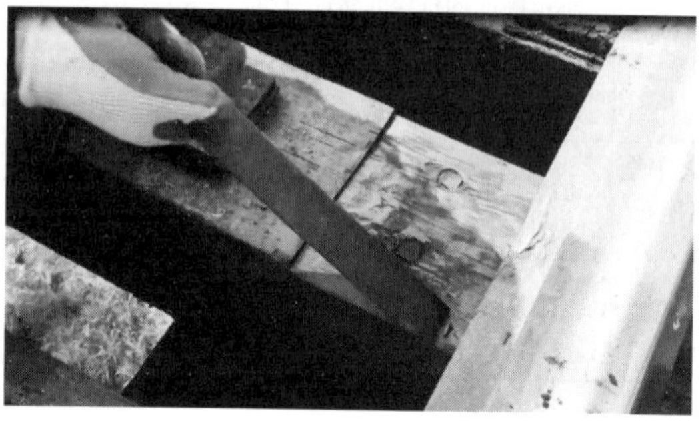

图 3.2.3　桥枕削平

图 3.2.4　桥枕挖补

2. 桥枕失效与更换

木桥枕有下列状态之一时,即为失效木桥枕:

(1)标准断面木桥枕因腐朽、挖补、削平和挖槽累计深度超过 80 mm。

(2)钉孔周围腐朽严重,无处改孔,不能满足持钉及保持轨距的需要。

(3)木桥枕内部严重腐朽。

(4)通裂严重,影响共同受力。

(5)复合材料桥枕板材之间发生开裂。

钢轨接头处 4 根木桥枕(支接时为 5 根)中有一根或其他部位有连续 2 根及以上的失效木桥枕时,行车速度大于 120 km/h 区段,钢梁明桥面有隔一或连二失效木桥枕时,均应立即抽换。单根抽换时,可使用整修后的旧木桥枕。

一孔钢梁上的木桥枕失效达 25% 及以上时，行车速度大于 120 km/h 区段一孔钢梁上的木桥枕失效达 20% 及以上时，行车速度大于 160 km/h 区段一孔钢梁上的木桥枕失效达 15% 及以上时，均应进行整孔更换。

3. 桥枕技术标准及养修质量评定（验收）标准

（1）木桥枕断面尺寸

明桥面枕木应采用优质防腐木桥枕，其尺寸应符合表 3.2.2 的规定。现有木桥枕断面尺寸不符合规定时，应逐步更换为标准木桥枕。推广应用复合材料桥枕。

表 3.2.2　木桥枕尺寸

主梁或纵梁中心距/m	木桥枕标准断面		长度/mm	附注
	宽度/mm	高度/mm		
1.5~2.0	220	240	3 000	双腹板或多腹板的主梁中心距以内侧腹板间距为准
2.0(不含)~2.2	220	260	3 000	
2.2(不含)~2.3	220	280	3 000	
2.3(不含)~2.5	240	300	3 200 或 3 400	

（2）木桥枕铺设应符合下列要求

①木桥枕间净距为 100~180 mm（横梁处除外）。

②木桥枕不能铺设在横梁上，与横梁翼缘边应留出 15 mm 及以上缝隙。

③横梁两侧木桥枕间净距在 300 mm 以上，且木桥枕顶面高出横梁顶面 50 mm 以上时，应在横梁上垫短枕承托，短枕与护轨应联结牢固，并与基本轨底留出 5~10 mm 空隙，如图 3.2.5 所示。

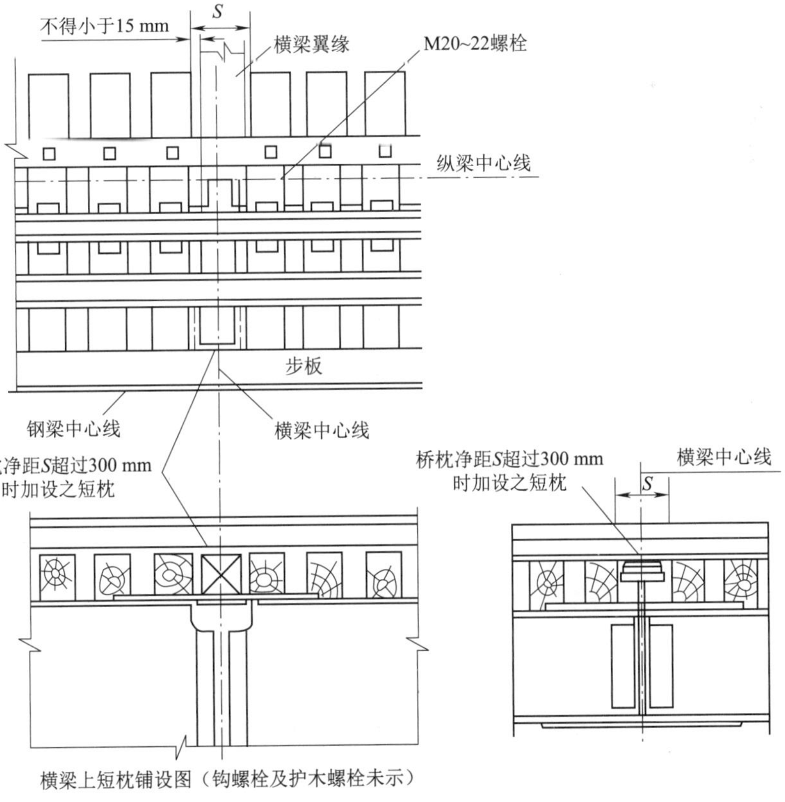

图 3.2.5　横梁处木桥枕布置

④有桥面系的上承钢梁,木桥枕只能铺在纵梁上(设计容许铺设在主梁翼缘上的除外),在行车情况下不容许压着钢梁联结系。

⑤为调整桥面钢轨上拱度,木桥枕容许挖深 30 mm 以内的槽口,或使用比标准断面稍厚的木桥枕,也可在木桥枕下加垫木垫板,用螺钉(栓)或胶合联结牢固。

⑥木桥枕与螺栓头(铆钉头)接触处可挖钉窝或纵槽。

⑦每根木桥枕应用两根经过防锈处理的直径 22 mm 标准型钩螺栓与钢梁钩紧。螺栓均应安装 110 mm×110 mm×8 mm 的铁垫圈及 6~10 mm 厚的胶垫圈。在自动闭塞区间,钩螺栓铁垫圈与钢轨扣件间应留不小于 15 mm 的间隙。行车速度大于 120 km/h 区段,钢梁明桥面的钩螺栓不允许有缺少和连二失效。

⑧行车速度大于 160 km/h 区段,钢桥明桥面的木桥枕必须采用优质木材,断面尺寸应不小于 220 mm(宽度)×260 mm(高度)。

(3)桥枕养修质量评定(验收)标准

桥枕保养质量评定标准参考项目 2 表 2. 3. 1。

桥枕修理作业验收标准参考项目 2 表 2. 4. 1。

3. 2. 3　典型工作任务

1. 单根更换桥枕作业流程

(1)准备作业

①制作再用桥枕或新桥枕,运至桥孔附近的人行道上,非封锁时间不得在线路上搬运,无人行道时放在桥头。

②拆除中心步板;钉尖向下、放牢。

③卸钩螺栓:每隔一根桥枕卸去一根桥枕的钩螺栓,卸下后及时带帽,放在固定地点放牢。

④起道钉或卸开扣件:每个枕头保留两个道钉(螺纹道钉),起掉其余道钉。

⑤上盖板去污、除锈应事先处理。

(2)基本作业(图 3. 2. 6)

①天窗开始手续办妥,拆除护木,抬起基本轨、护轨,垫好楔木;抬起高度以能抽出桥枕为宜。

②抽出旧桥枕:撤除铁垫板,抽出旧桥枕放在人行道上另一侧。

③穿入新桥枕:定位后铺设防磨垫板、铁垫板。

④落轨打钉:桥枕钻钉孔防腐处理后,打齐道钉或拧紧螺纹道钉。

图 3. 2. 6　单根更换桥枕

(3)作业结束

①安装护木:高低左右平顺、搭接严实。钩螺栓安装齐全。

②上螺栓:涂油均匀,拧紧(分开式扣件应用扭矩扳手复核扭矩)。

③安装步行板,运出旧桥枕。

(4)销点

设备经验收达到放行列车条件后,清扫作业现场及回收清理料具、撤除防护,按要求销点,开通线路。

(5)过车后作业回检

线路开通首列后,由作业负责人全面检查质量,确保轨道几何尺寸满足开通条件。达到作业验收标准后方可收工,否则按规定组织返工,直至合格。

(6)完工会

收工后,施工(作业)负责人组织召开完工会,对当日作业质量及安全情况进行总结。

⚠ 安全风险

风险名称:人身伤害

防控措施:

1. 确认封锁后,方可上道作业。

2. 在无人行道桥上作业应安设临时作业架。禁止在钢轨外侧起钉;卸上螺栓时不得向桥外方向使劲,防止摔下。

3. 抬起钢轨后不得将手脚伸入轨底;抽送桥枕要戴手套;使用枕木夹时人要站稳,动作协调。禁止横跨站在被换桥枕头上。

4. 撤下的步行板要钉尖向下,放在人行道上,防止扎人。

2. 更换桥台双枕作业流程

(1)准备作业

①丈量尺寸:长、宽、高。

②桥枕下料,制作桥头双枕。桥枕制作完成后,依据桥台水平螺栓位置,钻水平孔眼。

(2)基本作业

①天窗开始手续办妥,松扣件,抬起基本轨、护轨,垫好楔木;抬起高度以能抽出桥枕为宜。

②抽出旧双枕:撤除铁垫板,抽出旧桥枕放在人行道上另一侧。

③铲除桥台胸墙混凝土或块石:首先铲除轨下胶垫以外部分,然后铲除胶垫下承重部分,安设双枕处混凝土面要铲平。

④穿入新双枕:定位后铺设防磨垫板、铁垫板,安装水平螺栓。

⑤落轨打钉:桥枕钻钉孔防腐处理后,打齐道钉或拧紧螺纹道钉。

(3)销点

设备经验收达到放行列车条件后,清扫作业现场及回收清理料具、撤除防护,按要求销点,开通线路。

(4)过车后作业回检

线路开通首列后,由作业负责人全面检查更换后双枕质量,确保轨道几何尺寸满足开通条件。达到作业验收标准后方可收工否则按规定组织返工,直至合格。

(5)完工会

收工后,施工(作业)负责人组织召开完工会,对当日作业质量及安全情况进行总结。

⚠ **安全风险**

风险名称:人身伤害

防控措施:

1. 确认封锁后,方可上道作业。
2. 起轨需加垫,防止压手。

3. 整孔更换桥枕作业流程

(1)准备作业

①检查线路偏心、轨向、水平、高低等,事先进行整治调整。

②把做好的桥枕按编号运入桥内放在附近人行道上或运到桥头(非封锁时间不得在线路上搬运);堆放不得侵入限界,堆放重量不得超过人行道允许承载能力。

③拆除中间步板,钉尖向下或打倒,抬出桥外堆放。

(2)基本作业(图 3.2.7)

①卸钩螺栓:每隔一个桥枕卸去一个钩螺栓,及时带帽,妥善放置。

②起道钉:拧下螺纹道钉。

③拆除或抬高护轨。

④撤去护木:螺栓及时带帽,护木及螺栓放在人行道上或运出桥外妥善堆码。

⑤拔(拧)掉全部道钉。

⑥卸去鱼尾板,把基本轨抬出桥外或移到邻孔。无缝线路桥上用起道机将基本轨抬起并垫好木垫。

⑦上盖板清扫及去污;锈蚀时应在整孔更换桥枕前,进行上盖板防锈处理。

⑧运进新桥枕,按号就位,并上好防爬角钢螺栓。

⑨运进基本轨,联结接头,拨正方向(最好事先在桥枕上画好基本轨位置线,按线放置钢轨);或用起道机撤除木垫落下基本轨。

⑩安设弹条扣件:方向、轨距扭矩符合标准。

⑪每隔一根桥枕上好钩螺栓,与护木公用的钩螺栓可临时垫短方木拧紧。

图 3.2.7　整孔更换桥枕(赣江铁路大桥)

(3)恢复作业

①运进及铺设护轨:钉道钉事先钻孔,并经防腐处理,护轨与桥枕间缝隙应垫木垫板或落下护轨。

②安装护木：上紧全部螺栓，通过列车后再次拧紧螺栓，直到全部密贴无松动。

③安装步行板：联结牢固、顺直、梁端断开。

④护木、步行板防腐涂油：要均匀不流淌。

(4)销点

设备经验收达到放行列车条件后，清扫作业现场及回收清理料具、撤除防护，按要求销点，开通线路。

(5)过车后作业回检

线路开通首列后，由作业负责人全面检查桥枕更换质量，确保轨道几何尺寸满足开通条件。达到作业验收标准后方可收工，否则按规定组织返工，直至合格。

(6)完工会

收工后，施工(作业)负责人组织召开完工会，对当日作业质量及安全情况进行总结。

⚠ 安全风险

风险名称：人身伤害

防控措施：

1. 确认封锁后，方可上道作业。
2. 在无人行道桥上禁止站在钢轨外面起钉；更换护木螺栓不得向桥外方向使劲，防止摔下。
3. 抬运起落钢轨要动作协调。不得将手脚伸入轨底或枕底。
4. 抽换桥枕时应戴手套、系安全带；人要站稳，禁止站在被换枕木头上，防止摔下。

4. 制作桥枕作业流程

(1)数据调查

①作业负责人接到封锁命令(命令号、封锁起讫时间)后，按要求设置并确认防护已到位，通知作业人员开始作业。

②桥面抄平：先测量梁端至各层盖板的起终点距离；再测出钢梁纵梁或主梁各层盖板起、终点处高程及对应的轨面高程，轨面高程测量应在桥头或梁端处向外延伸一定距离；设有上拱度的桥面还应每隔1~2 m设置测点，测出对应点的钢梁上盖板顶面高程和轨面高程；按照表格内容做好记录。

③单根抽换数据调查：在线路轨距、水平、方向、高低符合要求的基础上，首先测量左、右股钢轨底到钢梁纵梁或主梁上盖板顶面的高度，以及相邻桥枕的高度；其次测量上盖板顶面的宽度、两片纵梁中心距，以及上盖板顶面栓钉头高度和距盖板边缘的距离。

④现场调查：调查钢轨接头钢梁端部、钢轨伸缩调节器以及防爬角钢的距离位置、长度等资料并做好记录。

(2)制作桥枕(图3.2.8)

①数据计算：根据桥面抄平数据或调查数据、调查资料计算桥枕厚度，保证线路平顺，不产生吊板，按《普速铁路线路修理规则》(TG/GW 102—2019)要求设置上拱度。

②选配料：钢轨接头、钢梁端部、钢轨伸缩调节器以及防爬角钢处应选用断面尺寸合适的桥枕，桥枕安设应大面向上、树心向下，选好桥枕面并在桥枕头编号。

图3.2.8　桥枕制作

③锯头:使用电锯或木锯一端锯齐,使桥枕长为 3 m 或满足桥上铺设要求。

④找平:对个别扭曲不平的桥枕稍做加工,使其桥枕面平整。

⑤划线:根据桥枕需要的高度以及盖板槽、栓钉槽、孔眼的位置及尺寸,在桥枕面画出相应位置槽口线,划线端要延长 5 mm,留作检查挖槽依据。

⑥锯槽:按划线锯槽;锯出槽口,边线方正良好。

⑦挖槽削平:根据挖槽宽度,先用平口凿划分成几段,然后分段挖槽;当挖槽接近所需深度时,采用斜口凿进行修平。

⑧钻螺栓孔根据水平螺栓、护木螺栓、钩螺栓的规格尺寸和标准要求,确定钻孔的位置、孔眼孔径,严格控制钻孔中心和垂直偏差;钻通时,可将钻杆上下提两次,镗光孔壁;钩螺栓孔下端,按钩螺栓方形断面大小、深浅凿出一个方槽。在易观察的同侧面或顶面标识更换年月号。

⑨防腐处理:锯面、槽面及螺栓孔眼均需涂刷防腐油;对顶部 2 mm 以上的裂缝应腻缝或填塞;端面 3 mm 以上裂缝应捆扎。

⑩防裂处理:枕木两端用铁丝捆扎或在枕木端部打入"S"钉。

(3)检查复核

检查验收各部尺寸是否正确。

(4)作业结束

检查清点工(机)具数量,整理回收。

(5)完工会

收工后,施工(作业)负责人组织召开完工会,对当日作业质量及安全情况进行总结。

安全风险

风险名称:人身伤害、高空坠落

防控措施:

1. 根据检查的病害项目需要按规定设置防护、搭设脚手架、绑扎安全绳、戴好安全帽等。
2. 作业穿戴好劳动保护及防护用品。
3. 拒绝违章指挥,制止他人违章作业。

文本

3.2.4 答案

3.2.4 任务考核

1. 单选题

(1)单根抽换桥后,桥枕与护木的连接应密贴,间隙不大于______ mm。

(A)6 (B)4 (C)3 (D)2

(2)标准桥枕横弯不准超过长度的______。

(A)1% (B)2% (C)3% (D)4%

(3)______不是造成桥枕腐朽的原因。

(A)菌类腐蚀 (B)昆虫蛀蚀 (C)列车振动 (D)缺陷失修

(4)桥枕防裂处理时,用直径 3.5~4.0 mm 的镀锌铁线在距枕木头______ mm 处捆 2~3 圈,以防裂纹继续发展。

(A)50 (B)80 (C)100 (D)150

(5)桥枕码放时应下边架空,离开地面______ cm 以上。

(A)20 (B)30 (C)40 (D)50

(6)桥枕防腐配制防腐浆膏时,煤焦油和氟化钠的质量比为______

(A)1∶0.5　(B)1∶1　(C)1∶1.2　(D)1∶1.25

(7)正线上桥枕的净距为______。

(A)100～180 mm　(B)100～150 mm　(C)150～200 mm　(D)200～300 mm

(8)桥枕表面腐朽深度达______ mm 以上部位应进行削平处理。

(A)4　(B)2　(C)3　(D)

(9)检查桥枕是否失效的方法之一,是用直径 12～6 mm 木钻墩实样,______是好木枕的状态。

(A)木屑硬而成片　(B)木屑呈粒状　(C)木屑松散成片　(D)木屑呈粉状

(10)在允许行车速度为 120～160 km/h 的钢梁上,当一孔梁上的桥枕,失效率达 25%及以上应进行______。

(A)抽换　(B)更换部分失效枕　(C)整孔更换　(D)更换全部失效枕

2. 判断题

(1)明桥面木结构作业的主要项目是桥枕护木。　(　　)

(2)桥枕防腐浆膏一般可用氟化钠、煤焦油按质量比 1∶1 混合配制。　(　　)

(3)桥枕净距专用线上可放宽到 300 mm。　(　　)

(4)桥枕挖补镶木的厚度不应超过 50 mm。　(　　)

(5)桥枕容易腐朽的部位多发生在裂缝、压伤凹陷处所,各种孔眼,轨底铁垫板接触处,护木联结处及步行板下,尤其是垫板下钉孔部位。　(　　)

(6)注油桥枕如养护良好,可以使用 25 年以上。　(　　)

3. 实作题

考核方式一:依据桥隧工考核大纲,具备实习实训条件的单位,根据具体情况,从 3.2.3 中抽选一个或几个典型工作任务,现场实作考核。

考核方式二:依据桥隧工考核大纲,无实习实训条件的单位,选择 3.2.3 中一个或几个典型工作任务,从作业流程、质量验收标准及安全注意事项等方面进行试卷考核。

如:(1)制作桥枕的作业步骤是什么?

(2)制作桥枕作业必须达到的质量标准是什么?

(3)制作桥枕作业过程中必须注意的安全事项有哪些?

任务 3.3　护木与防爬角钢修理

本任务主要讲述铁路桥梁护木及防爬角钢的基本技术指标、主要病害、劣化等级评定及养护维修等内容。

学习目标

1. 掌握护木与防爬角钢的劣化等级的评定。
2. 掌握护木与防爬角钢的养护维修技术。

护木(图 3.3.1)的主要作用是固定桥枕相互间的位置,不使它爬动和偏斜,同时万一车轮脱轨跳过或挤倒护轨时,护木能起第二护轨的作用。

图 3. 3. 1　护木

3. 3. 1　护木劣化等级评定

1. 护木劣化类型

(1)腐朽。

(2)劈裂。

2. 劣化评定方法

可采用目视、敲击、听声及钻孔取样等方法判别。

3. 劣化等级评定及处理措施

护木劣化等级评定标准见表 3. 3. 1,处理措施见表 2. 2. 2。

表 3. 3. 1　护木劣化等级评定标准

等　级	腐　朽	劈　裂
A1	螺栓周围木质严重腐朽,木材强度显著降低,不起保护桥枕位置的作用,或护木内部严重腐朽	劈裂严重,最长裂缝长度达一节护木的 1/2,且穿过螺栓孔
B	腐朽迹象明显,但经过维修,螺栓还能紧固,仍起护木作用	有劈裂发生,最长裂缝长度大于一节护木的 1/6,但不超过 1/2
C	有轻微腐朽	有劈裂发生,最长裂缝长度不大于一节护木的 1/6

3. 3. 2　护木养护维修

1. 护木养护维修

护木养护维修参考任务 3. 2 中的 3. 2. 2 节。

2. 护木、防爬角钢技术标准及养修质量评定(验收)标准

(1)明桥面铺设护木(图 3. 3. 2)的要求

①护木断面尺寸为 150 mm×150 mm,材质为一级松(杉)木或复合材料。

在 20 世纪 80 年代及以前,由于木材供应紧张,一些桥梁用角钢或钢轨代替木质护木。实践证明,采用这种方式常常发生桥枕串动或被拉裂现象,进行移动枕木的维修作业更为困难,故只准使用木质护木。对现有钢护木,应尽快更换为标准断面的木质护木。

图 3.3.2　铺设护木

②护木接头采用半搭接，设在桥枕上。护木与桥枕联结处应将护木挖深 20～30 mm 的槽口，紧扣在桥枕上。

③为阻止桥枕爬行，护木与木桥枕的联结采用Ⅰ式或Ⅱ式，如图 3.3.3 所示。

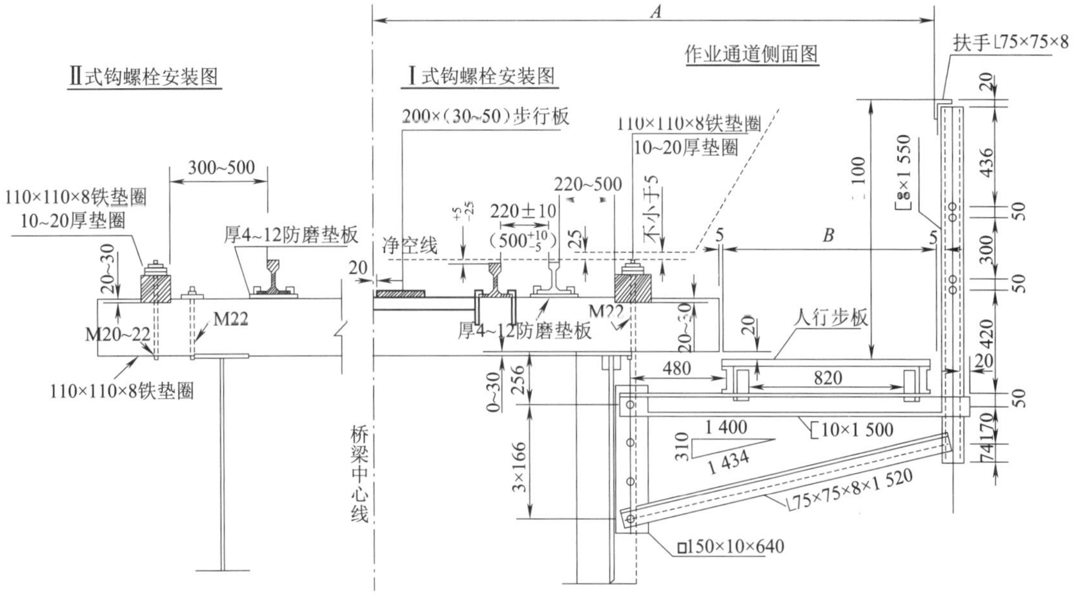

图 3.3.3　护木与木桥枕的联结

注：(1)所有尺寸以毫米(mm)计。

(2)A 表示桥上线路中心至作业通道栏杆内侧的净距；B 表示步行板宽度。

(3)作业通道栏杆也可采用钢筋混凝土或其他材料和形式，步行板也可采用梯形步行板、花纹钢板、钢筋混凝土板或其他形式和结构。

Ⅰ式为护木与木桥枕、钢梁上翼缘用经过防锈处理(如渗锌处理)的直径 22 mm 标准型钩螺栓联结。

Ⅱ式为护木与每隔一根木桥枕用直径 20 mm 或 22 mm 螺栓联结;每孔梁两端第一根桥枕与护木必须联结。每根木桥枕与钢梁上翼缘用两根经过防锈处理(如渗锌处理)的直径 22 mm 标准型钩螺栓联结。

螺栓顶端不应超过基本轨顶面 20 mm。

行车速度大于 120 km/h 区段钢梁明桥面的护木螺栓不允许有缺少和连二失效。

④护木内侧与基本轨头部外侧的距离,Ⅰ式为 220~500 mm,Ⅱ式为 300~500 mm,在钢梁活动端处,护木须断开,并留出空隙,使护木能与钢梁共同移动。

⑤护木应尽可能位于一条直线上,如相邻两孔不能顺直时,应在护木内侧加楔木衔接,在曲线桥上可呈折线。

图 3.3.4　防爬角钢

(2)防爬角钢安装要求

为固定整孔桥面的位置,跨度在 5 m 及以上的钢梁,在每孔梁两端各安装一对防爬角钢。如跨度较长,仅在端部安装防爬角钢不能阻止桥面爬行或者两端有切入桥枕的现象时,可在中部按要求安装。具体要求如下(图 3.3.4):

①防爬角钢的最小尺寸为 125 mm×80 mm×12 mm。

②每孔钢梁两端至少各安装一对防爬角钢,必要时在梁的中部每隔 5~10 m 再安装一对。有桥面系的钢梁,每个节间纵梁两端各安装一对。若节间长度小于 4 m 时,可在每两个节间纵梁两端各安装一对。行车速度大于 160 km/h 区段的钢梁明桥面,其桥枕与纵梁之间应采用螺栓、加密防爬角钢等可靠连接。

③钢梁两端防爬角钢的水平肢应安装成相反方向,防爬角钢的长肢与桥枕应用直径 20~22 mm 螺栓串联牢固,此处桥枕可不安装钩螺栓。

钢梁两端防爬角钢的水平肢安装成相反方向,目的在于防止两个方向桥面爬行。桥枕与防爬角钢垂直肢处填 10~20 mm 厚木板,增大桥枕与横梁间的间隙,以利排水和清扫,如桥面有小量爬行时,先压坏填木,不致压坏桥枕。

(3)护木、防爬角钢养修质量评定(验收)标准

护木保养质量评定标准参考表 2.3.1。

护木与防爬角钢修理作业验收标准参考表 2.4.1。

3.3.3　典型工作任务

1. 制作护木作业流程

(1)数据调查

调查需更换护木的尺寸,主要是长度、规格尺寸,确认是否为搭接处,与木桥枕联结方式(Ⅰ式或Ⅱ式),测量确定与桥枕联结槽口、螺栓孔的位置,做好记录。

(2)制作护木(图 3.3.5)

①选配料:根据调查数据,选好护木木料。

②刨光:对护木三面进行刨光,使护木方正、无毛刺。

③画线:画出刻槽线及倒棱角线,要求准确无误。

④刻槽:采取 1∶1坡率进行倒棱,要求顺直,刻槽同桥枕制作刻槽部分。

⑤钻螺栓孔,锯头和捆扎。

⑥涂刷防腐油膏。

图 3.3.5　制作护木作业

(3)检查复核

检查验收各部尺寸是否正确。

(4)作业结束

检查清点工(机)具数量,整理回收。

(5)完工会

收工后,施工(作业)负责人组织召开完工会,对当日作业质量及安全情况进行总结。

⚠ 安全风险

风险名称:人身伤害

防控措施:

1. 使用刃具应防止碰伤手脚。
2. 使用电动工具时,应有漏电保护器,防止漏电伤人。

2. 更换护木作业流程

(1)上道作业

①作业负责人接到封锁命令(命令号、作业起讫时间)后,按要求设置并确认防护已到位,通知作业人员开始作业。

②护木制螺栓孔、位置准确,作防腐处理。

③拆除钩螺栓或护木螺栓,螺栓帽戴在螺杆上,拆除旧护木移出桥面。

(2)更换护木

①清扫、清理桥枕面,桥枕面及孔眼进行挖补和防腐处理。

②安装护木,各部要密贴卡紧,用锤敲击护木时要垫木块。

③上紧螺栓，螺栓涂油防锈，整正各种垫板位置。

④接头应严密无缝，防止积水。

(3)检查

检查各部尺寸是否正确。作业人员按标准自检，作业负责人对当日作业项目进行全面回检，发现不合格及时返工，确保作业质量达标。

(4)销点

设备经验收达到放行列车条件后，清扫作业现场及回收清理料具、撤除防护，按要求销点，开通线路。

(5)过车后作业回检

线路开通首列后，由作业负责人全面检查护木更换质量。达到作业验收标准后方可收工，否则按规定组织返工，直至合格。

(6)作业结束

检查清点工（机）具数量，整理回收

(7)完工会

收工后，施工（作业）负责人组织召开完工会，对当日作业质量及安全情况进行总结。

⚠ 安全风险

风险名称：人身伤害

防控措施：

1. 按要求设置防护后方可上道调查。
2. 在距河床面 3 m 以上，无人行道一侧作业时，应设临时作业架。
3. 电气设备、线路必须保持完好，安装触电保护器。
4. 搬运护木或放下时应呼叫一致，预防压伤手脚。

文本

3.3.4 答案

3.3.4 任务考核

1. 单选题

(1)护木劣化类型有______两种。

(A)腐朽、劈裂　(B)腐朽、开裂　(C)腐烂、劈裂　(D)腐烂、开裂

(2)护木劈裂严重，最长裂缝长度达一节护木的 1/2，且穿过螺栓孔，可评定为______。

(A)AA　(B)A1　(C)B　(D)C

(3)腐朽迹象明显，但经过维修，螺栓还能紧固，仍起护木作用，可评定为______。

(A)AA　(B)A1　(C)B　(D)C

(4)为固定整孔桥面的位置，跨度在______ m 及以上的钢梁，在每孔梁两端各安装一对防爬角钢。

(A)5　(B)10　(C)8　(D)6

2. 判断题

(1)护木接头采用半木搭接，不允许搭接于桥枕上。（　）

(2)护木的劣化评定方法可采用目视、敲击、听声及钻孔取样等。（　）

(3)有桥面系的钢梁，每个节间应安装一对防爬角钢。（　）

(4)护木断面尺寸为 150 mm×150 mm,材质为一级松(杉)木。　(　　)

(5)护木在钢梁活动端必须断开,留出空隙,使护木能与钢梁共同移动。　(　　)

(6)护木腻缝的技术标准和质量要求与桥枕相同。　(　　)

3. 实作题

考核方式一:依据桥隧工考核大纲,具备实习实训条件的单位,根据具体情况,从 3.3.3 中抽选一个或两个典型工作任务,现场实作考核。

考核方式二:依据桥隧工考核大纲,无实习实训条件的单位,从 3.3.3 中抽选一个或两个典型工作任务,从作业流程、质量验收标准及安全注意事项等方面进行试卷考核。

如:(1)制作护木的作业步骤是什么?

(2)制作护木作业的质量标准有哪些?

(3)制作护木的安全注意事项有哪些?

任务 3.4　护轨、零部件修理

本任务主要讲述铁路桥梁护轨、零部件的基本技术指标、主要病害、劣化等级评定及养护维修等内容。

学习目标

1. 掌握护轨、零部件的劣化等级的评定方法。
2. 掌握护轨、零部件的养护维修技术。

当机车车辆在桥头或桥上脱轨时,护轨(图 3.4.1)可将脱轨车轮引导、限制于护轨与基本轨之间的轮缘槽内,继续顺桥滚出,以免机车车辆向旁边偏离撞击桥梁或自桥上坠下造成二次事故,也可帮助已脱轨的机车车辆重新被拖上基本轨。运营中曾多次发生过上述情况,说明护轨的设置是必要的。

图 3.4.1　护轨

3.4.1 护轨、零部件劣化等级评定

1. 护轨、零部件劣化类型

(1)护轨。未按规定铺设护轨。

(2)钩护螺栓超限(个)。

(3)联接零件松动、折断、缺少、锈蚀(套)。

2. 劣化评定方法

可采用目测及扳手试拧等方法判别。

3. 护轨、零部件劣化等级及处理措施

护轨、零部件劣化等级评定标准见表 3.4.1,处理措施见表 2.2.2。

表 3.4.1 护轨、零部件劣化等级评定标准

等级	护轨/座	钩护螺栓超限/个	联接零件松动、折断、缺少、锈蚀/套
A1	未按规定铺设护轨	①自动闭塞区段钩螺栓垫圈与钢轨垫板间缝隙小于 15 mm ②钩、护螺栓顶面超过钢轨顶面 20 mm	螺栓折断,严重锈蚀,螺纹损坏或杆径磨损超过 3 mm,数量达螺栓总数的 8%
B			①扣件、垫板开裂、缺损,垫圈变形、螺纹损坏,分开式扣件螺栓扭矩不符合规定的数量超过总数的 8% ②轨卡损坏或变形,作用不良,超过扣件总数 5% ③螺纹道钉折断,严重锈蚀,超过扣件总数 5%

3.4.2 护轨、零部件技术标准及养修质量评定(验收)标准

1. 钢梁明桥面护轨铺设要求

①桥长大于 20 m 或跨越铁路、重要公路、城市交通要道的明桥面钢梁桥,应铺设护轨。

②钢梁明桥面护轨一般应采用与基本轨同类型的钢轨;混合桥上明桥面护轨也可采用比基本轨低一级的钢轨。

③护轨与基本轨头部间净距:在钢梁明桥面上,其净距为 220 mm,允许误差为±10 mm;当桥上设有伸缩调节器时,其最大净距为 320~350 mm,允许误差为±10 mm:在混合桥上,当明桥面长度等于或小于 50 m 时,其净距在明桥面与有砟桥面上均为 500 mm;当明桥面长度大于 50 m 时,在明桥面和有砟桥面上各自采用自身的净距和允许误差,并在明桥面上采用不大于 1.5% 的斜率完成间距变化的过渡。

④护轨顶面不应高出基本轨顶面 5 mm,也不应低于 25 mm。

⑤护轨应有伸出桥台挡砟墙以外,直轨部分长度不应小于 5 m,然后弯曲交会于线路中心。弯轨部分沿线路中心线的长度不小于 1.9 m,棱头尖端超出台尾的长度不小于 2.0 m,其顶部应切成不陡于 1:1的斜面并联结密贴,棱头尖端悬出轨枕的长度不得大于 5 mm。

⑥对既有明桥面,护轨下可加垫总厚度不大于 30 mm 的垫板,当护轨与基本轨头部间净距为 350~500 mm 时,护轨下应设普通铁垫板,扣压每股护轨的钩头道钉应在每根木桥枕上靠基本轨一侧钉两个,另一侧钉一个。当净距为 220~350 mm 时,护轨下可不加垫铁垫板;垫板厚度在 20 mm 及以下时,应在每隔一根木桥枕上钉两个道钉扣压每股护轨的两侧;垫板厚度

超过 20 mm 时，应在每根木桥枕上钉两个道钉扣压每股护轨的两侧。

⑦自动闭塞区间，护轨应安装绝缘装置。

⑧每股护轨接头安装 4 个螺栓，每端安装 2 个，螺帽应安装在线路中心一侧，在伸缩调节器处应采用一端带长圆孔的夹板。

⑨护轨爬行严重时，允许安装防爬器。

⑩伸缩调节器范围内护轨按设计办理。

⑪因其他因素影响，护轨不能按标准设置时，应经铁路局集团公司批准，按特殊情况处理。

2. 护轨、零部件养修质量评定(验收)标准

护轨、零部件保养质量评定标准参考表 2.3.1。

护轨、零部件修理作业验收标准参考表 2.4.1。

3.4.3　典型工作任务

1. 整修护轨作业流程

(1)上道作业

①作业负责人接到封锁命令(命令号、作业起讫时间)后，按要求设置并确认防护已到位，通知作业人员开始作业。

②检查护轨与基本轨间距、高低、接头是否符合规定，护轨梭头悬空超限及道钉、扣配件松动缺少处所。

(2)整修护轨(图 3.4.2)

①起冒道钉，撤除失效旧垫板。

②需更换护轨时，起掉里口道钉，运出旧轨，运进合适的护轨。

③插入木塞、削平；木塞及削平面防腐处理。

④放新垫板，厚度合适、事先防腐处理。

⑤拨正(或摆正)护轨、打道钉(或拧紧护轨螺栓)，各部尺寸符合要求；无浮离道钉(或松动扣件)。

⑥松开护轨接头夹板，插入铁垫片整治大于 5 mm 接头错牙。

图 3.4.2　整修护轨

(3)整修梭头

整治梭头 5 mm 以上悬空及绝缘接头。

(4)检查

检查护轨各部尺寸及扣件安装是否正确,检查线路几何尺寸。作业人员按标准自检,作业负责人对当日作业项目进行全面回检,发现不合格及时返工,确保作业质量达标。

(5)作业结束、销点

检查清点工(机)具数量,整理回收。撤除防护,开通线路。

⚠ 安全风险

风险名称:人身伤害

防控措施:

1. 按要求设置防护后方可上道作业。
2. 来车及时待避,所有料具不得侵入限界。换护轨时,钢轨放在适当地点,放置牢固。
3. 打道钉时不得戴手套并防止飞钉伤人。
4. 起轨后加楔垫牢,防止压伤手脚。

风险名称:轨道电路出现红光带

防控措施:

1. 撬棍两端加设绝缘套管。
2. 撬棍使用时防止联通钢轨。

2. 更换护轨作业流程

(1)目的与要求

目的:满足桥梁安全生产的需要。

要求:根据《普速铁路线路修理规则》(TG/GW 102—2019)的相关标准。

(2)适用范围

①桥长大于 50 m 的有砟桥面及无砟无枕桥梁;桥长大于 20 m 的桥面钢梁桥。

②跨越铁路、重要公路、城市交通要道的立交。

③多线桥上的各线按上述两项办理,多线框构桥可只在两外侧线路上铺设。

(3)工(机)具、材料准备

工(机)具:吊轨小车、锯轨机(或气割设备)、钢轨钻孔机、液压起道器、撬棍、大锤、道钉锤、活口扳手、加力扳手、钢卷尺、30~50 m 钢卷尺、钢直尺、扁油刷、钢丝刷、小油桶、弦线、内燃扳手、丁字扳手等。

材料:钢轨、夹板、绝缘夹板及衬垫、联结零件、机油、护轨垫板扣件等。

(4)作业程序

①点名分工

工(班)长组织职工(含劳务工)列队点名,明确作业分工项目、内容及时间,所有职工(含劳务工)均应按规定使用劳动保护用品。

②风险提示

a. 运钢轨应合理安排人员,计划周密,统一指挥,以防伤人。

b. 料具堆放牢稳,不得侵入限界(轨道电路地段,谨防导电短路)。

c. 在道心临时放置钢轨应临时固定。

③工具检查

作业人员对工(机)具性能及安全性的检查确认,防止将损伤的工(机)具带入作业现场,影响作业进度和质量。

使用的工(机)具必须按照要求用反光漆(模)进行编号,以防止侵限或遗留在线路上。

④设置防护

防护人员必须由经考试合格的职工担任。驻站联络员提前 40 min 到达车站办理登记手续,了解列车运行情况,及时通知现场防护员。

现场防护员根据要求准备好防护标牌,按要求设置防护。

⑤作业准备

a. 确定护轨轨型:根据桥上基本轨轨型、桥面类型、轨枕类型条件及护轨铺设标准确定。

b. 计算、确定护轨长度:按护轨应铺设最小长度,现场确定弯折点位置,如该点在轨枕上,应将直段延长至轨枕边缘以外(以便正常安设扣件)。弯轨长度(含梭头)应满足最小限值规定,确定校头长度时,考虑梭头尾端开口宽度、弯轨弯折长度及满足安拆接头夹板需要。

c. 配轨及弯轨制作:逐根钢轨测量,核对准确,按标准尺寸钻好螺栓孔。弯轨在地上放样,按尾端支距,加热后配合直轨器弯制。配轨时应注意更换后护轨的工作边避开旧轨的肥边。

⑥现场作业

a. 拆下旧护轨,移至适当位置,并将新护轨就位,接头联结牢固。

b. 运装新轨:用吊轨小车运新护轨,按标记就位,联结接头零件。

c. 整修新换护轨,使各部均符合有关技术标准和质量要求。

d. 安设梭头及绝缘装置:梭头尖端悬出枕面不大于 5 mm。

e. 运回旧料,堆码整齐。

⑦质量验收标准

a. 护轨顶面不高出基本轨顶面 5 mm,也不得低于基本轨顶面 25 mm。

b. 护轨头部外侧与基本轨头部内侧间距:P50 型钢轨为(200±10) mm;P60 型钢轨及以上为(220±10) mm。

c. 护轨接头上齐 4 条螺栓(每端 2 条)且螺栓头部在线路中心一侧。接头外侧(靠基本轨侧)左右错牙小于 5 mm。

d. 护轨底部悬空大于 5 mm 处所不得超过 8%;梭头尖端悬空不得大于 5 mm。

e. 长度:护轨伸出桥台挡砟墙以外,弯轨不少于 5 m,直轨不少于 5 m。在直线上大于 50 m,曲线上大于 30 m 的桥梁,直轨长不少于 10 m,任何情况下护轨尖端必须在桥台后端 2 m 以外。

(5)销点

①作业负责人确认作业质量达到要求,作业人员及携带工(机)具、材料已全部撤出限界以外,通知工地防护员作业完毕。

②待人员、机(工)具全部到达安全区域后,作业负责人通知驻站(驻调度所)联络员,驻站(驻调度所)联络员办理销记手续后,方可撤离。清扫作业现场及回收清理料具、撤除防护,按要求销点,开通线路。

(6)过车后作业回检

作业人员按标准自检。作业负责人对当日作业项目进行全面回检,统计完成工作量,记录回检质量数据,发现不合格及时返工,确保当日作业符合作业要求。

(7)完工会

收工后,施工(作业)负责人组织召开完工会,对当日作业质量及安全情况进行总结。

安全风险

风险名称:人身伤害

防控措施:

1. 封锁区间,设置防护。
2. 放行列车应按《普速铁路工务安全规则》(TG/GW 101—2023)第 2.4.2 条处理。
3. 运钢轨应注意动作协调一致,以免伤人。
4. 料具堆放牢稳,不得侵入限界(轨道电路地段,道防导电短路)。在道心临时放置处放置钢轨应钉牢并加临时楔头。

文本

3.4.4 答案

3.4.4 任务考核

1. 单选题

(1)桥长大于______ m 或跨越铁路、重要公路、城市交通要道的明桥面钢梁桥,应设护轨。

(A)10 (B)15 (C)20 (D)30m

(2)护轨顶面低于正轨顶面不得超过______ mm。

(A)10 (B)20 (C)25 (D)35

(3)未按规定铺设护轨,劣化等级可评定为______。

(A)AA (B)A1 (C)B (D)C

(4)扣件、垫板开裂、缺损,垫圈变形、螺纹损坏,分开式扣件螺栓扭矩不符合规定的数量超过总数的 8%,劣化等级可评定为______。

(A)AA (B)A1 (C)B (D)C

2. 判断题

(1)当机车车辆在桥头或桥上脱轨时,护轨可将脱轨车轮引导、限制于护轨与基本轨之间的轮缘槽内,继续顺桥滚出,以免机车车辆向旁边偏离撞击桥梁或自桥上坠下造成二次事故,也可帮助已脱轨的机车车辆重新被拖上基本轨。 (　　)

(2)钩螺栓的作用是使桥枕与护木紧密连接,防止护木上下跳动和横向移动。 (　　)

(3)钢梁明桥面护轨一般应采用与基本轨同类型的钢轨。 (　　)

(4)护轨顶面高出基本轨顶面不得大于 3 mm。 (　　)

3. 实作题

考核方式一:依据桥隧工考核大纲,具备实习实训条件的单位,根据具体情况,从 3.4.3 中抽选一个或两个典型工作任务,现场实作考核。

考核方式二:依据桥隧工考核大纲,无实习实训条件的单位,从 3.4.3 中抽选一个或两个典型工作任务,从作业流程、质量验收标准及安全注意事项等方面进行试卷考核。

如:(1)更换护轨的作业步骤是什么?(10 分)

(2)更换护轨作业的质量标准有哪些?(20 分)

(3)更换护轨作业过程中的安全注意事项有哪些?(10 分)

任务3.5 作业通道、安检、抗震及限位设施

本任务主要讲述了作业通道、安检、抗震及限位设施的劣化类型、等级评定方法等内容。

学习目标

1. 掌握作业通道、安检、抗震及限位设施的劣化类型。
2. 掌握作业通道、安检、抗震及限位设施的劣化评定方法。

3.5.1 作业通道、安检、抗震及限位设施劣化等级评定

1. 作业通道、安检、抗震及限位设施劣化类型

(1)作业通道

步行板失效(包括:木质严重腐朽、混凝土板露筋、钢筋严重锈蚀、严重裂损、搭接长度不足等)及其他设施的劣化。

(2)安检设施劣化

桥梁检修作业车、吊篮、围栏、梯子等设施的劣化。

(3)抗震及限位设施劣化

2. 劣化评定方法

可采用目视、尺量等方法判别。

3. 作业通道、安检、抗震及限位设施劣化等级评定标准

作业通道、安检、抗震及限位设施劣化等级评定标准见表3.5.1,处理措施见表2.2.2。

表3.5.1 作业通道、安检、抗震及限位设施劣化等级评定标准

等级	(1)作业通道/m	(2)安检设施/孔	(3)抗震及限位设施/处
A1	①作业通道应设未设 ②作业通道严重失修(包括栏杆、托架严重锈蚀,托架焊接强度不足),危及人身安全 ③作业通道步行板整孔失效达50%	①安检设施应设未设 ②安检设施严重失修,危及人身安全	①抗震设施缺少或失效 ②横向限位设施缺少或失效

3.5.2 典型工作任务

一、预制钢筋混凝土步行板

(1)作业目的

预制新步行板,替换桥梁失效步行板。

(2)作业准备

作业前进行工作量调查。

①主要工(机)具、材料准备

工(机)具:钢筋加工工具(钢筋切割机、钢筋调直机)、木工工具、混凝土捣制工具(平板振协器)、发电机、混凝土搅拌机等。

材料：ϕ(6~8) mm钢筋；32.5级及以上水泥；粒径10~20 m碎石，坚硬无杂质；中砂(含泥量小于5%)；净水；木方铁线钉，细线等。

作业前检查工(机)具的安全性能。基本作业人员2人以上。

②作业布置

按照维修作业一次标准化流程，提前做好工作量调查，编制作业方案，并进行分工布置。

(3)作业流程及标准(图3.5.1)

①钢筋加工

钢筋下料、除锈、弯制。

②制作安装模板

联结牢固、接缝严密、尺寸正确，并内侧涂刷隔离剂。

③安装钢筋

钢筋放置平整、位置正确，保护层厚度一般不小于15 mm。

④灌注混凝土

配比准确、搅拌均匀，捣固密实。

⑤养生

按规定遮盖洒水，冬季要保温。

⑥拆模

达到设计强度的50%方可拆模。

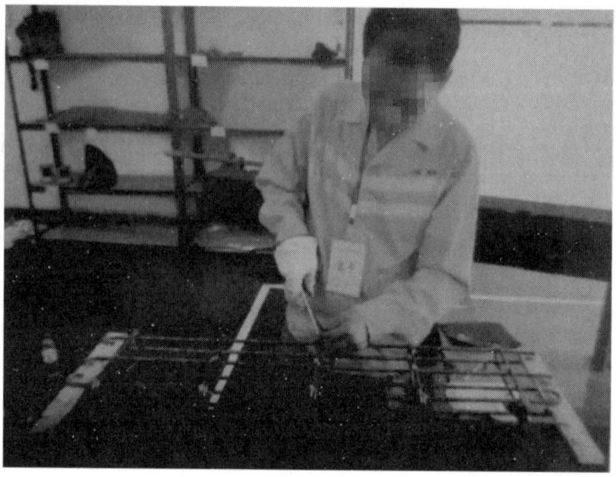

图3.5.1　预制钢筋混凝土步行板

(4)检查

按照作业质量标准对步行板振捣、外观、保护层质量进行检查，发现不符合要求及时整改，确保作业质量达标。

(5)作业结束

清扫作业现场及回收清理料具。

(6)完工会

收工后，施工(作业)负责人组织召开完工会，对当日作业质量及安全情况进行总结。

⚠ 安全风险

风险名称:人身伤害

防控措施:

1. 切断钢筋时,迎面不准站人,防止钢筋头、锤头飞出伤人。
2. 绑扎好的钢筋不能坐踩,防止变形,扎人。
3. 作业人员应戴好护目镜、手套。

二、增设和整修吊篮、围栏作业

1. 适用范围

增设和整修吊篮、围栏作业适用于普速铁路桥梁附属维修作业。

2. 作业目的

对桥隧附属设施进行日常保养维修,恢复桥梁设备安检设施的整体性,确保设备安全。

3. 作业条件

(1)线下作业。

(2)带班人由工班长及以上人员担任。

4. 工具、机具、材料准备

脚手板(绳、铁线)电镐、手锤、抹面工具、油漆、电焊工具、混凝土电铝、防腐浆膏、铁锯弓及锯条、水泥、砂。

5. 作业流程

(1)作业前

①对当日作业人员进行有针对性的安全教育,并做到分工明确,责任到位,作业前穿好防护服(夜间穿条形反光防护服),戴好劳保用品。

②提前确定维修地点、工作量,由施工负责人对材料、工机具进行校对,检查器机具设备和脚手架材料的状态。

(2)作业过程及技术标准

①作业过程

a. 搭设脚手架,并检查是否牢固、安全。

b. 钻孔植化学锚栓,孔径 ϕ40 mm,深 350 mm。

c. 钢材下料,按设定的尺寸裁料、钻孔。

d. 安装立柱及穿条,位置正确焊接牢固。

e. 对旧有的吊围栏的断裂、缺少活动等部位进行焊、补固定。

f. 对钢结构进行防锈处理,涂装。

g. 铺设吊篮板平直、稳固。

h. 拆除脚手架。

i. 作业结束。

②技术标准

a. 立柱、支架竖直,穿条平顺,各接合部位、安装、焊接牢固。

b. 牵钉要安装牢固,埋置深度不小于 350 mm。

c. 支架和穿条的材料合乎设计规定。

d. 检查板配筋和尺寸符合规定,灌注质量良好,安装稳固。

e. 钢结构除锈,刷漆良好。

③作业后及质量验收

a. 由带班人按照技术标准,对当日作业地点进行质量验收。

b. 清扫工作面,清理工地。

c. 对工机具、材料进行清点、确认。

安全风险

风险名称:人身伤害

防控措施:

1. 高速铁路作业安全为重中之重,各项作业要由作业负责人组织,对携带的工具、材料进行全面清点确认,确保作业前后工具、材料无遗漏,保证运输安全。

2. 作业中由带班人对作业过程的安全质量进行全程监控,保证设备质量安全。

3. 重点监控 2 m 以上高处作业系好安全带、戴好安全帽及劳保用品的使用,检查脚架的搭设性能是否良好。

3.5.3 任务考核

文本

3.5.3 答案

1. 选择题

(1)作业通道严重失修(包括栏杆、托架严重锈蚀,托架焊接强度不足),危及人身安全,劣化等级可评定为______。

(A)AA　(B)A1　(C)B　(D)C

(2)安检设施严重失修,危及人身安全,劣化等级可评定为______。

(A)AA　(B)A1　(C)B　(D)C

(3)横向限位设施缺少或失效,劣化等级可评定为______。

(A)AA　(B)A1　(C)B　(D)C

2. 判断题

(1)步行板失效(包括木质严重腐朽、混凝土板露筋、钢筋严重锈蚀、严重裂损、搭接长度不足等)及其他设施的劣化。(　　)

(2)安检设施劣化包括桥梁检修作业车、吊篮、围栏、梯子等设施的劣化。(　　)

(3)作业通道、安检、抗震及限位设施劣化评定方法可采用目视、尺量等方法判别。(　　)

3. 实作题

考核方式一:依据桥隧工考核大纲,具备实习实训条件的单位,根据具体情况,从 3.5.2 中抽选一个或两个典型工作任务,现场实作考核。

考核方式二:依据桥隧工考核大纲,无实习实训条件的单位,从 3.5.2 中抽选一个或两个典型工作任务,从作业流程、质量验收标准及安全注意事项等方面进行试卷考核。

如:(1)整修人行道作业的质量标准有哪些?

(2)整修人行道作业步骤及整修人行道作业过程中的安全注意事项有哪些?

拓展知识——桥枕质量标准

一、枕木

本标准适用于铁路标准轨(轨距 1 435 mm)的桥梁枕木,木桥枕如图 3.5.2 所示。

图 3.5.2　木桥枕

(1)树种:落叶松、华山松、思茅松、高山松、云南松、云杉、冷杉、铁杉、红松等。

(2)尺寸:见表 3.5.2。

表 3.5.2　桥枕尺寸

长度 L/m	宽度 b/cm	高度 h/cm
3.0	20	22
	20	24
	22	26
3.2	22	28
	24	30
3.4	24	30
	24	30
4.2,4.8	20	22
	20	24
	22	26
	22	28
	24	30

(3)尺寸公差与断面形状:见表 3.5.3。

(4)枕面铺轨范围:每端至端头除去 55 cm 后中间部位的长度。

(5)缺陷限度:见表 3.5.4。

表 3.5.3　尺寸公差与断面形状

公差		断面形状及尺寸/cm
种类	限度/cm	
长度	±6	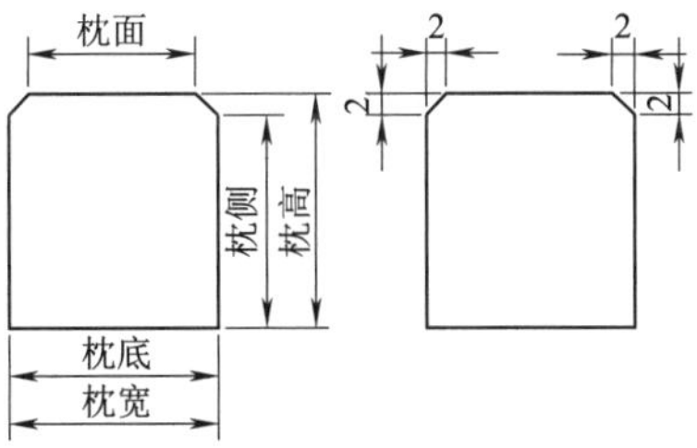
宽度	±1	
高度	±0.5	

表 3.5.4　缺陷限度

<table>
<tr><th colspan="3">缺陷名称</th><th>允许限度</th></tr>
<tr><td colspan="3">活节、死节</td><td>枕面铺轨范围内,最大尺寸不得超过 6 cm</td></tr>
<tr><td rowspan="3">腐朽</td><td rowspan="2">端面</td><td>深度</td><td>只允许一端有,不得超过枕长的 2%</td></tr>
<tr><td>面积</td><td>腐朽面积不得超过所在材面面积的 3%</td></tr>
<tr><td colspan="2">材面</td><td>允许轻微腐朽,其面积不得超过所在材面面积的 1%</td></tr>
<tr><td colspan="3" rowspan="2">裂纹、夹皮</td><td>纵裂、外夹皮不得超过 40 cm</td></tr>
<tr><td>轮裂、内夹皮弦长不得超过 15 cm</td></tr>
<tr><td colspan="3" rowspan="2">弯曲</td><td>顺弯不得超过 1%</td></tr>
<tr><td>横弯不得超过 4%</td></tr>
<tr><td colspan="3">虫害</td><td>每一枕面铺轨范围内个数不得超过 5 个</td></tr>
</table>

(6)检量方法

①枕木断面尺寸的检量,以铺轨范围内量得的尺寸为准。

②枕木铺轨范围以外,允许有未着锯部分,但宽度和厚度不得超过尺寸允许公差限度的 2 倍。

③枕木中的节子、虫害缺陷仅在枕面铺轨范围内按规定限制,其他部位不限。

④对于裂纹、夹皮、弯曲和腐朽缺陷,在枕木的任何部位均应计算。

⑤检量端面腐朽深度,以尺贴平端面,与尺成垂直量取,或用取样钻检量。

二、复合材料桥枕

1. 适用范围

列车轴重最大为 270 kN 的客货共线铁路、采用拉挤成型工艺生产的连续玻璃长纤维增强发泡聚氨酯复合材料板材制作的桥枕(简称复合材料桥枕)。

2. 制作工艺

连续玻璃长纤维增强发泡聚氨酯复合材料板材采用连续拉挤设备生产,最小厚度不应小于 40 mm,复合材料桥枕采用多块板材在压力下黏结而成;板材应竖向布置,各板材应采用钻孔后以带丝扣钢棒加黏结剂的方式连接成整体。桥枕成品表面应喷涂丙烯酸聚氨酯涂料。

3. 技术要求

(1)外观:表面应平整,不应有裂纹、膨胀、毛刺、褶皱、纤维裸露、凹凸等缺陷。

(2)玻璃纤维含量:质量含量应大于 60%。

(3)尺寸和偏差:

①复合材料桥枕的尺寸应满足表 3.5.5 的规定。

表 3.5.5　复合桥枕尺寸

<table>
<tr><th rowspan="2">编号</th><th colspan="2">桥枕标准断面</th><th rowspan="2">长度 L/m</th></tr>
<tr><th>宽度 b/mm</th><th>高度 h/mm</th></tr>
<tr><td>1</td><td>240</td><td>240</td><td>3.0</td></tr>
<tr><td>2</td><td>240</td><td>240</td><td>3.0</td></tr>
<tr><td>3</td><td>240</td><td>260</td><td>3.0</td></tr>
<tr><td>4</td><td>240</td><td>280</td><td>3.0</td></tr>
<tr><td>5</td><td>240</td><td>300</td><td>3.2 或 3.4</td></tr>
</table>

②复合材料桥枕尺寸的允许偏差应满足表 3.5.6 的规定。

表 3.5.6　复合材料桥枕的尺寸的允许偏差

分　　类	允许偏差
长度	±5 mm
宽度	±3 mm
高度	±2 mm
弯曲量	相对长度在 1.5/1 000 以下
扭曲量	相对长度在 1.0/1 000 以下

(4)性能要求

复合材料桥枕的性能要求应满足表 3.5.7 的规定。

表 3.5.7　复合材料桥枕的性能要求

<table>
<tr><th>类　　别</th><th colspan="2">检 验 项 目</th><th>单　　位</th><th>指 标 要 求</th></tr>
<tr><td rowspan="18">材料物理性能</td><td colspan="2">表观总密度</td><td>kg/m^3</td><td>1 200±60</td></tr>
<tr><td colspan="2">吸水量</td><td>mg/cm^3</td><td>≤6</td></tr>
<tr><td colspan="2">阻燃性</td><td>级别</td><td>HB</td></tr>
<tr><td colspan="2">击穿电压</td><td>kV</td><td>≥20</td></tr>
<tr><td colspan="2">表面电阻率</td><td>Ω</td><td>$\geqslant 1\times10^{10}$</td></tr>
<tr><td colspan="2">平均线膨胀系数</td><td>1/℃</td><td>$\leqslant 1\times10^{-5}$</td></tr>
<tr><td colspan="2">表面硬度(邵氏)</td><td>H_D</td><td>≥50</td></tr>
<tr><td colspan="2">弯曲强度</td><td>MPa</td><td>≥200</td></tr>
<tr><td colspan="2">弯曲弹性模量</td><td>GPa</td><td>≥12</td></tr>
<tr><td colspan="2">竖向压缩强度</td><td>MPa</td><td>≥120</td></tr>
<tr><td colspan="2">剪切强度</td><td>MPa</td><td>≥18</td></tr>
<tr><td colspan="2">黏结剪切强度</td><td>MPa</td><td>≥18(母材破坏)</td></tr>
<tr><td colspan="2">冲击韧性</td><td>J/cm^2</td><td>≥10</td></tr>
<tr><td colspan="2">蠕变速率</td><td>mm/h</td><td>$\leqslant 1\times10^{-4}$</td></tr>
<tr><td rowspan="4">耐候性(耐候老化、盐雾老化、湿热老化后的性能保留率)</td><td>弯曲强度</td><td>—</td><td>≥80%</td></tr>
<tr><td>弯曲弹性模量</td><td>—</td><td>≥80%</td></tr>
<tr><td>竖向压缩强度</td><td>—</td><td>≥80%</td></tr>
<tr><td>黏结剪切强度</td><td>—</td><td>≥80%</td></tr>
<tr><td rowspan="4">成品力学性能</td><td colspan="2">螺纹道钉抗拔力</td><td>kN</td><td>≥60</td></tr>
<tr><td colspan="2">成品抗弯曲荷载</td><td>kN</td><td>≥1 000</td></tr>
<tr><td colspan="2">成品疲劳性能</td><td>—</td><td>200 万次无异常</td></tr>
<tr><td colspan="2">组合件整体疲劳性能</td><td>—</td><td>300 万次无异常</td></tr>
</table>

4. 检验方法

(1)玻璃纤维质量含量检验

应按 GB/T 2577 进行检验。

(2)外观检验

在正常光照条件下采用目测法。

(3)尺寸检验

①长度、宽度、高度测量

将复合材料桥枕放在平滑且保持水平的台面上，用钢板尺（精度 1 mm）测量复合材料桥枕的长度、宽度和高度，每个方向分别在两端和中间测量 3 个点，计算长度、宽度、高度所测值的平均值。

②弯曲量测量

弯曲包括上下弯曲和侧向弯曲，应分别测量。将复合材料桥枕放在平滑且保持水平的台面上，待测试面位于侧面。在侧面中央部位拉直钢丝，用钢板尺（精度 1 mm）测量最大弯曲部位的弯曲量。弯曲量测量方法如图 3.5.3 所示。

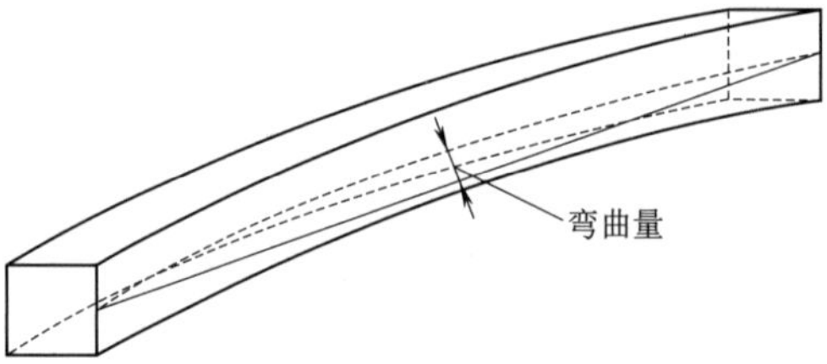

图 3.5.3　弯曲量测量方法

③扭曲量测量

将复合材料桥枕放在平滑且保持水平的台面上，用图 3.5.4 所示的四脚量规（纵向跨距 L_1=桥枕长度 L−20 mm，横向跨距 B=220 mm，可自行加工而成，但需经计量认证合格才能使用）进行测量。测量时，将四脚量规放置在两个承轨面处，用塞尺测量悬空一脚的悬空高度即为扭曲量。

(4)材料物理性能检验

① 材料物理性能检验的试样均从板材或成品上切取后进行机械加工，不得另行制备。

②表观总密度应按 GB/T 6343 进行检验。

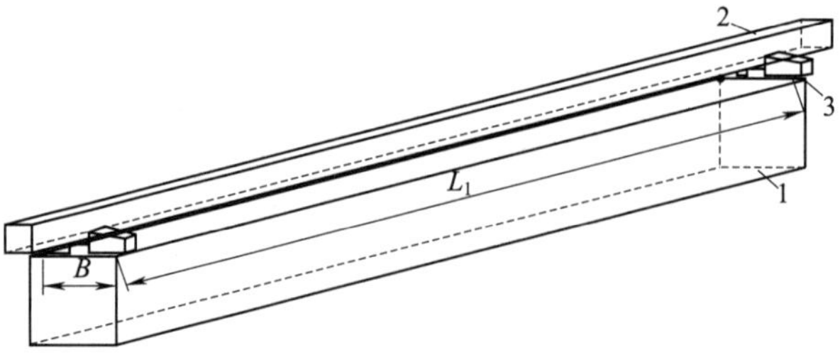

1—复合材料桥枕；2—四脚量规；3—塞规。

图 3.5.4　扭曲量测量方法

③吸水量应按 GB/T 1462 进行检验。

④阻燃性应按 GB/T 2408 进行检验。

⑤击穿电压应按 GB/T 1408.1 进行检验

⑥表面电阻率应按 GB/T 1410 进行检验。

⑦平均线膨胀系数应按 GB/T 2572 进行检验。

⑧表面硬度(邵氏)应按GB/T 2411进行检验。

(5)材料力学性能检验见《普速铁路桥隧建筑物修理规则》(TG/GW 103—2018)附录二。

(6)成品力学性能检验见《普速铁路桥隧建筑物修理规则》(TG/GW 103—2018)附录二。

5. 加工铺设和养护维修要求

(1)加工要求

见《普速铁路桥隧建筑物修理规则》(TG/GW 103—2018)附录二。

(2)铺设要求

①相邻复合材料桥枕之间的净距一般区段为210~240 mm,特殊区段为160~240 mm。

②当更换既有钢桥上的木枕时,宜同期更换桥上所有木枕,不宜局部抽换。

(3)养护维修要求

①复合材料桥枕的板材之间开裂时,应更换新枕。

②表面涂层破坏时,应打磨干净后补涂丙烯酸聚氨酯涂料。

③局部碰损导致纤维暴露时,应用黏结剂修补,然后补涂丙烯酸聚氨酯涂料。

项目4　钢结构保护涂装修理

项目概述

本项目包括2个任务，主要介绍钢梁涂膜劣化评定方法、涂装施工的流程及注意事项，重在技术技能培养，是本门课程学习的重点内容。

学习目标

知识目标

1. 掌握钢梁涂装劣化评定方法。
2. 掌握钢梁涂装施工的流程及注意事项。

能力目标

1. 具备铁路钢梁涂装劣化评定的能力。
2. 具备铁路钢梁涂装施工的能力。

素质目标

培养学生的专业技能及职业素养；培养学生严谨务实、实事求是的工作作风。

课前导学

济南泺口黄河铁路特大桥（图4.0.1）始建于1908年，全长1 255 m，是目前我国唯一一座年岁过百仍承担铁路运输任务的大桥。2018年1月，入选第一批中国工业遗产保护名录。

图4.0.1　济南泺口黄河铁路特大桥

桥梁底部的检查修理依靠每个桥墩之间主梁下悬挂着的“摇篮车”。桥梁通道与“摇篮车”并不直接连通，工人们需要徒手把着栏杆，翻越到外侧梁体后，双手紧紧抓住钢体结构，脚踩梁体一层层下移，直至降到“摇篮车”内。这一巡检车的动力纯靠人力手摇，检查时4个人为一组，两人在两边摇车，两人通过手电和检查锤对梁底的梁体状态进行检查。

2023 年 4 月,济南局集团公司利用天窗期为钢梁进行了重新涂装(图 4.0.2),为百年济南泺口黄河铁路特大桥换上新装。

图 4.0.2　济南泺口黄河铁路特大桥重新涂装作业

目前,我国运营铁路线上,钢梁桥(图 4.0.3)的长度约占桥梁总长的 4.5%。此外,钢管混凝土拱桥、钢塔架,安全检查设备(人行道避车台支架、栏杆、墩台围栏、检查吊篮、检查梯等)、临时性梁(拆装式桁梁、工字梁、施工便梁、万能杆件等),也都使用钢结构。

图 4.0.3　铁路钢桥

由于铁路桥梁的钢结构长年暴露室外,受到大气、海水、土壤等环境中有害物质的不断侵蚀,致使各部分构件发生不同程度的腐蚀,严重影响钢结构的使用寿命,大大削弱钢结构的使用功能,甚至危及行车和人身安全。为此,在《普速铁路桥隧建筑物修理规则》(TG/GW 103—2018)中明确规定了:钢梁、钢塔架、钢拱肋、限高防护架等钢构件都应进行保护涂装,防止钢结构生锈。

为防止钢梁生锈,最广泛采用的方法是在钢料表面喷涂油漆。因为油漆除有防止钢料腐蚀的效果外,还具有一系列优点:能在钢梁表面形成薄膜,附着牢固;能随着钢梁因温度变化的涨缩而同时涨缩;油漆薄膜不会增加过大的重量;使用起来方法简单;增加桥梁的外表美观。

钢梁涂装的作用是保护钢梁不受自然界的侵蚀,应定期进行维护性涂装,涂装失效后应及时重新涂装。

与混凝土结构相比,钢结构明显缺点是抗腐蚀性差,后期维护费用高。及时合理的涂装能有效延长钢结构使用寿命,也是确保线路畅通的重要保障。

任务 4.1　钢梁涂装劣化等级评定及养护维修

本任务主要讲述铁路桥梁钢结构涂装劣化等级的评定及处理方法,为钢结构涂装养护维修提供科学依据。为后续课程的学习奠定基础。

学习目标

1. 掌握铁路钢桥涂膜的劣化等级评定。
2. 掌握不同劣化状态下的处理措施。

4.1.1　钢梁涂膜劣化等级评定

1. 涂膜劣化类型

随着使用年限的延长,涂膜质量状态将逐步劣化。涂膜劣化类型包括粉化、起泡、裂纹、脱落、生锈五种。为保持保护涂装质量经常处于完好状态,应对涂膜的劣化情况进行检查评定,并根据劣化程度适时进行重新涂装或维护性涂装。

(1)粉化

表面老化,出现白色或深色粉状物,出现粉化脱落现象,如图 4.1.1 所示。

(2)起泡

涂膜分布直径不同的膨胀隆起,出现点泡或豆泡状现象,如图 4.1.2 所示。

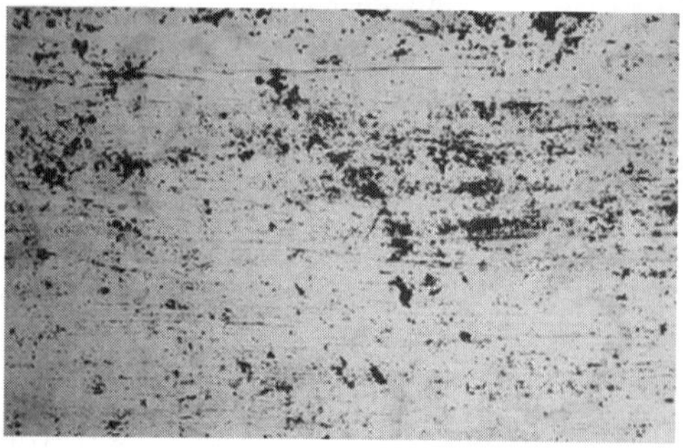

图 4.1.1　粉化

图 4.1.2　起泡

(3)裂纹

涂膜出现裂痕,能见到下层或底层的网状或条状裂纹,如图 4.1.3 所示。

(4)脱落

面层与底层之间或新旧涂层之间失去附着力,出现小片或鳞片剥落现象,如图 4.1.4

所示。

图 4.1.3　裂纹

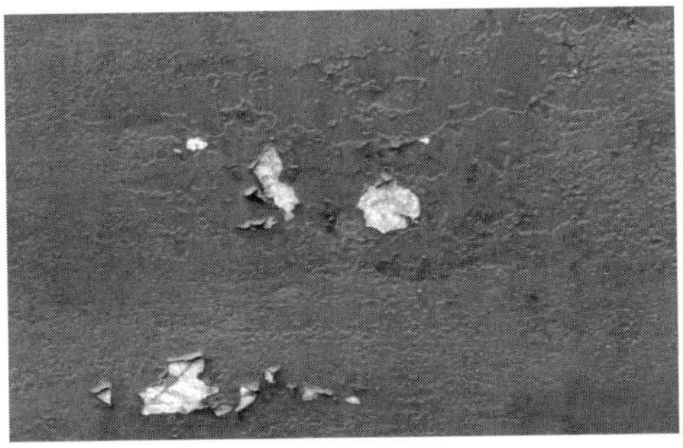

图 4.1.4　脱落

(5)生锈

涂膜出现针状、点状、泡状、片状锈斑，如图 4.1.5 所示。

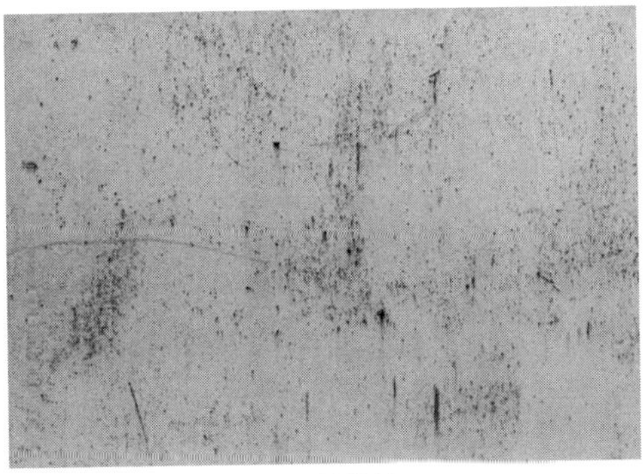

(a) 针状锈

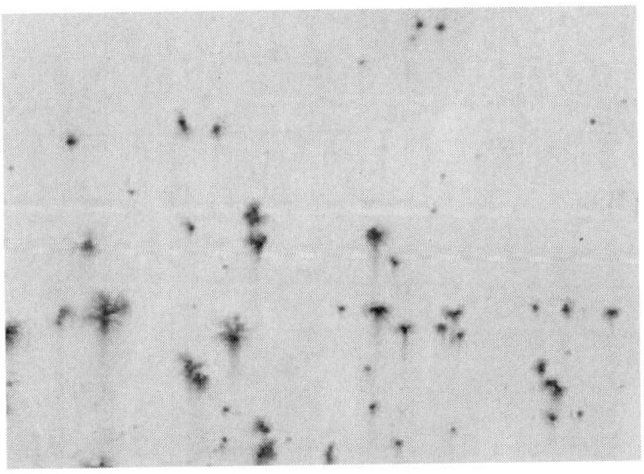

(b) 点状锈

(c) 泡状锈

(d) 片状锈

图 4.1.5　生锈示意

2. 评定方法

确定涂膜劣化类型和劣化等级，应在光线明亮情况下，借助放大镜用肉眼观察。实际情况与本标准之间难以一致时，取劣化等级更严重的一级，作为总评定等级。

(1)粉化等级评定——用食指在涂膜表面往复擦拭两次，擦痕长 5~7 cm，然后视手指上粘附颜料粒子的多少，按图 4.1.6 确定等级。

1 级——用力擦拭，手指沾有少量颜料粒子。

2 级——用力擦拭，手指沾有较多颜料粒子。

3 级——用力较轻,手指沾有较多颜料粒子。

4 级——轻轻一擦,整个手指黏附大量颜料粒子或出现漏底。

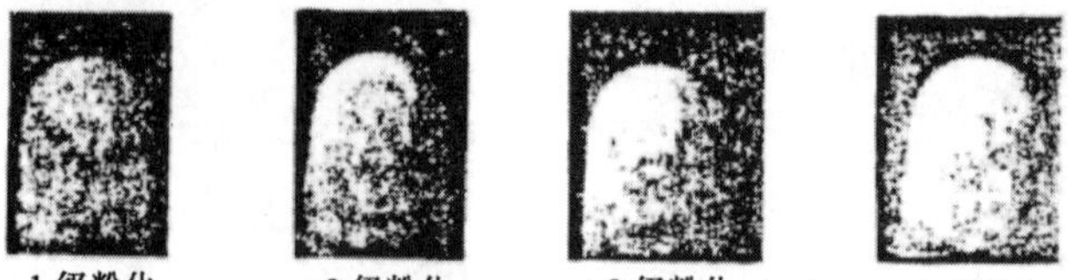

图 4.1.6　涂膜粉化等级示意

(2)起泡、裂纹、脱落和生锈等级评定——用标有不同失效面积百分数的样板图片(图 4.1.7),放在涂膜上进行对照比较后定级。

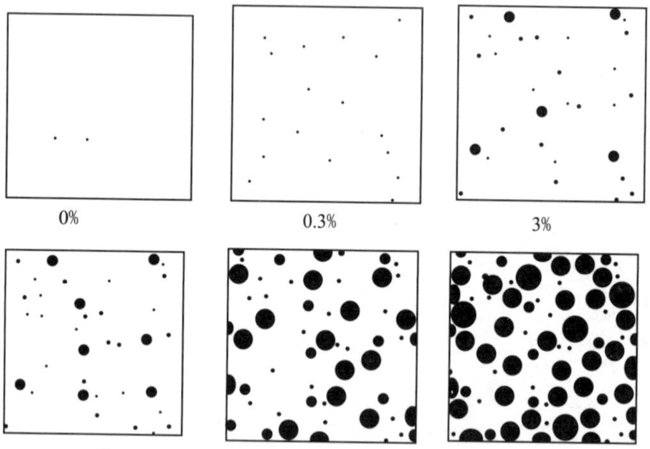

图 4.1.7　涂膜劣化百分比示意

3. 钢梁涂膜劣化等级评定及处理措施

钢梁涂膜劣化等级评定详见表 4.1.1,处理措施见表 2.2.2。

表 4.1.1　钢梁涂膜劣化等级

类型等级	(1)起泡、裂纹、脱落	(2)生锈	(3)粉化
A1	总面积 $S \geqslant 33\%$	总面积 $S \geqslant 5\%$	3 级
B	$16\% \leqslant S \leqslant 33\%$	$3\% \leqslant S < 5\%$	2 级
C	$S < 16\%$	$S < 3\%$	1 级

注:具体评定方法见《铁路桥隧建筑物劣化评定标准》(TB/T 2486—1994)。

4. 检查重点

钢结构涂膜劣化是钢结构常见病害,主要表现为起泡、裂纹、脱落、粉化等,是加速钢结构劣化的一项重要原因,应重点对钢梁的角落隐蔽部位,特别是纵梁上翼缘桥枕压着部位进行重点检查。

钢梁的腐蚀主要发生在沿海或有腐蚀性环境的地区,处在腐蚀性环境的钢梁结构应加密检查周期,缩短钢结构涂装的大修周期,对局部劣化及时修补,以延长钢结构设备的使用寿命。

4.1.2　钢梁涂装养护维修

1. 钢梁的维护涂装

维护性涂装一般包括整孔罩面漆维护涂装和局部维护涂装，视涂膜劣化程度而定。以下给出了 5 种情况及维护要求。

情况 1：钢梁涂膜粉化达 3 级时。

维护要求：应清除涂层表面污渍，用细砂纸除去粉化物，然后覆盖相应的面漆二道。

情况 2：涂膜起泡、裂纹或脱落劣化达 2~3 级时，底漆完好。

维护要求：清理损坏区域周围疏松的涂层，并延伸至未损坏的涂层区域 50~80 mm 坡口，局部涂相应的底漆和相应的中间漆、面漆。如要保持涂层表面一致，可在局部涂面漆后，全部再覆盖面漆。

情况 3：涂膜劣化达 2~3 级生锈时。

维护要求：应清除松散的涂层，直到良好结合的涂层区域为止，表面清理应达到 St3 级或 P St3 级，未损坏的涂层区域边缘按情况 2 要求处理，然后局部涂装相应的底漆和相应的中间漆、面漆。如要保持涂层表面一致，可在局部涂面漆后，全部再覆盖面漆。

情况 4：旧喷锌或铝涂层发生锈蚀劣化类型为 2~3 级生锈时。

维护要求：应除去松动的锌或铝涂层和涂料涂层直到良好结合的锌或铝涂层区域为止，钢表面锈蚀清理应达到 Sa2½级或 P Sa2½级。对于未损坏的涂料和锌或铝涂层区域边缘按情况 2 要求处理。对于电弧喷锌或铝涂层清理部位，也可改涂特制环氧富锌防锈底漆二道，然后涂相应的中间漆和面漆。

情况 5：涂膜局部严重损坏。

维护要求：应及时清理和涂装。

2. 钢梁初始涂装及运营中钢梁重新涂装

钢梁初始涂装一般是指钢梁制造厂出厂前对钢梁或钢梁杆件的钢表面清理和底部涂装，以及架梁后的面漆涂装。过去，出厂钢梁和杆件的底部涂装，仅涂防锈底漆，经多次搬运、堆放工地的磨损、日晒后大多损坏露锈，且底漆暴露时间太长，易粉化失效，不易保证初始涂装质量。因此，安装规定钢梁或杆件出厂前，应完成底漆、中间漆和第一道面漆涂装工作。

运营钢梁的重新涂装(图 4.1.8)一般是指钢梁整孔除锈涂装或为涂装大修，视涂装质量

图 4.1.8　汉水铁路桥涂装施工作业

的状态而定。若保护涂装起泡或裂纹或脱落面积达 33%,点锈面积达 5%,粉化劣化达 3 级且底漆已失效时,应进行整孔重新涂装。

对于距离水面较近的钢梁底面(包括桁梁下弦杆、纵横梁底面,下承板梁主梁和上承板、箱梁底面)、跨越受污染的河流的钢梁底部应增加涂装底漆一道、中间漆一道。

3. 涂装养修质量评定(验收)标准

钢结构涂装保养质量评定标准参考表 2.3.1。

钢结构涂装修理作业验收标准参考表 2.4.1。

4.1.3　任务考核

文本

4.1.3　答案

1. 单选题

(1)用食指在涂膜表面往复用力擦拭两次,手指沾有较多颜料粒子的粉化等级为______。

(A)1 级　(B)2 级　(C)3 级　(D)4 级

(2)涂膜劣化达 4 级但底漆仍完好,可进行______。

(A)维护涂装　(B)局部涂装　(C)重新涂装　(D)罩面漆维护

(3)用食指在涂膜上轻轻一擦,整个手指黏附大量颜料粒子或出现露底,即为粉化______。

(A)1 级　(B)2 级　(C)3 级　(D)4 级

(4)钢结构涂膜劣化处理,当起泡、裂纹、脱落或生锈达______时,应进行重新涂装。

(A)A1 级　(B)C 级　(C)B 级　(D)D 级

(5)桥梁油漆破坏的共性现象是______。

(A)粉化　(B)吐锈　(C)起泡　(D)裂纹

(6)油漆本身含杂质、漆皮,喷刷使漆膜表面出现______。

(A)起泡　(B)粗粒　(C)针孔　(D)皱纹

(7)钢结构涂装劣化 C 级,起泡、裂纹、脱落面积是______。

(A)$F<3\%$　(B)$F<5\%$　(C)$5\% \leqslant F<16\%$　(D)$F<20\%$

2. 判断题

(1)单从防止钢梁生锈角度来说,油漆是最好的防锈方法。　(　　)

(2)随着使用年限的延长,涂膜质量状态将逐步劣化。　(　　)

(3)涂膜劣化类型包括粉化、起泡、裂纹、脱落、生锈五种。　(　　)

(4)漆膜表面老化,出现白色或深色粉状物,出现粉化脱落现象称为粉化。　(　　)

(5)维护性涂装一般包括整孔罩面漆维护涂装和局部维护涂装,视涂膜劣化程度而定。　(　　)

(6)钢梁初始涂装一般是指钢梁制造厂出厂前对钢梁或钢梁杆件的钢表面清理和底部涂装,以及架梁后的面漆涂装。　(　　)

3. 思考题

(1)涂膜起泡、裂纹或脱落劣化达 2~3 级,底漆完好时,应怎样维护?

(2)哪些情况下钢梁需要进行重新涂装?

任务 4.2　钢结构涂装施工

本任务主要讲述铁路桥梁钢结构涂装的施工方法及注意事项，重在技能的培养。

学习目标

1. 掌握钢桥表面清理方法。
2. 掌握铁路钢桥涂装施工的方法。

4.2.1　钢梁表面清理

钢表面清理是钢结构保护涂装工程中极其重要的一环，将直接影响涂装质量和使用寿命。故规定钢结构涂装前应将钢表面附有的有害杂物彻底清除干净，并对不同的构件部位、涂料品种提出了不同的清理等级要求。钢梁除锈及表面清理的目的是去除尘埃、油垢、水、氧化皮、铁锈或旧的不坚固的漆膜以增强新涂漆膜对钢漆表面或旧漆膜间的附着力，提高油漆质量，延长钢梁的使用寿命。所以在涂装底漆前，应进行钢梁除锈及表面清理。

1. 清理等级要求

(1) 电弧喷铝或涂装环氧富锌底漆时，钢表面清理应达到 Sa3 级或 P Sa3 级。

(2) 涂装红丹醇酸、红丹酚醛或聚氨酯底漆时，钢表面清理应达到 Sa2½级或 P Sa2½级。

(3) 非密封的箱形梁和非密封的箱形杆件内表面涂装环氧沥青涂料时，钢表面清理应达到 Sa2 级或 P Sa2 级。

(4) 限高防护架、作业通道栏杆、扶手、托架、墩台吊篮、围栏等桥梁附属钢结构及铆钉头、螺栓头或局部维护涂装使用红丹防锈底漆时，钢表面清理应达到 St3 级或 P St3 级。具体标准见表 4.2.1。

说明：1. Sa、St 代表未涂覆过的钢材表面和全面清除原有涂层的处理方法。后面的数字表示清除氧化铁、铁锈和原有涂层的程度。

2. P Sa、P St 代表已涂覆过的钢材表面局部清除原有涂层的处理方法。后面的数字表示清除氧化铁、铁锈和原有涂层的程度。

表 4.2.1　除锈（清理）等级分区

等级	钢表面清理		钢表面附着物					说明
	方法	程度	氧化铁	铁锈	油垢	焊渣	旧涂料	
Sa1	喷砂	轻度	△	△	×	△	△	
Sa2	喷砂	彻底	○	○	×	○	○	残留物未牢固附着
Sa2½	喷砂	非常彻底	×	×	×	×	×	残留物的痕迹仅是点状或条纹的轻微色斑
Sa3	喷砂	表面清洁	×	×	×	×	×	表面显示均匀的金属色泽
St2	手工	轻度	△	△	×	△	△	锈层、破屑、浮粒应清除
St3	手工	彻底	○	○	×	○	○	显露的表面具有金属光泽

注：表中 ×表示“应无可见”，△表示“没有附着不牢”，○表示“基本清除”。

2. 清理粗糙度要求

钢表面粗糙度也是钢表面清理质量的一项重要内容。钢表面经喷砂(丸)处理后会变得很粗糙,可以提高涂层的附着性能,若表面十分粗糙,不仅会耗用过多的涂料,还会削弱钢材断面。因此,在各国涂装标准中,对钢表面的粗糙度都有明确规定,以钢表面粗糙轮廓的算术平均偏差 R_a 或表面不平整度的平均值 R_z 或不平整度的最大值 R_y 表示。

根据实际经验,钢表面粗糙度不但受喷砂(丸)磨料的种类、硬度和粒径的影响,还受喷砂(丸)作业时喷射角度、速度、距离和清理程度的影响。一般说来,若钢表面喷砂清理达到一定等级,表面粗糙度也能相应满足,喷砂的磨料一般均采用质地比较坚硬、粒径较粗的石英砂,能达到较好的粗糙度。

钢表面粗糙度 R_y、R_z 和 R_a 的求取方法如下:

不平整度的最大值(R_y)——在取样长度内轮廓峰顶线和轮廓谷底线之间的距离,如图 4.2.1 所示。

不平整度的平均值(R_z)——在取样长度内 5 个最大的轮廓峰高的平均值与 5 个最大的轮廓谷深的平均值之和,如图 4.2.2 所示。

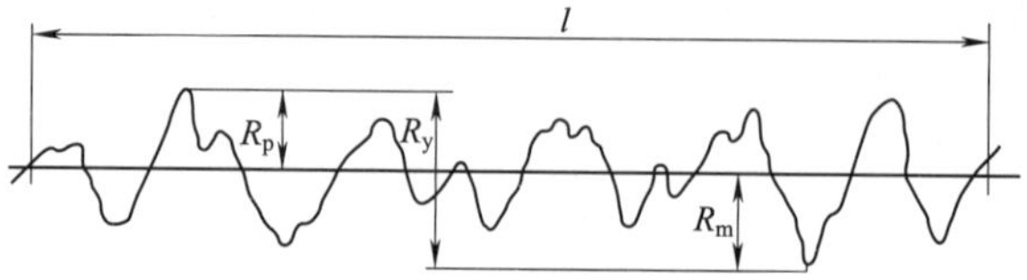

图 4.2.1 不平整度最大值

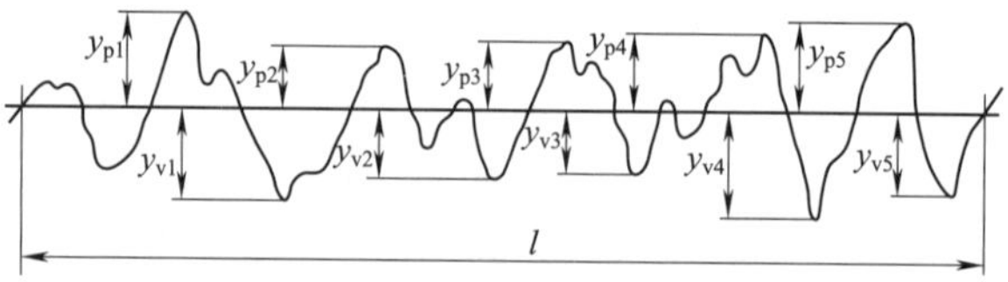

图 4.2.2 不平整度平均值

$$R_z = \frac{\sum_{i=1}^{5} y_{pi} + \sum_{i=1}^{5} y_{vi}}{5}$$

式中 y_{pi}——第 i 个最大轮廓峰高;

y_{vi}——第 i 个最大轮廓谷深。

粗糙轮廓算术平均偏差(R_a)——在取样长度 l 内轮廓偏距绝对值的算术平均值,如图 4.2.3 所示。

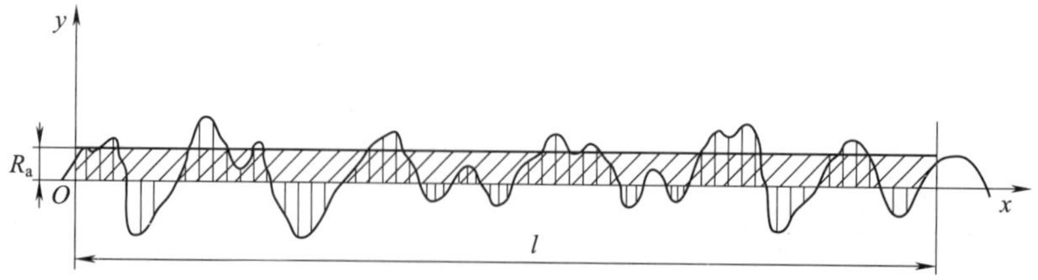

图 4.2.3 粗糙轮廓算术平均偏差

$$R_a = \frac{1}{l}\int_0^l |y(x)|\mathrm{d}x \text{ 或近似为 } R_a = \frac{1}{n}\sum |y_i|$$

式中　y_i——第 i 个轮廓峰高或谷深。

铁路钢结构涂装前粗糙度要满足以下要求：

(1)涂装涂料涂层时，钢表面粗糙度为25~50 μm；选用最大粗糙度不得超过涂装体系干膜厚度的1/3。表面粗糙度超过要求时，需加涂一道底漆。

(2)电弧喷铝时，钢表面粗糙度为50~100 μm；当表面粗糙度超过100 μm时，涂层应至少超过轮廓峰125~150 μm。

3. 钢梁除锈

钢表面清理的方法较多，常用的有喷砂、喷丸、手工、机械、化学、火焰等方法。严禁使用腐蚀性物质清理钢表面，主要是指禁用酸洗等化学清理方法。喷砂和手工清理是铁路桥梁部门广泛采用的钢表面清理方法，但必须注意其作业特点、适用范围、操作要领和注意事项等。

(1)手工清理

作业特点：一般是指用铲刀、敲锈锤、钢丝刷、砂轮、砂布等手工或动力工具清理钢表面的方法。手工清理具有工具简单、操作简便、不受条件限制、适于单人作业等特点，但劳动强度大、工作效率低。

适用范围：①手工清理钢表面，仅限于涂装红丹底漆时使用，若涂装其他涂料或原涂层不是红丹底漆，则不宜采用手工清理方法。②手工清理作为喷砂清理的辅助清理手段，在喷砂不便或难以清理的情况下使用。③工作量较小的零小钢件加固或更换钢梁次要杆件；分布零散、作业不集中且杆件较小的人行道、检查设施等附属钢结构；维护性涂装整修罩面漆前对原涂层表面污物清理和打毛擦灰，局部维修中零星除锈等。

操作要领：①手工清理使用的铲刀等工具一般应根据杆件平面、凹形圆角、凸形边缘和特殊角落等具体情况自选制作，以提高清除工作效率，避免用力铲刮而损伤钢料。②对于钢表面附着的厚锈、坑蚀应用敲锈锤轻轻敲除，毛刺、缺损部位可用砂轮打磨平整，再全面清理干净。③对锈点集中或涂膜成片失效，集中铲刮；对局部点锈或涂膜失效，则应保持清理处周边原涂层的完好，并分层露出、磨成圆顺平滑的斜坡，搭接面宽度50~80 mm。

注意：不宜使用过分质硬刃锐的工具铲刮，禁用剁斧等剁击清理。除锈必须露出钢料金属光泽，但不能留有明显的刀痕锤印。

(2)喷砂清理

作业特点：喷砂清理是指利用压缩空气将砂粒通过专用喷嘴，以高速喷射、冲击和摩擦钢表面，将其附着杂物清除的方法。喷砂清理效率较高、清除彻底，但死角、坑蚀难以清理，且喷砂产生的灰尘影响人体健康。

适用范围：①适用于初始涂装或重新涂装钢结构大面积的钢表面清理。②各种涂料涂装的钢材表面清理。③要求钢材表面有一定粗糙度的涂装(如涂装环氧富锌、环氧沥青、聚氨酯底漆及热喷铝)。

操作要领：①空压机风量不小于3 m^3/min，风压不小于0.4 MPa。风砂管为直径25 mm的压力胶皮管，供喷砂操作人员呼吸的供风管直径不小于8 mm，喷砂嘴为5~7 mm孔径的高氧化铝陶瓷喷嘴；机具设备状态良好、使用正常。②喷砂用砂子应为干燥、洁净、无盐分、无沾污、形呈锐角的石英砂或河砂，粒径为0.5~2.0 mm；用砂前必须冲洗、干燥，筛选，以免发生堵嘴。③喷嘴与钢表面距离随风压大小和喷嘴孔径大小而调整，一般为150~250 mm，喷射角以

45°~80°为宜,移动速度均匀,以能恰当清除漆皮、铁锈、氧化皮并有一定的粗糙度为宜。④喷砂顺序应自上而下,由一端到另一端,先难后易,顺序进行,防止漏喷,逐步推进。⑤喷完后应认真找细,清除残留物,并检查钢材有无裂纹、损伤。

注意:喷砂人员应正确佩戴安全防护用品,喷砂衣应密封,衣内砂尘含量不能超过 2 mg/m^3。开启风、砂阀应严格按照操作顺序进行,风砂管不能侵入限界,胶管不能弯折卡压,以防爆管伤人。

(3)火焰除锈

火焰除锈是利用乙炔氧气燃烧所产生的高温燃烧碳化油脂有机物而清除,对于锈蚀、氧化火焰除锈皮是由于其和钢梁的热膨胀程度不同而崩裂。

喷焰除锈应使火焰与钢料表面成 45°,并以 3 m/min 速度向前推进;此外,使火焰尖恰好与钢料表面接触就能发挥最大作用。喷焰除锈设备简单,机动性高,但清除铁锈和氧化皮不够彻底。

(4)化学脱漆除锈

化学脱漆除锈是通过使用化学材料对钢梁清洗而除锈,新制钢梁可采用浸渍酸洗或喷射酸洗,对已建成桥梁可采用脱漆剂脱漆及酸洗膏除锈。

脱漆剂主要由一种或几种溶剂配制而成,配方种类较多。例如按质量比用石蜡 8~10,苯 8~10,甲苯 10~12,二甲苯 20,四氯化碳 10~12,糠醛 40~45。配制成的脱漆剂用毛刷蘸涂旧漆膜 2~3 次,经过 5~8 min,旧漆膜出现皱纹时可用风铲或刮刀将其除去,再用压力水冲洗几次,漆膜即可除去。

酸洗浆膏是在酸洗溶液中加入滑石粉等制成。加入滑石粉后将酸洗溶液调制成糊状,即可用刮刀将其涂布于钢铁表面,厚为 1.5~2.5 mm,经 1.5~3 h 后再用刮刀将其刮去。如钢铁表面仍留有氧化皮及残锈,则再涂一次。一般一次可除去 90%,二次全部除净。每刮一次用干抹布擦一次以除去剩余的酸,最后用刷子涂上 5% 的亚硝酸钠液,到不发生气泡为止。

4.2.2 钢梁的涂装施工

钢梁、钢塔架、人行道栏杆支架等都应进行保护涂装,防止钢结构生锈。钢结构初始涂装如在制造厂进行,应完成底漆、中间漆和第一道面漆工作,其余面漆涂装在桥位上进行。

1. 涂装体系的选择

钢结构保护涂装质量,除钢表面清理的因素外,涂装体系又是一个关键。即要对钢结构的不同部位及所处环境,科学合理地配套选用不同涂料,保证不同的涂层厚度,以使保护涂装具有最佳的防腐耐久性能。钢结构保护涂装的主要目的是延长钢结构的使用寿命。涂装的寿命周期要与旧钢梁使用年限匹配。如一孔旧钢梁的剩余寿命已不长,若采用使用年限远远大于钢梁剩余寿命的涂装系,实际上也是一种经济上的浪费。

(1)钢梁涂装体系(表 4.2.2)

表 4.2.2 钢梁涂装体系

涂装体系	涂料(涂层)名称	每道干膜最小厚度/μm	至少涂装道数	总干膜最小厚度/μm	适用部位和环境
1	特制红丹酚醛(醇酸)底漆	35	2	70	限高防护架等桥梁附属钢结构
	灰铝粉石墨或灰云铁醇酸面漆	35	2	70	

续上表

涂装体系	涂料(涂层)名称	每道干膜最小厚度/μm	至少涂装道数	总干膜最小厚度/μm	适用部位和环境
2	电弧喷铝层	—	—	200	钢桥明桥面的纵梁、上承板梁、箱形梁上盖板
	环氧类封孔剂	—	1	—	
	棕黄聚氨酯盖板底漆	50	2	100	
	灰聚氨酯盖板面漆	40	4	160	
3	无机富锌防锈防滑涂料	80	1	80	栓焊梁连接部分摩擦面
	或:电弧喷铝层	—	—	100	
4	环氧沥青涂料	60	4	240	非密封的箱形梁和非密封的箱形杆件内表面
	或:环氧沥青厚浆涂料	120	2	240	
5	特制环氧富锌防锈底漆	40	2	80	钢梁主体,用于气候干燥、腐蚀环境较轻的地区
	或:水性无机富锌防锈底漆				
	云铁环氧中间漆	40	1	40	
	灰铝粉石墨醇酸面漆	40	2	80	
6	特制环氧富锌防锈底漆	40	2	80	钢梁主体、支座,用于腐蚀环境较严重的地区和电气化铁路
	或:水性无机富锌防锈底漆				
	云铁环氧中间漆	40	1	40	
	灰色丙烯酸脂肪族聚氨酯面漆	40	2	80	
7	特制环氧富锌防锈底漆	40	2	80	钢梁主体,用于酸雨、沿海等腐蚀环境严重、紫外线辐射强、有景观要求的地区和电气化铁路
	或:水性无机富锌防锈底漆				
	云铁环氧中间漆	40	1	40	
	氟碳面漆	35	2	70	

(2)金属涂装体系

①电弧喷铝用铝丝材质应采用《变形铝及铝合金化学成分》(GB/T 3190)中 5A02 的规定要求。

②金属涂层采用环氧类封孔剂进行封孔时,封孔层厚度无要求,涂覆的封孔剂至不被吸收为止;封孔后应加涂相应的配套涂料。

为了合理运用涂装体系,应将各类涂装系使用情况进行分析总结。对管辖的钢结构,即每座钢梁桥,或每孔钢梁所使用的涂装系、涂料品种、涂层厚度、涂装年份及钢表面处理情况等进行登记,建立台账,不仅可以掌握各类涂装实际使用效果,还可通过对比,摸索出最佳涂装体系,进一步指导涂装的维护工作。

2. *石膏腻子的配制与施工*

钢结构除焊接外,其他连接形式在连接部位均有产生缝隙的可能,缝隙会积存腐蚀介质,加速缝隙间金属腐蚀。栓接面拼装后,发生锈蚀会影响栓接面上的摩擦系数,尤应重视。除一般小于 0.5 mm 的缝隙可以涂料封闭外,对钢梁连接节点和杆件上大于 0.5 mm 的缝隙须将缝内污垢和铁锈清除干净,在第一层底漆干燥后,用石膏漆腻子填塞,待腻子表面干燥后,才可继续涂料涂装。

(1)配制

腻子配制后,要充分碾压、拌和,使颜色均匀为止,如果所用油漆的黏度不够,可采用搅拌挥发溶剂的办法使漆料黏度增加。表 4.2.3 中所指的黏度均应属 25 ℃时的标准黏度。

表 4.2.3 各种节点腻子的配制方法

节点形式	腻子配制		
	石膏粉	防锈漆名称	配比(质量比)
铆节点、喷砂直接组装的栓节点	在金属容器内加热至 150~500 ℃,时间 20~30 min,不断搅拌,凉后过 120 目筛	(F53-1)红丹酚醛或醇酸树脂防锈漆,黏度 60~80 s,用前充分搅拌,使部分溶剂挥发	石膏粉:F53-1 1:1
热喷锌节点、热喷铝节点	在金属容器内加热至 150~500 ℃,时间 20~30 min,不断搅拌,凉后过 120 目筛	(H06-9)锌黄酚醛防锈漆,黏度 60~80 s	石膏粉:H06-9 1:0.8
涂刷富锌漆栓节点	在金属容器内加热至 150~500 ℃,时间 20~30 min,不断搅拌,凉后过 120 目筛	(H06-2)锌黄环氧底漆,黏度 60~80 s	石膏粉:H06-2 1:0.8

(2)使用

腻子应与所用防锈底漆配套使用。例如采用红丹酚醛(或醇酸)防锈底漆时,腻子应用红丹酚醛(或醇酸)防锈漆配制;在喷锌铝的节点或涂富锌底漆时,不得采用红丹防锈漆配制腻子,应相应采用锌黄防锈漆及锌黄环氧底漆。

腻子配成后不允许将腻子放在水中或用湿毛巾覆盖等保存方法。如发现腻子表面变硬或结皮,不允许加溶剂稀释再用,而应将表面变硬部分弃掉。使用前,在腻子中必须加水数滴并拌匀再使用。但应在加水后 10 min 内完成,以免腻子在使用前胶凝和腻缝后体积不能在缝隙中膨胀,而使腻缝质量下降。因此,要边用边加水。但也要注意加水不宜过多,因石膏胶凝后多余的水分要蒸发,会使腻子产生孔隙。

使用腻子前,必须在缝隙中涂刷一道与配制腻子相应的防锈漆,并且干燥后才能腻缝。

腻子干燥后才能进行其他涂层的施工,以免腻子中的溶剂挥发后使涂层起泡。腻子干燥有两种状况:一是石膏遇水后的胶凝,另一种是漆料的干燥。

3. 涂装方法

油漆一般分为三层:底层的主要作用是防锈,中层和面层的主要作用是保护和隔离空气水等。油漆在使用时如果过度黏稠,可加入不超过 2% 的同类稀料。一般酚醛类油漆用松香水,醇酸类油漆用醇酸稀料,环氧类油漆用环氧稀料,不能用汽油做稀料。

(1)手工涂装

手工涂油时,要少蘸勤刷,不要用毛太短的刷子或小刷子。漆膜厚度见表 4.2.2,一般腻子不超过 0.5 mm,总厚度不超过 1.5 mm。手工涂装工序为:涂底漆→刮腻子→打磨→涂中层→涂面层。

(2)用喷漆枪喷漆

大面积的涂装应使用喷漆枪。钢梁大面积涂料涂装体系及最小厚度要求见表 4.2.2。具体操作方法按设备说明书进行操作。

喷漆前,油漆要搅匀,用 140 目以上的筛子过滤去除漆皮和粗粒,根据不同品种的油漆,调整到适合的黏度,空气喷漆压力一般以0.3~0.5 MPa为好。喷枪与钢料表面的距离要以15~25 cm为宜,喷枪与物面应保持正确垂直的角度。喷漆采用横喷或纵喷,每次压叠一半。喷漆速度必须前后均匀一致,不能时快时慢,喷到两端时,必须关风以防端头流挂。喷漆时要特别注意钢梁杆件边角部位及其他隐蔽处所。

(3)高压无空气喷涂

高压无空气喷涂是将油漆通过加压泵加压到7.5~10 MPa的压力,然后通过特制的喷嘴小孔喷出。当高压漆流离开喷嘴进入大气后,立刻膨胀撕裂成极细的漆雾喷到钢梁表面上。它的特点是效率高、速度快(比一般气喷高数倍),适合于大面积施工。

(4)静电喷涂

静电喷涂是利用静电基本原理使油漆在电场内带电,在电场力作用下吸附于带异性电荷的钢梁表面上而完成喷漆过程。静电喷涂油漆利用率可达95%以上,可大大节省材料并改善劳动条件。

4. 涂装施工

钢梁初始涂装和整孔重新涂装时,钢表面清理等级及粗糙度应达到规定的标准,涂装体系应根据杆件的部位和环境地区确定。涂膜维护涂装时,应对局部劣化部位按要求进行清理,按原涂装系逐层进行涂装,并延伸至未损坏的涂层区域50～80 mm坡口,局部修理处干膜总厚度不应小于原涂装干膜的厚度。涂装施工还应符合下列要求:

(1)钢表面清理,严禁在雨、雪、凝露和相对湿度大于80%及风沙大气进行。

(2)环氧类漆不允许在10 ℃以下施工,水性无机富锌防锈底漆、酚醛漆、醇酸漆、聚氨酯漆、氟碳面漆不允许在5 ℃以下施工。不允许在相对湿度85%以上、雨天、雾天或风沙场合进行涂装施工。

(3)电弧喷涂铝涂层作业时,作业环境要求与电弧喷涂作业的间隔时间要求按《热喷涂金属件表面预处理通则》(GB/T 11373)规定。

(4)钢结构表面清理后应在4 h内涂装第一道底漆或电弧喷铝涂层,电弧喷铝完成后应立即覆盖封孔剂。利用列车运行间隔施工时,覆盖封孔剂或涂层前,应对铝涂层表面清洁处理。

(5)涂装涂料涂层需在上一道涂层实干后,方可涂装下一道漆,底漆、中间漆最长暴露时间不超过7 d。两道面漆间隔若超过7 d时,需用细砂纸打磨涂层表面成细微毛面后方能涂下一道漆。

5. 涂层质量要求

(1)涂料涂层

质量要求:涂层表面平整均匀,不允许有剥落、起泡、裂纹、气孔,允许有不影响防护性能的轻微橘皮、流挂、刷痕和少量杂质,且厚度符合标准。

涂层的外观一般采用目视法检验。即在光照良好的情况下,肉眼观察所有涂层颜色外观、脱落、咬底、漏涂、起泡情况,有时也可借助刻度放大镜、铲刀等工具。颜色外观达到涂料技术指标规定的要求。

①脱落指表面明显鼓起、掉皮,用手指按压有起壳感觉,涂层与钢表面或底面层间有小片分离或成张揭皮的现象。

②咬底指面漆中的溶剂把底漆涂膜软化,表现为涂层的颜色外观异常,表层松软,有明显的渗色、变色、起皱现象。

③漏涂指表面颜色光泽异常,有明显的刷痕、失光、露底现象。

④起泡指涂膜鼓起,有大小不一的不规则的半圆形突起状,用手指按压有起壳感觉,尤以涂层较厚或者潮湿气候涂刷处,最易出现起泡现象。

涂层厚度采用涂膜测厚仪检验。一般情况干膜厚度约为湿膜厚度的 70%。检验数量:桁梁的主要杆件抽验 20% 杆件,次要杆件抽验 5% 杆件,每根杆件检测 3 处;板梁、箱形梁每 10 m^2 检测 3 处。每处取一个边长为 10 cm 的正方形范围,在正方形四角及中心共五点,分别检测其厚度,取算术平均值,即为涂层厚度的检验结果。

(2)金属涂层

质量要求:涂层表面均匀一致,不允许有起皮、鼓泡、大熔滴、松散粒子、裂纹、掉块,允许有不影响防护性能的轻微结疤、起皱,厚度符合标准。

金属涂层的外观检验:借助放大镜用肉眼观察金属涂层的表面均匀性、有无起皮、鼓泡、大熔滴、松散粒子、裂纹、掉块、漏涂、气泡、夹杂、孔洞等现象。也可用检查锤敲检,凭音响判断有无开裂、分层,如声音清脆,表示状态良好,发现喑哑,表示有脱离分层或裂纹,需再进一步查明。结合性能检验:用锋利刀刃刮削或用检查锤击打金属涂层,若有光亮刮痕和锤印仍无异常,表示状态良好,若有剥落、掉片现象,表示附着结合不符合要求。致密程度检验:可用检查孔隙率方法进行,先清除金属涂层表面的油垢杂质,用水冲洗干燥,然后将浸有 1% 铁氧化钾和 2% 氯化钠溶液的试纸覆盖在金属涂层上,过 5 ~ 10 min,孔隙部位会出现着色斑点,若每 1 cm^2 超过 3 点即不符合要求。

金属涂层厚度检验。可用千分尺或磁力测厚仪(图 4.2.4)检测。检测整孔喷锌的部位处数与涂料涂层测厚仪要求一样,如检测上盖板金属涂层厚度时,桁梁为节点的 1/3、板梁及箱形梁为每 10 m,各检测 3 处,每处测 5 点,取其算术平均值,即为金属涂层厚度的检验结果。千分尺检测厚度时,先在未喷锌前量取钢材厚度,喷锌后再量取其厚度,两者的差值即为锌涂层厚度。磁力测厚仪检测厚度时,将磁力测厚仪放置在金属涂层表面直接读取。

图 4.2.4　磁力测厚仪

4.2.3　典型工作任务

1. 钢梁除锈作业流程

(1)搭设脚手架

①脚手架要搭设牢固。

②脚手架不得侵入界限。

③高空脚手架临空一侧应设置防护围栏和安全网。

(2)喷砂准备工作

①准备好强度高的颗粒干砂,粒径 0.5~2.0 mm。

②检查喷砂机具和管路连接是否牢固。

③开动空压机试风,风压不小于 0.4 MPa。

(3)喷砂除锈作业(图 4.2.5)

①风压达到后先开喷砂筒风阀,再开砂阀进行喷砂除锈;结束时先关砂阀,后关风阀,防止堵塞。

②喷砂嘴距钢梁表面间距为 150~250 mm,喷射角 45°~80°为宜,喷砂嘴为直径 5~7 mm 的高氧化铝陶瓷喷嘴。移动速度要均匀,除锈要彻底并不伤钢梁。

③喷砂除锈顺序应由上到下,先喷死角等缝隙处,后喷大面宽敞处;先喷边缘处,后喷中间;先喷铆钉头,后喷平面,逐步推进。

④喷砂人员与控制喷砂人员要密切配合,加强联络,及时调整砂量。

⑤喷砂完毕后,应用干燥、清洁的压缩空气清除钢梁表面的砂粒、灰尘及锈沫等。

⑥喷完后还应认真找细,清除残留物,并检查钢梁有无裂纹、伤损及不良铆钉。

图 4.2.5　钢梁除锈作业

(4)检查

按照作业质量标准对钢梁表面除锈进行检查,发现不符合要求及时整改,确保作业质量达标。

(5)作业

清扫作业现场及回收清理料具。

(6)销点(距接触网带电部分 2 m 以内作业需封锁、停电)

设备经验收达到放行列车条件后,清扫作业现场及回收清理料具、撤除防护,按要求销点,开通线路。

(7)完工会

收工后,施工(作业)负责人组织召开完工会,对当日作业质量及安全情况进行总结。

⚠ 安全风险

风险名称:人身伤害

防控措施:

1. 距接触网带电部分不足 2 m 时,确认线路封锁停电后方可作业。

2. 高处作业应系安全带或设置安全网,作业前应检查脚手架是否稳固。

3. 喷砂人员要佩戴安全防护用品,喷砂衣应密封,衣内沙尘含量不能超过 2 mg/m^3,防护头罩内应输送经过滤的新鲜空气。

4. 开启风、砂阀应严格按照操作程序进行,喷秒嘴不能侵入限界;喷砂时喷嘴不准对车、船、行人;桥上作业时应设专人防护,来车时关闭风阀,停止作业。

5. 喷砂胶管不能弯折卡压,防止爆管伤人;风、砂管路要经常检查,磨损超限者及时更换。

风险名称:触电

防控措施:

1. 电气化区段距离带电体 2 m 以内的作业必须接触网停电。

2. 作业平台线路侧必须装设防护网,防止长大杆件侵入导电区。

2. 钢梁腻缝作业流程

(1)腻子配制

①选购配制好的桥梁腻子,符合有关标准要求。

②用于铆节点、喷砂直接组装的栓节点时,石膏粉在金属容器内加热 150~500 ℃,时间 20~30 min,不断搅拌,凉后过 120 目筛,红丹酚醛或醇酸树脂防锈漆黏度 60~80 s,用前充分搅拌,使部分溶剂挥发。按石膏粉:红丹酚醛(或醇酸树脂防锈漆)= 1:1配制。

③热喷锌节点、热喷铝节点时,石膏粉在金属容器内加热 150~500 ℃,时间 20~30 min,不断搅拌,凉后过 120 目筛,锌黄酚醛防锈漆黏度 60~80 s,按石膏粉:锌黄酚醛防锈漆 = 1:0. 8 配制。

④涂刷富锌漆栓节点时,石膏粉在金属容器内加热 150~500 ℃,时间 20~30 min,不断搅拌,凉后过 120 目筛,锌黄环氧底漆黏度 60~80 s,按石膏粉:锌黄环氧底漆 = 1:0. 8 配制。

⑤搅拌均匀后用木锤锤透、碾压、拌和,使颜色均匀为止,捏成圆形团子,装进密封桶内以备使用。

(2)腻缝准备工作

①检查钢梁缝隙部位,注明标记。

②清除钢梁缝隙内的锈蚀、污垢。

③钢梁缝隙(尤其是板束间隙)太小时可用注射器注入相应油漆封闭。

④使用腻子前,必须在缝隙中涂刷一道与配制腻子相应防锈漆,并且干燥后才能腻缝。

(3)腻缝(图 4. 2. 6)

①腻缝前,在腻子中必须加水数滴,在 10 min 内搅匀。再将腻子用铲刀根据缝隙大小切成小条,然后用力填入缝内,再用刮刀压平抹光,必要时可第二遍补腻条。

②用毛刷将腻缝表面清扫干净。

③腻子使用过程中,不允许放在水中,如发现腻子表面变硬或结皮,不允许加溶剂稀释,而应将表面变硬部分弃掉。

图 4.2.6　钢梁腻缝作业

(4)检查

按照作业质量标准对腻缝进行检查,发现不符合要求及时整改,确保作业质量达标。

(5)作业结束

清扫作业现场及回收清理料具。

(6)完工会

收工后,施工(作业)负责人组织召开完工会,对当日作业质量及安全情况进行总结。

安全风险

风险名称:人身伤害

防控措施:

1. 高处作业时应系安全带或设置安全网,作业前检查脚手架是否稳固。
2. 作业人员必须戴防护口罩和手套。

3. 整孔钢梁喷漆作业流程

(1)喷涂前准备工作

①钢梁除锈完毕后,应在 4 h 内涂第一道底漆,并于当日喷涂完毕。

②涂漆前,应用干布蘸相关稀释剂将钢梁表面擦拭干净,防止钢梁表面暴露过久氧化。

③开动空气压机进行试喷,风压保持在 0.4~0.5 MPa。检查油漆是否搅匀及是否符合黏度,检验油膜质量,厚度是否达到标准。

(2)喷涂作业(图 4.2.7)

①喷嘴采用 PQ－2 型扁嘴式,与工作面的距离应根据具体情况确定,一般为 150～250 mm。

②喷涂时尽量垂直涂面,移动速度均匀,自上而下,从左到右顺序进行,每一喷涂带要重叠前一条带的 1/2,达到薄厚一致。边角、栓钉、坑凹等部位,控制轻喷慢移,不漏喷、不流淌。发现出漆不匀时停喷,查明原因,排除故障。不易喷到的处所,可用油刷补涂。

③局部补油,可用油刷涂刷,蘸漆不宜过多,以免一次涂刷过厚,发生皱纹和刷痕。

④第一度底漆实干后,进行腻缝;两度油漆的间隔,一般不少于 24 h 且不多于 7 d。

⑤在进行下一度油漆时,先用铲刀将油漆表面杂质铲除干净,用 0 号砂布打磨并擦拭干净,再进行喷涂,使各层油漆间黏着牢固。

图 4.2.7 钢梁喷漆作业

(3)喷涂后结尾工作

①每次喷涂作业完毕后,必须将各种工具、管路洗刷干净,妥善保管。

②完工后应在梁腹板和桁梁门架上用漆写明底漆和面漆的施工年度。

③钢梁上原有的标志和有关病害的标记都要按原样恢复(补漆要领:铲除失效底、面漆要规则,成方形或长方形,底漆失效时除锈要彻底,之后按上述作业流程以手工油刷达到质量标准)。

(4)检查

按照作业质量标准对油漆喷涂进行检查,发现不符合要求及时整改,确保作业质量达标。

(5)作业结束

清扫作业现场及回收清理料具。

(6)销点(距接触网带电部分 2 m 以内作业需封锁、停电)

设备经验收达到放行列车条件后,清扫作业现场及回收清理料具、撤除防护,按要求销点,开通线路。

(7)完工会

收工后,施工(作业)负责人组织召开完工会,对当日作业质量及安全情况进行总结。

⚠ 安全风险

风险名称:人身伤害

防控措施:

1. 立横联、桥门架油漆作业必须确认封锁停电后,方可上道作业。
2. 高处作业时应系安全带或设置安全网,作业前检查脚手架是否稳固。
3. 喷涂操作人员必须穿工作服,戴防护口罩和护目镜,身体外露部分涂抹防护剂。

风险名称:压力容器故障

防控措施:

有压容器、压力表和安全阀等应按规定进行试验,合格后方准使用

4.2.4 任务考核

1. 单选题

(1)钢梁表面除锈方法有手工除锈、机械除锈、喷砂除锈、______和喷丸除锈等方法。

(A)火焰清理　(B)化学清理　(C)高压水清理　(D)高压风清理

(2)桥梁钢结构涂装常用的底漆有______。

(A)8 种　(B)9 种　(C)10 种　(D)12 种

(3)桥梁钢结构涂装常用的面漆有醇酸树脂磁漆、酚醛树脂磁漆、环氧树脂磁漆和______。

文本

4.2.4　答案

(A)酚醛耐磨漆　(B)醇酸耐磨漆　(C)聚氨酯耐磨漆　(D)树脂耐磨漆

(4)钢结构涂装施工的方法有手工涂刷、喷涂、______和静电喷涂。

(A)低压无空气喷涂　(B)低压加锌喷涂

(C)高压无空气喷涂　(D)高压加锌喷涂

(5)新钢梁初始涂装或运营中的钢梁的整孔重新涂装多采用______清理。

(A)喷砂　(B)高压风　(C)化学　(D)手工

(6)钢结构涂装维修时,喷砂操作风压达到______以上时,先打开喷器风阀,再开出砂阀。

(A)0.3 MPa　(B)0.4 MPa　(C)0.5 MPa　(D)0.6 MPa

(7)桁梁涂装后应抽验主要杆件的______进行涂装质量检查。

(A)10%　(B)20%　(C)30%　(D)40%

(8)箱形梁涂装完成后,检验的数量每 10 m^2 最少检测______。

(A)2 处　(B)3 处　(C)4 处　(D)5 处

(9)______不是钢结构涂装用面漆。

(A)醇酸树脂漆　(B)酚醛树脂磁漆

(C)云母氧化铁防锈漆　(D)聚氨酯耐磨漆

(10)钢梁喷砂除锈时,喷砂嘴距离钢梁表面距离为______。

(A)100~150 mm　(B)150~250 mm

(C)250~400 mm　(D)400 mm 以上

(11)钢梁除锈喷砂时,喷砂衣上的供风管直径不得小于______ mm。

(A)5　(B)6　(C)7　(D)8

2. 判断题

(1)钢表面清理是钢结构保护涂装工程中极其重要的一环,将直接影响到涂装质量和使用寿命。（　）

(2)限高防护架、作业通道栏杆、扶手等桥梁附属钢结构维护涂装使用红丹防锈底漆时,钢表面清理应达到 St2 级或 P St3 级。（　）

(3)钢梁涂装时,涂料应尽量现调现用。涂装的寿命周期要与旧钢梁使用年限匹配。（　）

(4)涂装涂料涂层时,钢表面粗糙度为 25~60 μm。（　）

(5)钢表面清理,严禁在雨、雪、凝露和相对湿度大于 70% 及风沙天气进行。（　）

(6)栓焊梁螺栓连接部位应采用环氧沥青涂装。（　）

(7)气温过低,空气湿度过大,将影响油漆漆膜的附着力,所以不允许进行涂装作业。（　）

(8)栓焊梁螺栓连接部位应采用环氧沥青涂装。（　）

(9)涂料涂层咬底指面漆中的溶剂把底漆涂膜软化,表现为涂层的颜色外观异常,表层松软,有明显的渗色、变色、起皱现象。（　）

3. 实作题

考核方式一:依据桥隧工考核大纲,具备实习实训条件的单位,根据具体情况,从4.2.3中抽选一个或几个典型工作任务,现场实作考核。

考核方式二:依据桥隧工考核大纲,无实习实训条件的单位,从4.2.3中抽选一个或几个典型工作任务,从作业流程、质量验收标准及安全注意事项等方面进行试卷考核。

如:(1)试述钢梁喷砂除锈作业程序和要领。

(2)钢梁喷砂除锈作业的质量标准是什么?

(3)喷漆枪喷漆作业的质量标准是什么。

项目5　钢结构修理

项目概述

本项目包括2个任务,主要介绍钢梁铆钉和高强螺栓的更换、钢梁修理。重在技术技能培养,是本门课程学习的重点内容。

学习目标

知识目标

1. 掌握铁路钢梁铆钉和高强螺栓更换技术。
2. 熟悉钢结构加固技术及作业流程。

能力目标

1. 具备铁路拱桥梁铆钉和高强螺栓更换的能力。
2. 初步具备铁路钢梁修理的能力。

素质目标

培养学生的专业技能及职业素养;培养学生严谨务实、实事求是的工作作风。

课前导学

钱塘江大桥(图5.0.1)是第一座由中国人自己设计、自己建造的公铁两用现代化大桥,是

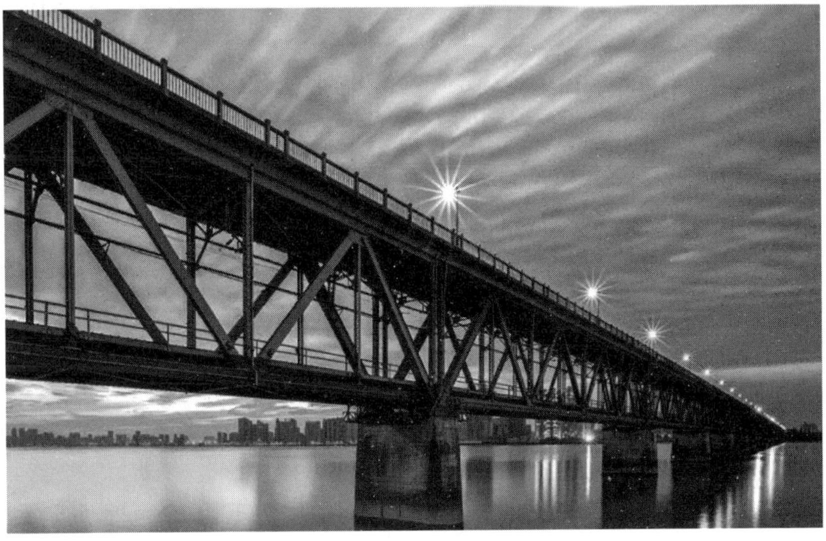

图5.0.1　钱塘江大桥

中国建桥史上一件划时代的大桥。

1933 年 3 月,茅以升主持建造钱塘江大桥。1935 年 4 月 6 日正式开工,1937 年 7 月 7 日抗战全面爆发,茅以升临危受命,在敌机轰炸下,昼夜赶工建桥。1937 年 9 月 26 日,钱塘江铁路桥建成通车,使后方的物资、部队以及百姓通过大桥运往前线。1937 年 12 月 23 日,为阻止日军南进的进度,茅以升配合军方把刚刚建成 89 天的钱塘江大桥炸毁,茅以升当时愤然写下:“桥虽被炸,然抗战必胜,此桥必获重修,立此誓言,以待将来。”

直到新中国成立以后,1953 年的 9 月,钱塘江大桥交付给上海铁路局全面修复通车,此时钱塘江大桥真正迎来了它第二次生命,从建桥到炸桥再到复桥,钱塘江大桥在中华民族抗击外来侵略的斗争中书写了可歌可泣的一页,展现了中国人民百折不挠的奋斗精神。

钢梁应具有要求的竖向和横向刚度、承载能力和抗震能力以及足够的整体及局部的稳定性。钢梁在运营中,长期受到荷载的作用、自然环境和灾害的影响,联结节点及杆件会产生弯曲损伤和裂纹,铆钉会松动、烂头;高强度螺栓会因扭矩不足或超拧造成节点滑移或螺栓断裂;焊缝及其附近母材会因施工缺陷或应力集中产生裂纹;设计细节考虑不周、结构不良也会造成钢梁的局部变形损坏,有些旧钢梁因当时设计荷载及限界等采用标准较低,会造成承载能力不足和限界不足的病害;使用年久、材质不良的钢梁在寒冷地区还会产生冷脆现象。因此必须加强对钢梁各部分的养护工作,对承载能力或刚度不足、结构不良的设备进行加固和改善。加固修理时,必须做到设计周密、施工细致,根据具体情况采取详细有力的措施,保证施工质量和行车安全。

列车散落的矿物、尘屑、盐水和其他化学物品,以及机车喷出的废气均会弄脏钢梁并损坏涂层,扩大锈蚀;雨水的积存或因脏物存水使钢梁处于经常潮湿状态,造成涂层损坏,钢梁锈蚀,所以钢梁必须保持清洁及排水畅通。钻设泄水孔会造成杆件截面削弱,形成应力集中,故应检算钢梁强度是否容许。

任务 5.1 钢梁铆钉、高强螺栓及焊缝修理

本任务主要讲述铁路钢梁铆钉、高强螺栓及焊缝的修理,重在技术技能的培养,是本项目的学习重点。

学习目标

1. 掌握不良铆钉及高强螺栓的识别。
2. 掌握焊缝的检查方法。
3. 掌握铁路钢梁铆钉和高强螺栓的更换技术。

5.1.1 铆钉修理

1. 铆钉病害识别

钢梁在长期荷载作用下,节点处一些铆钉由于锈蚀、受力不均,产生松动、钉头缺失损坏和出现裂纹等现象。不良铆钉的容许限度见表 5.1.1。

表 5.1.1　不良铆钉的容许限度

序号	不良名称	形　状	允许限度	原因
1	松动铆钉		无	(1)铆钉不良 (2)铆合前钢板未夹紧
2	钉头裂纹	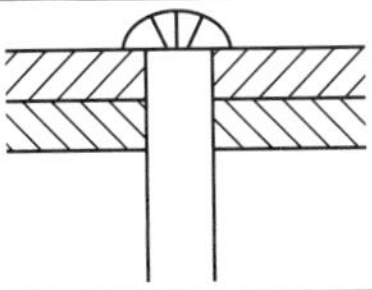	无	(1)铆钉加热过度 (2)铆钉钢质不良
3	烂头	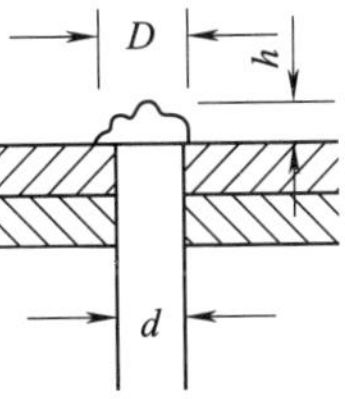	$D \geqslant d+8$ mm $h \geqslant 0.7$ 倍标准钉头高	年久锈蚀
4	钉头部分或全周浮离 (用 0.2 mm 塞尺检查)	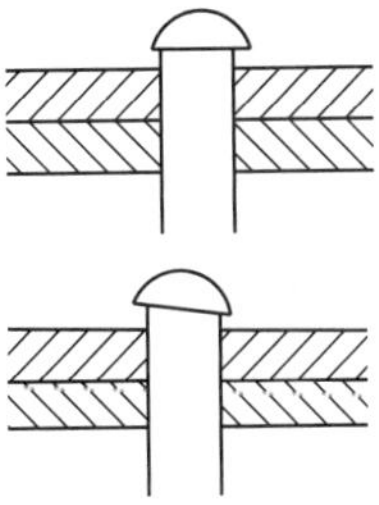	无	(1)钉头和顶杆相接处有圆角 (2)钉头未用顶把顶紧或顶把未对正
5	钉头偏心 (拉绳检查钉头与铆钉线位置或观察铆钉两头)	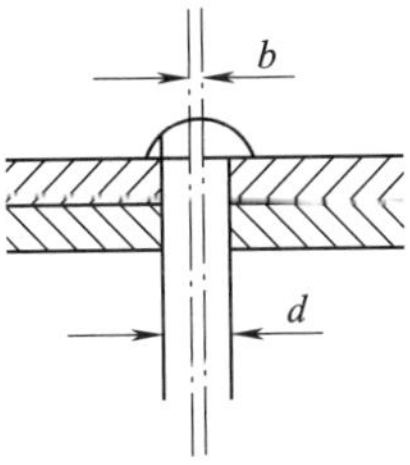	$b \leqslant 0.1d$	铆合不良
6	钉头局部缺边	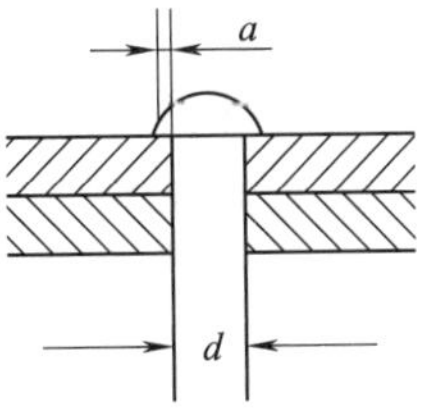	$a \leqslant 0.15d$	(1)顶杆过短 (2)顶压不正确
7	钉头全周缺边	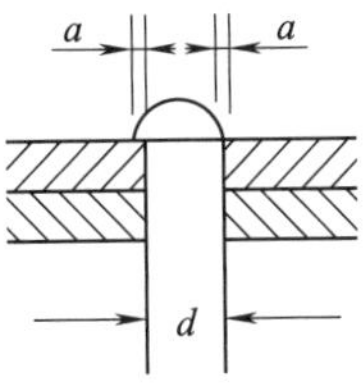	$a < 0.1d$	(1)顶杆过短 (2)顶压不正确
8	钉头过小 (用样板检查)	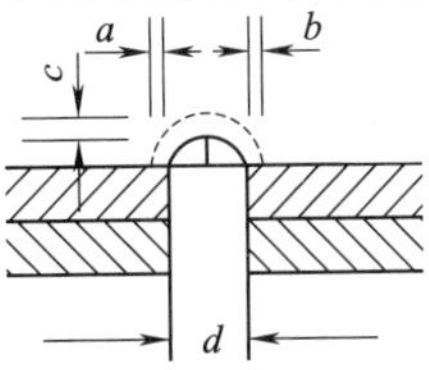	$a+b < 0.1d$ 或 $c < 0.05d$	(1)铆钉壳和钉杆都小 (2)钉杆过短或铆钉孔过大

续上表

序号	不良名称	形　状	允许限度	原因
9	钉头周边有飞边	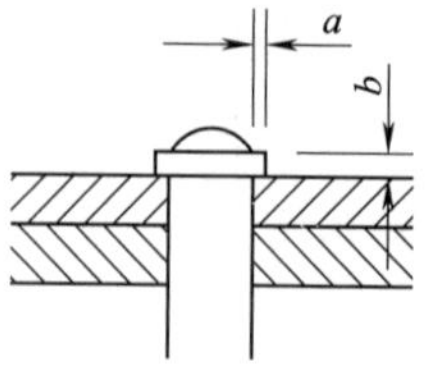	$a<3$ mm $b=1.5\sim3$ mm	钉杆过长
10	铆钉壳打伤钢板	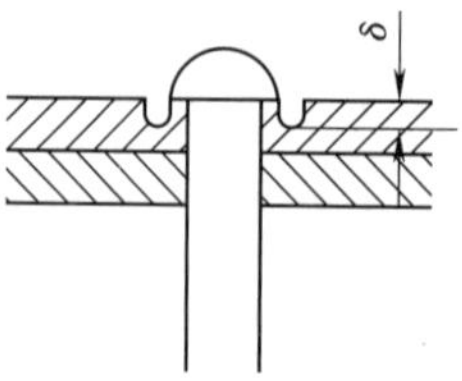	$\delta\leqslant0.5$ mm	铆合不良
11	埋头铆钉头全部或局部缺边	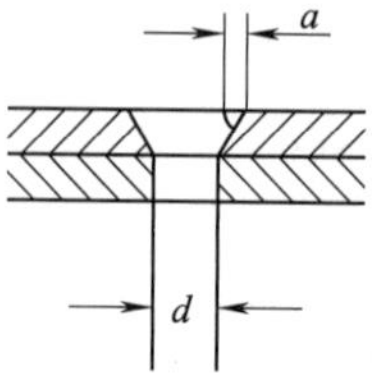	$a\leqslant0.1d$	(1)铆合不良 (2)钉杆过短

2. 铆钉检查方法

(1)眼看

铆钉头处有流锈痕迹,或周围涂膜有裂纹,是铆钉可能松动的现象。铆钉头与钢料不密贴,钉头飞边、缺边、裂纹、锈蚀、烂头和歪斜等都可用眼看、塞尺、钢尺及拉线检查。

(2)敲摸

用 0.2~0.4 kg 的检查小锤敲打钉头一侧,用手指按在钉头另一侧或按在钉头另一端,如果感到振手或钉头颤动,即为松动铆钉。

(3)铲钉检查

多在新梁铆合时采用,铲去钉头,冲出钉杆,按杆长分段测量三个断面直径,每个断面测两个方向直径,求算钉杆平均直径。同时用测径内规测量相应的钉孔直径,求算钉杆平均直径。两者之差不超过 0.4 mm 且同一截面相应直径径差不超过 0.4 mm,铲下钉数中有 80% 以上合格者,方为符合质量标准。

3. 铆钉重点检查部位

(1)纵梁与横梁及主梁与横梁连接处的铆钉;

(2)受拉及受反复应力杆件的节点及联结系节点的铆钉;

(3)钢梁联结系的联结铆钉;

(4)纵梁与横梁及主梁与横梁联结角钢上;

(5)承受反复应力杆件(如桁梁斜杆)的节点上;

(6)纵梁或上承板梁上翼缘角钢的垂直肢上;

(7)钢梁和支座联结铆钉。

4. 不良铆钉的更换

更换铆钉工作必须采用机铆。在行车线上更换铆钉时,必须利用列车间隔时间。拆除铆钉后一般更换为高强螺栓，铲除一个铆钉应立即上紧一个精制螺栓，必要时，可使用 30% 以下的冲钉。更换铆钉工作主要可分清除旧钉、烧钉和铆合新钉三个作业过程。铆合不良的铆钉，禁止用捻边、冷打、烘热复打等方法整修。对不合格的铆钉应拆除重铆。

1）清除旧铆钉

清除旧铆钉一般先除去钉头，再冲出钉杆。为了不振松邻近铆钉或损坏钉孔，清除旧铆钉一般采用旋除、钻除、锯除等方法，以保证钉孔钢板不受损害为准；不宜用风铲、气割等方法；禁止用大锤锛斧等手段，这些方法极易造成钢板变形。

旋除法松动钉头采用空心刃钻，为一三刃旋刀，钻头内径比铆钉杆小 2～3 mm，装在风钻或电钻上使用。钻除法是使用小于钉径 3 mm 的普通钻头钻去钉芯，仅留钉头外围，这种方法效率较高，但必须采取适当措施防止损伤钢板。

旋除法或钻除法清除钉头时，装有旋刀或钻头的风钻或电钻可用多能板钻架固定于欲除去的铆钉头上，然后开始旋削或钻除。多能板钻架在钢梁绝大多数部位都能安装，在腹板大面上的铆钉由于多能板钻架不好安置，可使用腹板钻架。

锯断法则是用一种特制的锯弓把钉头锯掉。在少量而又不便于旋、钻或锯的位置处，也可采用焰割割除或用风铲铲除。使用风铲时，应先顺铆钉直径处剔槽，然后再铲除两边剩余部分，但不论铲除或烧割都必须注意不要损伤钢板。

铆钉头除去后，即可用铆钉枪安上冲钉头将旧钉从一端冲出，如遇铆钉偏心过大、钉孔变形、孔壁不平及钉孔错牙等情况，用铆钉枪不易冲出旧钉时，应将上面钉杆锯去，用小于钉径 3 mm 的钻头钻孔，钻入钉孔深处，必要时全部钻透旧钉。旧钉冲出后，应将孔内铁渣、铁锈等清除干净。如发现孔壁不平或错孔，应用风钻装上铰刀进行铰平。如错孔过大，应更换较大直径的铆钉。

2）烧钉及铆合新钉

烧钉工作是铆钉作业中极重要的一环。首先根据铆合板束的厚度选择适当长度的铆钉，依照作业的先后顺序依次放入铆钉炉中加温。待整个铆钉均匀受热后，再鼓风进行烧钉。

工地铆合的铆钉应烧到 900～1 150 ℃，温度过高或过低均有害铆钉质量，并应全部烧成同样温度，用钳子钳出，送到作业地点进行顶铆。

钉铆合以前，应先把烧红的铆钉在硬物上敲打，除去渣滓及焦皮，然后插入钉孔内，立即用风顶把顶严，不使钉头与钢板间有空隙。铆合时，铆钉枪必须与铆钉成一直线，要把窝头对正钉杆铆打。铆合时应使钉杆切实填满钉孔；然后，快打使之紧密并铆打成钉头；最后铆钉枪可围绕铆钉周围转 1～2 圈，使钉头密贴钢板并使之光洁。

在新铆钉铆好后，应对新铆钉和邻近的旧铆钉再详细检查一遍，如发现有松动或严重不良的铆钉应拆除重铆，因为受拆除旧钉或铆合新钉振动的影响或由于板束被新钉牢固地夹紧，使邻近原来好的铆钉有可能变松。

新铆的铆钉铆毕后，应将钉头予以除锈油漆，对附近钢板被损坏的油漆要进行补油。在铆合困难的部位更换铆钉时，可以用高强度螺栓或精制螺栓代替铆钉，一个螺栓代替一个铆钉，为了防止精制螺栓松动可安设双帽。

5. 铆钉养修质量评定（验收）标准

铆钉保养质量评定标准参考项目 2 表 2. 3. 1。

铆钉修理作业验收标准参考项目 2 表 2. 4. 1。

5.1.2 高强螺栓修理

1. 高强螺栓病害识别

钢梁在长期荷载作用下,节点处一些高强螺栓(图 5.1.1)由于锈蚀疲劳出现松动。个别螺栓也会存在欠拧、漏拧或出现裂纹等现象。

图 5.1.1 主桁节点高强螺栓

2. 高强螺栓检查方法

(1)目视法

如发现杆件滑移(一般表现为连接处漆膜拉开或流锈水),导致拱度、挠度变化,即表明连接处高强螺栓大部分欠拧或铆钉松动,如发现个别螺栓头、螺母周围漆膜开裂脱落或流锈水,即表明该螺栓严重欠拧、漏拧或出现裂纹。

(2)敲击法

高强螺栓检查用重约 0.25 kg 检查小锤敲击螺母一侧,手指按在相对另一侧,如手指感到颤动较大,则是严重欠拧的螺栓。

(3)应变仪测定法

①在运营线上检查时,在可疑的高强度螺栓杆端面和螺母的相对位置上画一直线,然后将其拆卸除锈待用。

②在原栓孔处用贴电阻片的高强度螺栓测定所需的初拧扭矩值(使螺栓预拉力 P 和螺母转角 θ 的变化曲线成直线变化的最低值)和所需要的终拧螺母转角范围(包括设计预拉力的容许误差±10%和预应力损失在内)。

预拉力的损失规定:M22 螺栓为 10 kN;M24 螺栓为 15 kN。

③拆卸上述贴有电阻片的螺栓。

④将前述待用螺栓装上进行初拧,使其达到上述测定所需的初拧扭矩值。

⑤测量螺杆端面和螺母上原画直线间的角度,并与上述测定的所需螺母终拧转角范围比较,即可判明该螺栓是否欠拧或超拧。

(4)扭矩测定法

更换高强度螺栓如采用扭矩法施工,则终拧后的复验可采用如下检查方法:先在螺杆端面、螺母相对应位置画一直线,用扳手将螺母松回 30°~50°,再用定扭扳手(或示功扳手、音响扳手等)将螺母拧回原位测取扭矩值,该扭矩值换算的螺栓预拉力应在设计预拉力的范围内。

3. 高强螺栓重点检查部位

(1)纵梁与横梁及主梁与横梁连接处的高强螺栓;

(2)受拉及受反复应力杆件的节点及联结系节点的高强螺栓。

4. 高强螺栓的更换

高强度螺栓连接部分不得有流锈现象。高强度螺栓不得超拧、欠拧、漏拧、松动、断裂或缺栓，杆件不得有滑移。

1）高强螺栓的更换要求

高强度螺栓更换，对于大型节点，同时更换的数量不得超过该节点螺栓总数的 10%；对于螺栓数少的节点，则要逐个更换。换时应在桥上无车时进行。新更换的高强度螺栓、螺母及垫圈应符合规定，其强度级别、规格尺寸应与原有者相同，不准混用。成批更换前，螺栓尽可能进行磁粉探伤仪检查，以去除有缺陷的螺栓。安装时，螺栓头及螺母支承面下都应放一个垫圈。垫圈孔边有 45°倒角的一侧应与螺栓头下的过渡圆弧相配合，不能装反。

高强度螺栓超拧后，螺栓拉力超过屈服强度，螺栓产生拉伸永久形变，预紧力下降，甚至更严重的出现滑扣以及折断现象，故超拧后的螺栓应报废处理。

2）高强螺栓安装方法

更换高强螺栓的关键是控制好扭矩，扭矩的大小是由螺栓材质决定的，现在我国的多数螺栓是 40B 母材的 M24、M22 螺栓，M24 螺栓设计预应力为 230 kN，施工方法主要有两种，一种是扭矩法，另一种是转角法。

（1）扭矩法

一般设计图中都有高强螺栓的设计扭矩值，螺栓出厂说明中也有扭矩的说明。确定螺栓的最终扭矩后，操作分两步进行：

①初拧：清理螺栓孔，上好螺栓，加力到扭矩的 40%～70%，即 300～320 N·m。把节点的螺栓全部初拧，以保证节点板受力对称均衡。

②终拧：使扭矩达到设计值 100%，再统拧一次。也可以用转角法代替终拧。

（2）转角法

扭角法的操作步骤：

①采用设计文件中的数值，进行初拧和终拧；

②没有设计文件时，初拧同上；

③在初拧后标出一条角度线，再拧到表 5.1.2 中规定的角度，即为终拧值。

表 5.1.2　各种钢板表面处理时的拧角

高强螺栓材质	直径/mm	钢板表面处理方法					
		喷砂	喷锌				涂两次固化无机富锌漆
		板层不限	2 层板	3 层板	4 层板	5 层板	
40B	M22	45°	45°	60°	70°	70°	①$\theta=43.26+6.43(n-1)+0.54B$ ②$\theta=43.31+4.06(n-1)+0.24B$ ③$\theta=37.56+6.65(n-1)+0.25B$
	M24		45°	45°	60°	60°	

注：（1）表列公式中 θ 为终拧转角（°），n 为板层数，B 为板束厚度（mm）。

（2）①为白河桥经验公式；②和③为成昆线联合乡至漫水湾段病害整治所得经验公式。

5. 高强螺栓养修质量评定（验收）标准

高强螺栓保养质量评定标准参考项目 2 表 2.3.1。

高强螺栓修理作业验收标准参考项目 2 表 2.4.1。

5.1.3 焊缝检查处理

1. 焊缝检查方法

(1)目视法

观察焊缝及邻近漆膜状态,发现可疑处,将漆膜除净,用4~10倍放大镜观察。

(2)硝酸酒精浸蚀法

将可疑处漆膜除净、打光、洗净(用丙酮或苯),滴上浓度5%~10%的硝酸酒精(该浓度视钢材表面光洁度而定,光洁度高时,浓度宜低)浸蚀,如有裂纹即有褐色显示。

(3)着色探伤法

将可疑处漆膜除净、打光、洗净,吹干后喷涂渗透液,隔5~10 min,最长30 min(时间根据光洁度和气温而定)后,用洗净液除去多余的渗透液,擦干。再喷涂显示液,在缺陷处即可显示红色形象。

2. 重点检查内容

(1)对接焊缝。

(2)受拉及受反复应力杆件上的焊缝及邻近焊缝热影响区的钢材。

(3)杆件断面变化处焊缝。

(4)联结系节点及焊缝。

(5)加劲肋、横隔板及盖板处焊缝。

(6)加劲肋未顶紧上、下盖板时,腹板上加劲肋两端焊缝处。

(7)工厂手工焊及气割部位。

3. 焊缝处理

经检查发现焊缝或杆件有裂纹时,应做到:

(1)立即汇报负责人,并根据裂纹的严重程度采取保证列车安全的临时措施。

(2)加强观察,必要时派专人监视,直至采取相应的整修措施为止。检查监视人员应在裂纹的尖端与裂纹的垂直方向用红漆做箭头标记,箭头指向裂纹尖端,并与之相距3~4 mm,箭杆端部标明检查日期。裂纹的位置、长度、发展情况及检查日期均应记入"桥梁病害检查记录簿"。

(3)根据裂纹的位置、性质、大小及数量,采取以下相应的措施:

①在裂纹的尖端钻圆孔(一般孔径为10~12 mm,最大不超过32 mm),裂纹的尖端必须落入孔中。目的是消除尖端的应力集中,防止裂纹的发展;但垂直主应力的裂纹则不宜钻孔。

②用高强度螺栓拼接加固。

③抽换杆件或换梁。

5.1.4 典型工作任务

更换高强度螺栓作业如下:

(1)确定更换的高强度螺栓长度

更换高强度螺栓长度应为连接板束的总厚度+螺母厚度+2个垫圈的厚度+3倍螺距。M22的高强度螺栓,长度一般可按板束厚度加40 mm计算;M24者可按板束厚度加43 mm计算,计算出的长度L按国标GB/T 1228中的长度分级选用。两级之间,螺栓长度100 mm以下,按二舍三入或七舍八入的原则定级;螺栓长度大于100 mm,按二舍三入的原则定级。

(2)拆下旧螺栓

拆下旧螺栓,清理螺栓孔污物、铁锈,清除钢板表面连接处的积尘和泥污,但不得损坏表面无机富锌漆或其他涂料。

(3)安装新螺栓

安装新螺栓,螺栓头及螺母支承面下都应放一个垫圈,注意不得放反。

(4)螺栓涂油、初拧

在螺母的螺纹和端面上涂少许黄油,用柄长 0.55 m 的扳手进行初拧,以下压姿势拧紧至螺母不能转动为止。同时更换多个螺栓时,拧紧一遍后还要逐个复拧一遍,使预拉力达到一致。

(5)终拧

采用扭矩扳手将初拧后的螺母拧到规定扭矩或按转角法拧到规定扭矩、角度。

(6)抽查、验收

用扭矩法进行抽查验收,失格者及时处理。

(7)防锈

高强度螺栓拧紧后,为防止雨水及潮湿空气侵入板缝,节点板束四周的裂缝均应用腻子封闭。高强度螺栓、螺母和垫圈的外露部分均应进行涂装防锈。

(8)检查

按照作业质量标准对高强度螺栓扭矩进行检查,发现超拧或欠拧,要求及时整改,确保作业质量达标。

(9)作业结束

清扫作业现场及回收清理料具。

(10)销点(距接触网带电部分 2 m 以内作业需封锁、停电)

设备经验收达到放行列车条件后,清扫作业现场及回收清理料具、撤除防护,按要求销点,开通线路。

(11)完工会

收工后,施工(作业)负责人组织召开完工会,对当日作业质量及安全情况进行总结。

安全风险

风险名称:人身伤害

防控措施:

1. 桥上作业注意瞭望,及时避车。
2. 搭设必要的脚手架或用简易吊架作业,使用前应注意检查。
3. 穿戴好必要的劳动保护用品,高空作业时应系好安全带。
4. 所有工具应放置牢稳,不得侵入限界。

5.1.5　任务考核

文本

5.1.5　答案

1. 单选题

(1)______不能检查出松动的高强度螺栓。

(A)目视法　(B)金属探伤法　(C)敲击法　(D)扭矩测定法

(2)直径 22 mm 的高强度螺栓长度一般按板束厚度加______ mm 计算。

(A)28　(B)30　(C)35　(D)40

(3)直径 24 mm 的高强度螺栓长度一般按板束厚度加______计算。

(A)40　(B)43　(C)45　(D)48

(4)高强度螺栓的承载能力是用______表示的。

(A)抗拉强度　(B)抗压强度　(C)抗滑强度　(D)抗剪强度

(5)高强度螺栓的检查方法主要有目视法、敲击法、应变仪测定法和______。

(A)抗压强度测定法　　(B)抗拉强度测定法

(C)扭矩测定法　　(D)剪切测定法

(6)铆钉连接的最大优点是______。

(A)良好的弹塑韧性　　(B)避免削弱杆件截面

(C)节约钢材　　(D)提高工效

2. 判断题

(1)高强度螺栓的终拧有扭矩法和转角法。　(　)

(2)高强度螺栓是通过板束间摩擦力来传递各种外力的。　(　)

(3)高强度螺栓的施工预拉力应符合设计要求,欠拧值或超拧值均不超规定的20%。　(　)

(4)安装高强度螺栓,为减少摩阻力,可在螺母的螺纹上涂少许机油。　(　)

(5)桥梁上常用的铆钉是高头锥体铆钉。　(　)

(6)铆钉头处有流锈痕迹,或周围油漆有裂纹现象时,即可判为铆钉松动。　(　)

(7)在行车线上更换铆钉时,可使用50%以下的冲钉。　(　)

(8)在铆钉连接中,板料和铆钉均受拉、压、剪三种力的作用。　(　)

3. 实作题

考核方式一:依据桥隧工考核大纲,具备实习实训条件的单位,根据具体情况,选择5.1.4中典型工作任务,现场实作考核。

考核方式二:依据桥隧工考核大纲,无实习实训条件的单位,选择5.1.4的典型工作任务,从作业流程、质量验收标准及安全注意事项等方面进行试卷考核。

如:(1)更换高强度螺栓的作业步骤是什么?

(2)更换高强度螺栓作业的质量标准有哪些?

(3)更换高强度螺栓作业过程中的安全注意事项有哪些?

任务5.2　钢梁修理

本任务主要讲述铁路钢梁常见病害及其修理措施。

学习目标

1. 掌握钢梁病害的识别。
2. 掌握钢梁养护维修的方法。

钢结构应具有要求的刚度、强度和稳定性。运营中应根据钢结构的形式,加强对各部联结节点、杆件、铆钉、销栓、焊缝的检查养护,使其经常处于良好状态。对承载能力或刚度不足、结构不良的钢梁,应进行改善或加固,确保行车安全。

5.2.1　钢梁病害识别

1. 钢梁杆件

钢梁杆件弯曲变形会产生附加应力,受压杆件还会降低其纵向挠曲的抵抗力。杆件若遭受洞孔等损伤，削弱截面，影响受力状态，造成局部应力集中或超载，会加速杆件的破裂，甚至危及行车安全，所以钢梁杆件的弯曲和损伤超过一定限度时，除经检定许可或局部硬弯不影响正常使用者外，均应及时进行整修、加固或更换。钢梁杆件损伤容许限度见表 5.2.1。

表 5.2.1　钢梁杆件损伤容许限度

序号	伤损类型		容许限度
1	竖向弯曲		弯曲矢度小于跨度的 1/1 000
2	板梁、纵梁、横梁	横向弯曲	弯曲矢度小于自由长度的 1/5 000，并在任何情况下不超过 20 mm
3		上盖板局部垂直弯曲 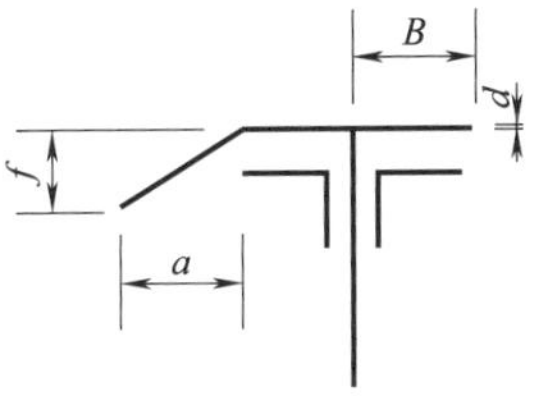 	$f<a$ 或 $a<B/4$ d——钢板或钢板束的厚度； B——由腹板至盖板边缘的宽度
4		盖板上有洞孔	洞孔直径小于 30 mm，边缘完好
5		腹板上有洞孔	工字梁的洞孔直径小于 50 mm，板梁小于 80 mm，边缘完好
6		腹板受拉部位有弯曲	凸出部分直径小于断面高度的 0.2 倍或深度不大于腹板厚度
7		腹板受拉部位有弯曲，但在受压部位	凸出部分直径小于断面高度的 0.1 倍或深度不大于腹板厚度
8	桁梁	主梁压力杆件弯曲	弯曲矢度小于杆件自由长度的 1/1 000
9		主梁拉力杆件弯曲	弯曲矢度小于杆件自由长度的 1/500
10		主梁腹杆或连接杆件弯曲	弯曲矢度小于杆件自由长度的 1/300
11		洞孔	洞孔直径小于杆件宽度的 0.15 倍并不得大于 30 mm

2. 钢梁劣化等级评定

(1)劣化类型

钢梁劣化类型包括裂纹、异常变位、梁端顶死、铆钉和高强螺栓失效、钢梁腐蚀、系杆拱、桥梁承载能力及限界等。

(2)评定方法

①裂纹：表面裂纹用目视或尺子检查。目视不能判断时，用磁粉法、渗透液法或超声波法检查。

②铆钉或高强度螺栓的失效：用目视检查或小锤敲击法检查。

③变位：用水平仪、经纬仪、加速度仪等方法检查。

④腐蚀导致的构件断面削弱或蚀坑：肉眼观察和专用卡尺测腐蚀后的断面。

⑤内部损伤需专门的单位进行检测。

(3)钢梁各部分劣化等级评定标准及处理措施

钢梁各部分劣化等级评定标准见表 5.2.2～表 5.2.6，处理措施见表 2.2.2。

表 5.2.2　钢梁裂纹劣化(处)等级评定标准

类型等级	(1)主桁腹杆铆接接头处裂纹	(2)下承式桁梁的端横梁与纵梁连接处下端裂纹	(3)上承式桁梁中纵梁支点裂纹
AA	裂纹连通相邻铆钉或由铆钉裂至板边[附图 1(a)]		横向裂纹裂通下翼缘宽度,纵向裂纹裂穿全部连接钉孔(附图 3)
A1	裂纹长度达 50 mm[附图 1(b)]	裂纹长度≥50 mm(附图 2)	铆钉头外有纵、横向裂纹(附图 3)
B	裂纹由铆钉孔扩展至铆钉头处,肉眼可见[附图 1(c)]	裂纹长度<50 mm(附图 2)	
类型等级	(4)受拉翼缘焊接盖板端部裂纹	(5)主梁、纵梁、横梁受拉翼缘边及焊缝处裂纹	(6)竖加劲肋下端或下端焊趾处梁体腹板水平裂纹
AA	$L>150$ mm 或裂纹穿透翼缘板厚(附图 4)	$L_1>20$ mm 或 $L_2>40$ mm(附图 5)	$h>10$ mm(附图 6)
A1	20 mm $<L\leqslant$ 150 mm(附图 4)	20 mm $\geqslant L_1\geqslant$ 5 mm 或 40 mm $\geqslant L_2\geqslant$ 10 mm(附图 5)	20 mm $<h\leqslant$ 100 mm(附图 6)
B	$L\leqslant$ 20 mm(附图 4)	$L_1<5$ mm 或 $L_2<10$ mm(附图 5)	$h\leqslant$ 20 mm(附图 6)或水平裂纹设止裂孔后不扩展
类型等级	(7)纵横梁端部缺口处裂纹	(8)支承处、支承板与下翼缘焊缝处裂纹	(9)纵梁上翼缘(角钢)裂纹
AA	$h>10$ mm[附图 7(a)(b)]或 $h>100$ mm[附图 7(c)]		
A1	$h\leqslant$ 10 mm[附图 7(a)(b)]或 $h\leqslant$ 100 mm[附图 7(c)]		出现裂纹(附图 9)
B		出现裂纹(附图 8)	
类型等级	(10)平、纵联、横联及其连接板处裂纹或断裂	(11)主梁竖加劲肋与受压翼缘连接焊缝开裂(附图 11)	(12)其他部位裂纹
A1			裂纹有发展
B	裂纹仍在扩展,有可能扩展至主要构件上(附图 10)		裂纹无发展
C	裂纹扩展很缓慢或停止扩展(附图 10)	运营后很快出现并自行停止发展或完全脱开翼板	

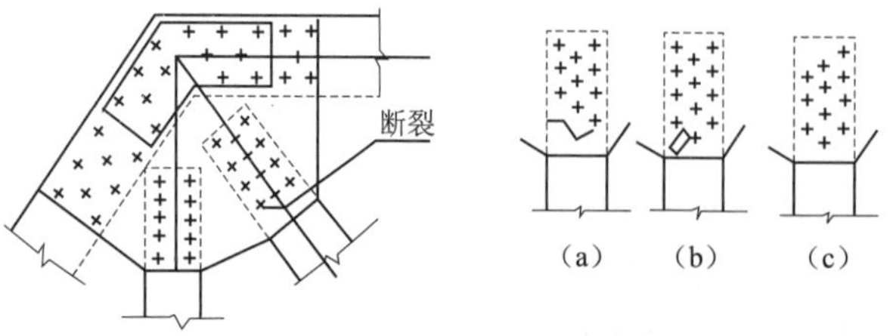

附图 1

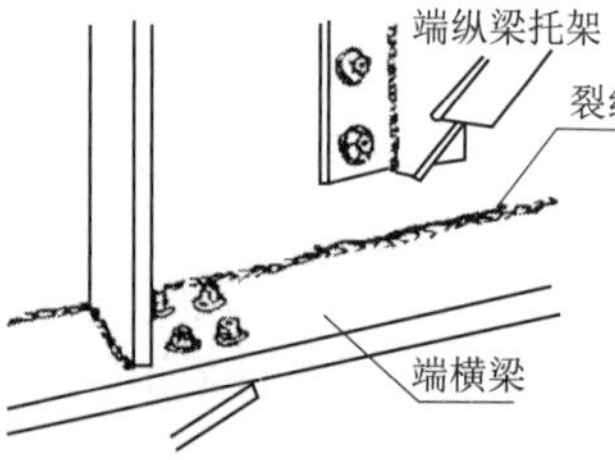

附图 2

续上表

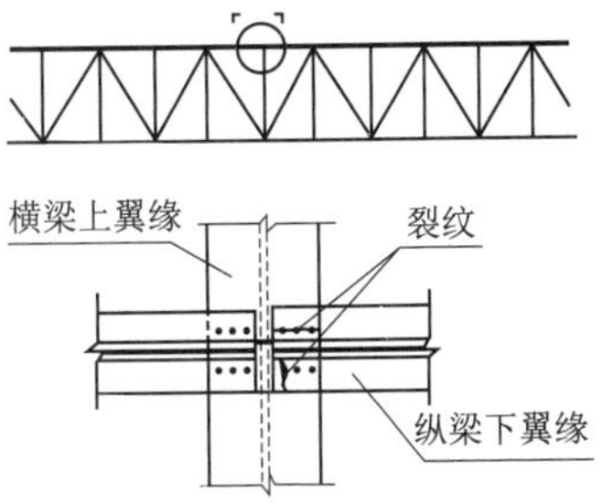

附图 3

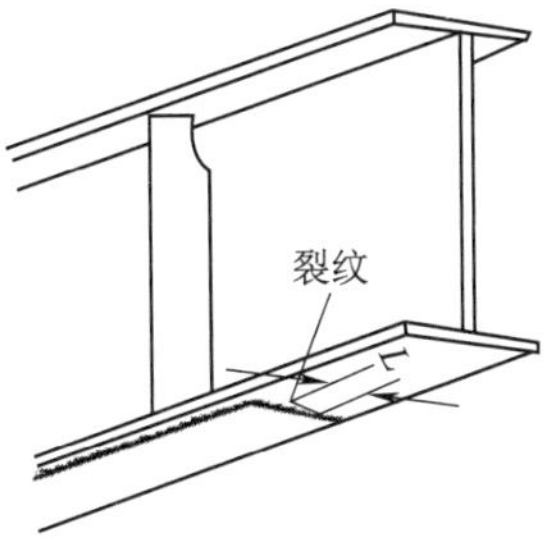

附图 4

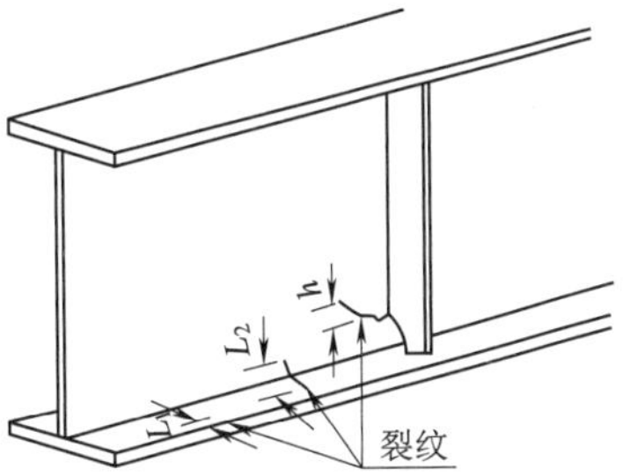

附图 5、附图 6

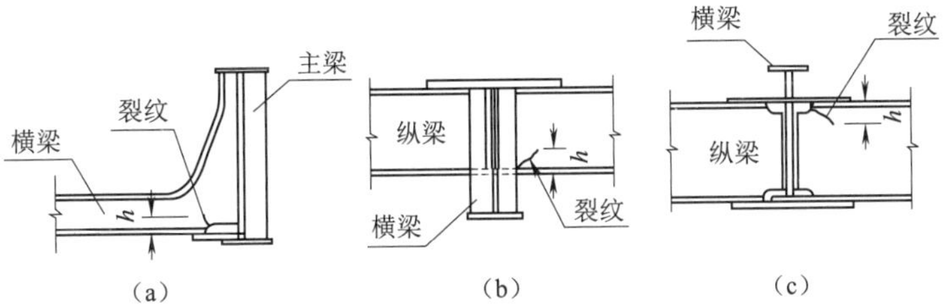

附图 7

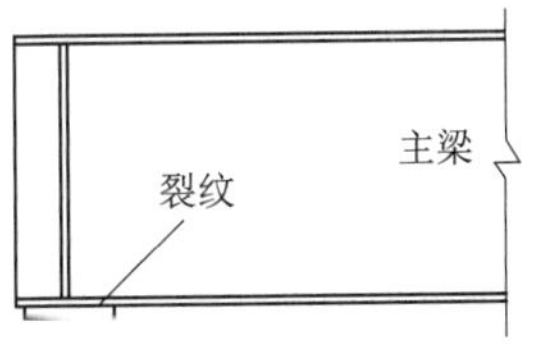

附图 8

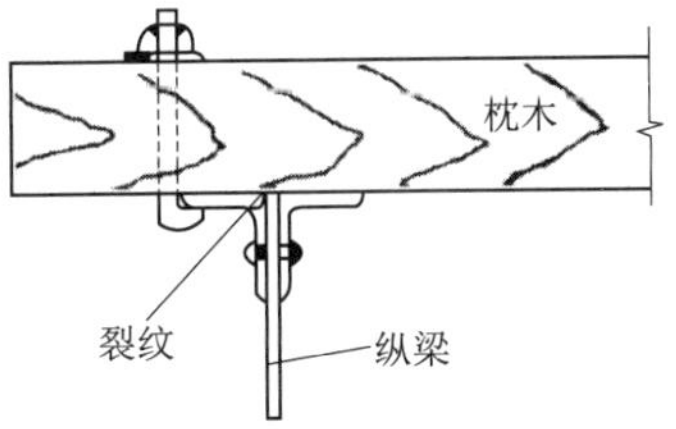

附图 9

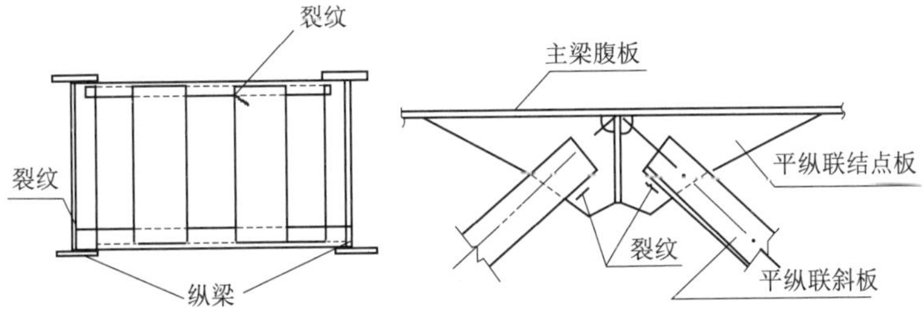

附图 10

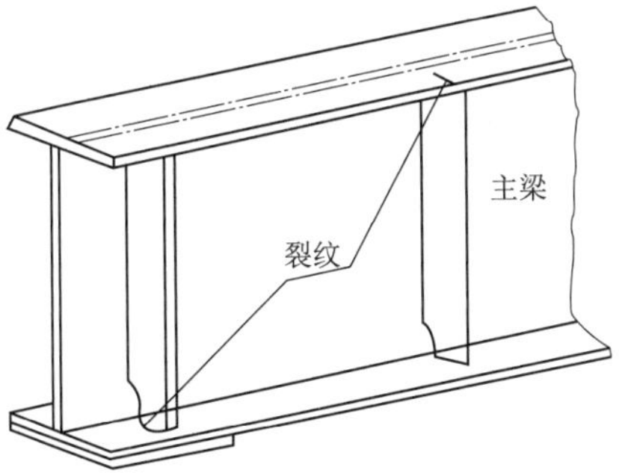

附图 11

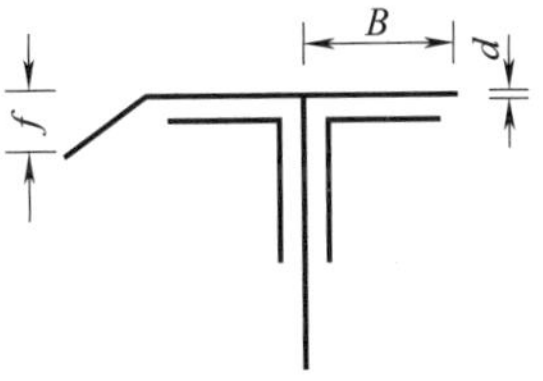

附图 12

表 5.2.3 钢梁异常变位劣化(处)等级评定标准

类型等级	(1)主桁、主梁挠度超限/孔	(2)列车动活载作用下的异常变位/孔	(3)竖向弯曲
A1	挠度超过《铁路桥梁检定规范》(以下简称《桥检规》)规定的通常值	横向振幅超过《桥检规》行车安全限值	弯曲矢度大于跨度的 1/1 000
B	出现死挠度	横向振幅或自振频率超过《桥检规》通常	

类型等级	板梁、纵梁、横梁及工字梁			
	(4)横向弯曲	(5)盖板在翼缘角钢以外弯曲	(6)盖板上有洞孔,但边缘无损伤	(7)腹板上有洞孔
A1	弯曲矢度大于自由长度的 1/5 000,并在任何情况下超过 20 mm			
B		$f>d$ 或 $d>B/4$ (表 5.2.2 附图 12)	孔直径达 30 mm	工字梁、纵、横梁的洞孔直径达 50 mm,板梁达 80 mm
C			洞孔直径小于 30 mm	小于上述值

类型等级	板梁、纵梁、横梁及工字梁		
	(8)腹板拉力部位有弯曲	(9)腹板压力部位有弯曲	(10)联结系杆件弯曲
B	凸出部分直径达断面高度的 0.2 倍或深度达腹板厚度	凸出部分直径达断面高度的 0.1 倍或深度达腹板厚度	弯曲矢度大于自由长度的 1/300
C	小于上述值	小于上述值	小于上述值

类型等级	桁　梁			
	(11)主梁压力杆件弯曲	(12)主梁拉力杆件弯曲	(13)主梁腹杆或联结杆件弯曲	(14)杆件上有洞孔
B	弯曲矢度大于自由长度的 1/1 000	弯曲矢度大于自由长度的 1/500	弯曲矢度大于自由长度的 1/300	孔洞直径达杆件宽度的 0.15 倍或达 30 mm 或边缘有伤损
C	小于上述值	小于上述值	小于上述值	小于上述值且边缘无伤损

表 5.2.4 钢梁梁端顶死(孔)、铆钉和高强螺栓失效(处)、钢梁腐蚀劣化(孔)等级评定标准

类型等级	(1)钢梁梁端顶死	(2)主桁节点和板梁对接接头铆、栓失效(标准见《劣化评定标准》单行本)	(3)主桁构件、板梁缝合铆钉松动
AA	梁端顶紧已造成梁体变形或墩台混凝土溃碎或严重裂缝	铆、栓失效数量 n 达节点铆、栓总数的 20%及以上	
A1	相邻跨梁端或梁端与墩台顶紧	$10\% \leq n < 20\%$	铆钉连续松动数量 $n>$ 5 个

续上表

类型等级	（1）钢梁梁端顶死	（2）主桁节点和板梁对接接头铆、栓失效（标准见《劣化评定标准》单行本）	（3）主桁构件、板梁缝合铆钉松动
B	①相邻跨作业通道顶紧 ②相邻跨梁端或梁端与墩台间隙小于2 mm，有顶紧的可能	5%≤n<10%	铆钉连续松动数量：n≤5个
C		n<5%	个别铆钉松动

类型等级	（4）纵横梁连接铆钉拔头松动	（5）联结系铆钉或螺栓松动	（6）纵梁受压翼缘，上承板梁主梁上翼缘腐蚀	（7）易积尘、水受拉构件水平板件处、平联节点板腐蚀
AA	有拔头		受压板件断面削弱>20%	
A1	有松动		受压板件断面削弱≤20%	
B		有松动		蚀坑深达3 mm
C				一般腐蚀

表5.2.5 系杆拱劣化等级评定标准

类型等级	（1）钢结构	（2）锚头	（3）裂纹	（4）其他
A1	杆件应力衰减、钢拱局部变形	封锚端失效		
B	主拱及钢绞线等锈蚀、吊杆偏心	锚头锈蚀，流锈水	预应力部位斜向裂纹	
C		减震器失效	拱脚裂纹	附属设施锈蚀、其他部位裂纹

表5.2.6 桥梁承载能力及限界劣化（孔）等级评定标准

类型等级	（1）结构或构件现有承载力不足	（2）钢梁疲劳累积损伤	（3）桥梁限界不足	（4）线路与梁跨中心线偏差
AA	$K<1$ 且 $K<Q$	$D\geq1.0$		
A1	$K<1$ 但 $K>Q$	$1.0>D\geq0.8$	实际限界不能满足最大级超限货物的装载限界加100 mm的要求（曲线时按规定加宽）	
B		$0.8>D\geq0.5$	实际限界尚能满足上述要求（曲线时按规定加宽），但侵入建限—1	偏差超过规定值
C		$0.5>D\geq0.2$		

注：K 为检定承载系数，　　$K=k/k_s$

Q 为运行活载的活载系数，　　$Q=k_0/k_s$

式中 k ——梁跨的容许换算均布活载；

k_0——运行活载的换算均布活载，计入冲击系数；

k_s——桥梁设计活载相应的换算均布荷载，计入冲击系数。

续上表

钢梁疲劳累积损伤	$D = \sum \frac{n_i}{N_i} = \frac{n_1}{N_1} + \frac{n_2}{N_2} + \cdots + \frac{n_n}{N_n} + \cdots$
式中　n_i——相应于运营应力谱中 σ_i 的应力循环次数； N_i——相应于 σ_i 的应力循环破坏次数。	

(4)重点检查

结构：

①杆件及其联结铆钉、螺栓、焊缝的伤损状态及其发展情况；对老龄化钢梁，要特别注意严寒季节发生杆件裂纹和断裂。

②大跨度下承钢桁梁桥面系伸缩纵梁端横联处，上承板梁支座位置不正时，应检查支座处上、下翼缘角钢是否有裂纹。

③组合梁应注意混凝土与钢梁联结部位的共同作用是否良好。

④对塔架墩台应注意水位升降部位是否锈蚀、裂纹，水下部分应重点摸探。

涂膜及腐蚀：

①钢结构涂膜起泡、裂纹、脱落；涂膜表面粉化；钢结构生锈。

②对钢梁角落隐蔽部位，特别是纵梁上翼缘桥枕压着部位应注意锈蚀的检查。

5.2.2　钢梁养护维修

栓焊梁、全焊梁焊缝及其附近裂纹应采取的止裂孔高强螺栓拼接加固等措施。在裂纹的尖端钻止裂圆孔，消除裂纹尖端的应力集中，裂纹尖端必须落在止裂圆孔中，孔径一般为10~12 mm，最大不超过32 mm，防止裂纹的发展，但垂直主应力的裂纹则不宜钻孔。栓焊梁、全焊梁虽钢材的可焊性能良好，但一般不得用电焊补强的方法进行加固，故规定采用高强螺栓拼接加固，拼接加固前一般均应钻孔止裂。必要时则抽换杆件或换梁。

相邻钢梁间及梁端与桥台挡砟墙间的净距，必须满足梁跨因最高、最低钢梁温度变化及活载影响伸缩的需要，为方便养护，其净距要求不小于100 mm。若既有钢梁净距不足100 mm，但经检算及观测尚不影响正常伸缩时可暂缓处理。若净距大于300 mm，一旦列车脱轨，车轮将会落入空挡内剪断桥枕或发生重大事故，故应采取增加悬臂或在两孔梁间增加连接梁等处理措施。

使用年久，且材质及技术状态不良和已经多次加固的钢梁多属陈旧老龄钢梁，常发生杆件开裂、折断；上承钢板梁横向刚度明显偏低，曾经多次出现桥上脱轨事故，并进行了大量的理论分析和加固方案研究，经过过去十几年加固的实践和运营经验表明该钢梁均未达到要求的加固效果，已不能适应运输的要求，危及行车安全，故应有计划地对跨度40 m以下的上承钢板梁、32 m及以下各种钢梁予以更换。跨度32 m以上上承钢板梁更换，因跨度相对较大，混凝土梁运输受到制约，可采用钢—混凝土结合梁予以更换。32 m及以下各种钢梁，应优先考虑更换为预应力混凝土梁。

1. 杆件伤损修补

(1)洞孔等伤损处所应将边缘修正整光，洞孔较大时，缺口处应嵌以填板，再加铆补强板，其尺寸至少应满足每边能铆两排铆钉(或高强螺栓栓接)。

(2)当板梁腹板及翼缘损伤时也可用铆合(栓接)法补强，其拼接板、角钢和盖板的长度应根据计算所需的铆(栓)钉数来确定。

(3)桁梁杆件局部破损可采用拼接板铆接(栓接)修补。杆件扭曲破损过甚,不能矫正或修补时,可割去损坏部分,然后以新料接续或予以更换。

2. 杆件弯曲修正

杆件弯曲超过限度时应整直,整直多使用整直器(图 5.2.1)或专用顶架用千斤顶。杆件整直工作根据弯曲程度采用冷矫正或加热矫正。冷作矫正适用于杆件较小弯曲,施工方便,但有时易发生裂纹、折断、局部压损及钢材变脆等缺点。冷矫正时应缓慢用力,不得损伤钢料。加热矫正适用于杆件有较大弯折、断面有剧烈变化或大截面杆件。加热温度宜控制在 600~800 ℃,加热矫正技术复杂,但矫正效果较好。除局部弯曲外,整修工作需将杆件松解后进行。

3. 消除杆件恒载影响

当拆下杆件进行矫正或切断损伤杆件、拆开接头更换时,都会影响相邻杆件超载或结构变形,所以在拆除更换及修复时应先消除杆件的恒载应力,一般采取在梁下设临时连续支架,支承节点进行卸载;或常用调整应力的方法卸载,如用带有调整螺栓拉杆或高强度钢丝束拉拢受拉杆件,用千斤顶(图 5.2.2)顶开受压件等。

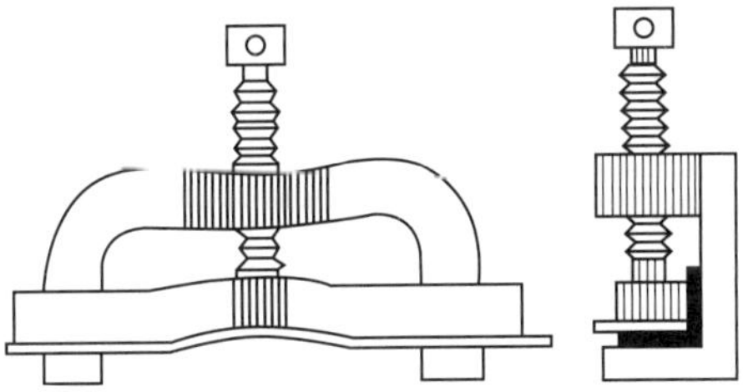

图 5.2.1　整直器

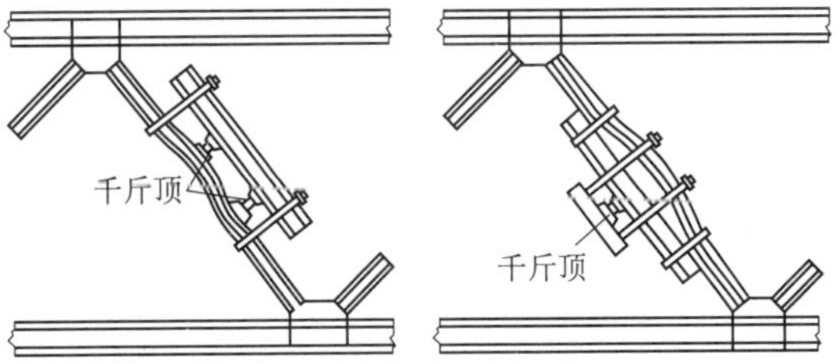

图 5.2.2　千斤顶矫正杆件

4. 结构改善

板梁(或纵梁)断面联结系的下平角钢与腹板竖加劲角钢联结处缺少水平联结板时,常使竖加劲角钢下部产生裂纹,故应增设水平联结板。纵梁上平纵向联结系位置过高,常使桥枕普遍压联结系杆件。为避免过多地砍削桥枕,可在翼缘下加填板后将联结系降低。上承板梁的上翼缘与腹板联结处上下错动有“喘气”现象,应改换较大直径的铆钉或在角钢下安一块填板加铆一块补强板进行改善。受条件限制时,也可采用更换厚角钢,增加联结铆钉或更换用高强螺栓等办法改善。钢梁联结系杆件交叉处、联结杆件与主梁或纵梁翼缘联结处铆钉太少,则应更换大联结板,增加铆钉进行改善。

5. 钢梁加固

杆件或部件承载能力不能满足要求时,可采用增加横断面积,联结处或节点可采用补充拼接板增加拼接铆钉等局部加固方法。稳定性加固时,受压翼缘可采用平面内增加联结系的水平联结杆,腹板可采用增加加劲角钢,减小受压部位杆件自由长度。全面加固视具体情况,增加主梁数目(如将两片主梁的钢梁改为三片或四片);改变主梁结构形式(如增加第三弦、增设副桁架等使简单体系改为联合体系的梁等);变简支梁为连续梁等。钢梁无法加固时或加固经济性差时,应进行换梁。

(1)局部加固

①增加杆件的横截面积

对薄弱杆件,可采用部分增加杆件横截面积的方法进行加固。

对于板梁和桥面系纵横梁的旧梁，常采用的加固方法有：增加主梁上下翼缘断面以增加其受挠曲的能力；加固腹板以增加其承受剪切的能力；由于施工比较方便，对已有盖板的旧梁多采用增添角钢的方法来加大翼缘的面积。

在加固旧桁梁杆件断面时，应把新加钢料尽可能设置在靠近杆件的中心线处，这样可使新加钢料在承受轴向应力的杆件中利用得更好。对于受压杆件，还可用增加补充杆件以减少斜杆或立杆自由长度的方法进行加固。根据经验，为使旧桁架的腹杆等受压杆件不致失稳，常需要增加连接缀条或缀板。

②联结处或节点加固

板梁腹板联结处薄弱时，一般通过补充拼接板增加铆钉来加固。桁架的节点一般用增加节点的联结铆钉数量、将节点中杆件接合的单剪铆钉改为双剪铆钉，或改用较大直径的铆钉等方法来加固。

③稳定性加固

对于经验算后，受压翼缘板或腹板稳定性等级不足时，应进行加固。可通过在板梁受压翼缘平面内增加联结系的水平联结杆来缩短其自由长度的方法加固翼缘板，采用增加加劲角钢对数以缩短加劲角钢距离的方法加固腹板。大跨度板梁腹板较高时，可根据情况增加水平加劲角钢(最好加在压力区域的 1/2 处，即腹板全高的上部 1/4 处)或斜加劲角钢加固。

(2)全面加固

全面加固是对原设计承载能力不能适应新的荷载要求的桥梁，通过全面加固来提高其承载能力，常用的全面加固方法有：

①增加主梁的数目

例如将原来只有两片主梁的钢梁改为三片或四片主梁，以分担荷载提高桥梁承载能力。这种方法的优点是不需拆除杆件中的原有铆钉只需将原主梁间的联结系改装。

②改变主梁的结构形式

例如增加第三弦，使简单体系的梁改为联合体系的梁。这在需要同时增强腹杆和其他部分的强度时尤为适用。采用副桁架加固时，必须满足不妨碍桥下净空的要求。

③变简支梁为连续梁

增设中间桥墩，减小原有桥梁的跨度，变原来一孔简支梁为两孔连续梁。

④预应力加固钢梁

用高强度钢丝索以强拉状态固定在主梁下翼缘上，使主梁结构产生与活载所引起的应力符号相反的应力，达到增加钢梁承载能力的目的。

⑤将钢梁改成钢筋混凝土桥面的结合梁

将钢梁改成结合梁，使钢筋混凝土板桥面与钢梁上翼缘共同受压，从而使钢梁的中性轴位置提高，改善钢梁的受力状态，过去不少小跨度上承钢梁采用了这种方法加固。

新换钢梁或加固杆件的组拼应符合以下要求：

①组拼或加固部件尺寸应符合设计图纸要求。

②组拼板层用螺栓均匀拧紧，板层密贴，缝隙用 0.3 mm 插片，探入深度不大于 20 mm。

③组拼杆件工作应在无活载情况下进行，并至少有 1/3 的孔眼安装螺栓及冲钉，其中 2/3 为冲钉，1/3 为螺栓。

④无活载情况下铆合时，一般应每隔 2 个钉孔装一个螺栓，螺栓间距不得超过 400 mm，必要时，应每隔 1 个钉孔穿一个螺栓，每组孔眼应打入 10% 的冲钉。

⑤栓焊梁使用的高强螺栓、螺母及垫圈的技术条件必须符合《钢结构用高强度大六角头螺栓》(GB/T 1228—2006)的规定,并附有出厂合格证。施工前应按照规定对成品进行抽查,无出厂合格证或抽查不合格者,不得使用。

⑥铁路钢桥主体结构用钢材应符合原冶金工业部推荐的《钢梁用结构钢》标准。

加固钢梁最好在消除被加固杆件中的恒载应力后进行,这样可使新旧钢材受相同的应力,使加固钢材充分发挥作用。对于连续梁及悬臂梁,还可以采取邻孔加载、调整支座支承反力等办法来调整应力,但施工比较复杂。

如果加固工作是在不解除原钢梁的恒载作用下进行,则恒载全由原结构各部分的原钢材承受,活载则由新旧钢材共同承受,因此新旧钢材的应力有一定差距。当旧钢材达到容许应力时,加固的钢材还没有达到,所以不可能充分发挥作用,设计时必须注意这一点。

6. 钢梁技术标准及养修质量评定(验收)标准

钢梁有下列状态之一时,应及时处理,如不及时处理,将危及行车安全。

①主桁腹杆铆接接头处裂纹长度≥50 mm。

②下承式桁梁的端横梁与纵梁连接处下端裂纹长度≥50 mm。

③受拉翼缘焊接盖板端部裂纹长度>20 mm。

④主梁、纵横梁受拉翼缘边裂纹长度>5 mm,焊缝处裂纹长度≥10 mm。

⑤纵梁上翼缘角钢裂纹。

⑥主桁节点和板拼接接头铆栓失效≥10%。

⑦主桁构件、板梁结合铆钉松动连续5个及以上。

⑧纵横梁连接铆钉拔头。

⑨纵梁受压翼缘、上承板梁主梁上翼缘板件断面削弱≥20%。

钢梁保养质量评定标准参考表2.3.1。

钢梁修理作业验收标准参考表2.4.1。

5.2.3　典型工作任务

钢梁加固作业流程如下:

(1)放样

根据设计图纸,对钢材进行放样,画线放样应采用样板,样板可采用薄铁皮制作,其允许误差应符合规定。放样前应将钢料水平放置,用卡具使样板与钢料密贴,放样时应预留边缘整修的宽度,冲出铆钉孔中心点。

(2)裁料加工

划线完毕要经过详细核对。裁切下料,可用氧炔焰切割或锯割。切割后四周边缘均应加以整修,修整深度不少于2 mm。

(3)取出旧铆钉

钻钉孔宜采用固定式钻架,钻孔必须正确,钉孔应与钢料表面垂直,成正确的圆柱孔,孔壁光滑整齐。

(4)拼装

钢料的拼接面应除锈干净,涂红丹防锈漆(高强螺栓联结者涂无机锌漆),先将1/3孔眼用冲钉和螺栓联结拼装板及钢料进行铆合或拧紧高强度螺栓。

(5)钢表面防锈处理

按标准进行防锈处理。

(6)检查

按照作业质量标准对钢梁加固进行检查,发现不符合要求及时整改,确保作业质量达标。

(7)作业结束

清扫作业现场及回收清理料具。

(8)销点

设备经验收达到放行列车条件后,清扫作业现场及回收清理料具、撤除防护,按要求销点,开通线路。

(9)完工会

收工后,施工(作业)负责人组织召开完工会,对当日作业质量及安全情况进行总结。

安全风险

风险名称:人身安全

防控措施:

1. 根据加固部位采取相应防护,注意瞭望,及时避车。
2. 按规范要求搭设好脚手架,使用前必须先检查是否牢固。
3. 作业人员应戴好手套、护目镜等劳动保护品。高空作业时必须系好安全带。

文本

5.2.4 答案

5.2.4 任务考核

1. 单选题

(1)钢梁上下弯曲矢度不应大于跨度的______。

(A)1/500　(B)1/1 000　(C)1/1 500　(D)1/2 000

(2)钢梁联结系的作用是把两片主桁架联结形成一个稳定的空间体系,并承受______。

(A)静载　(B)恒载　(C)横向荷载　(D)水平荷载

(3)悬臂拼装钢梁时,上弦杆件______。

(A)受拉　(B)受压　(C)受剪　(D)受弯

(4)钢梁的温度要用______测量。

(A)体温计　(B)轨温计　(C)点温计　(D)温度计

(5)下承式桁梁的端横梁与纵梁连接处下端裂纹长度≥50 mm,劣化等级可评定为______。

(A)AA 级　(B)A1 级　(C)B 级　(D)C 级

(6)梁端顶紧已造成梁体变形或墩台混凝土溃碎或严重裂缝可评定为______。

(A)AA 级　(B)A1 级　(C)B 级　(D)C 级

2. 判断题

(1)钢梁劣化类型包括裂纹、异常变位、梁端顶死、铆钉和高强螺栓失效、钢梁腐蚀、系杆拱、桥梁承载能力及限界等。　(　　)

(2)钢梁变位可用水平仪、经纬仪、加速度仪等方法检查。　(　　)

(3)结构或构件 $K>1$ 可判断结构或构件现有承载力不足。　(　　)

(4)在裂纹的尖端钻止裂圆孔,可消除裂纹尖端的应力集中。　(　　)

(5)杆件整直工作根据弯曲程度采用冷矫正或加热矫正。　(　　)

3. 实作题

考核方式一:依据桥隧工考核大纲,具备实习实训条件的单位,根据具体情况,选择 5. 2. 3 中典型工作任务,现场实作考核。

考核方式二:依据桥隧工考核大纲,无实习实训条件的单位,选择 5. 2. 3 中典型工作任务,从作业流程、质量验收标准及安全注意事项等方面进行试卷考核。

如:(1)矫正弯曲钢梁杆件的作业步骤是什么?

(2)矫正弯曲钢梁杆件作业必须达到的质量标准有哪些?

(3)矫正弯曲钢梁杆件作业过程中的安全注意事项有哪些?

项目 6　支座修理

项目概述

本项目包括3个任务,主要介绍铁路桥梁支座的技术标准、劣化状态评定及养护维修等内容,重在技术技能培养,是本门课程学习的重点内容。

学习目标

知识目标

1. 掌握铁路桥梁支座技术标准。
2. 掌握铁路桥梁支座劣化状态的评定方法。
3. 掌握铁路桥梁支座养护作业内容。
4. 掌握铁路支座常见病害的识别及典型修理作业。

能力目标

1. 具备铁路桥梁支座病害识别及劣化状态评定的能力。
2. 具备铁路桥梁支座养护维修的能力。

素质目标

培养学生的专业技能及职业素养;培养学生严谨务实、实事求是的工作作风。

课前导学

20 世纪 60 年代,在中国共产党的领导下,数以万计的建设者发扬“自力更生,艰苦奋斗”的精神,建成了举世瞩目的奇迹——南京长江大桥(图 6.0.1)。

作为第一座由中国人自行设计、自主建造的双层式铁路、公路特大型桥梁,南京长江大桥被誉为“争气桥”“骨气桥”。它的建成通车,贯通了长江下游的南北大动脉,是 20 世纪 60 年代中国经济建设的重要成就,是中国桥梁建设的重要里程碑。它是一个时代的缩影,一座精神的丰碑!

在旅客列车多次提速、货物列车增加载重运行、汽车流量不断增加的高负荷压力下,南京长江大桥在“体检”中被查出正桥 1 号墩辊轴支座患有“劳损”病害,虽及时进行了整治,但两年以后,这个被称为大桥“腰椎”的支座仍然出现磨损,影响行车安全。2002 年 11 月 27 日大桥封锁交通,进行了顶梁试验;28 日,安置顶梁和临时支座;29 日开始拆除旧支座,安装新支座;12 月 11 日,抽出临时支座,钢梁准确落到新支座上。当日,首趟列车 K187 次以 25 km/h 的限速顺利通过“手术”后的大桥,各监测点监测数据显示正常,大桥“腰椎换骨”取得圆满成功,这是我国公铁两用特大桥桥墩支座更换工程的第一例。

图6.0.1　南京长江大桥

在桥跨结构和墩台之间设置支座的主要目的是将上部结构的支承反力(包括恒载和活载作用引起的竖向力和水平力)传递到桥梁墩台,同时保证结构在列车荷载、温度变化、混凝土收缩和徐变等因素作用下能自由变形。所以,支座是桥梁传递力的重要组成部分,经常处于完好状态是桥梁正常使用的前提。

任务6.1　掌握铁路桥梁支座技术标准

本任务主要介绍铁路桥梁支座的技术指标,是学习后续课程的基础。

学习目标

1. 掌握铁路桥梁支座的类型及使用范围。
2. 掌握支座安装及使用要求。

支座是桥梁作用力传递的关键部位,在实施修理之前,必须掌握支座的技术标准,它是修理作业有效实施的前提。

6.1.1　铁路桥梁支座类型及使用范围

运营梁跨结构的支座类型一般分为钢支座和橡胶支座,钢支座又分为平板、弧型、摇轴、辊轴支座(支座的传力通过钢板的接触面、变位主要通过钢和钢的滚动来实现)、圆柱面、铰轴滑板、双曲面、球型支座(支座的变位主要通过聚四氟乙烯或改性超高分子量聚乙烯板和不锈钢板的平面或曲面滑动来实现)。橡胶支座分为板式(图6.1.1)、盆式(图6.1.2)橡胶支座(支座的传力通过橡胶板来实现,支座位移通过聚四氟乙烯板的滑动或橡胶的剪切变形来实现,支座的转角通过橡胶的压缩或曲面滑动来实现)。按变形可能性分为固定支座、纵向活动支座、横向活动支座、多向活动支座。

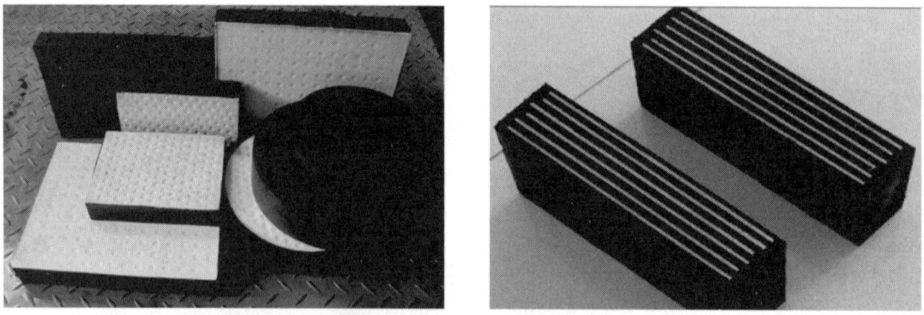

图 6.1.1　板式橡胶支座

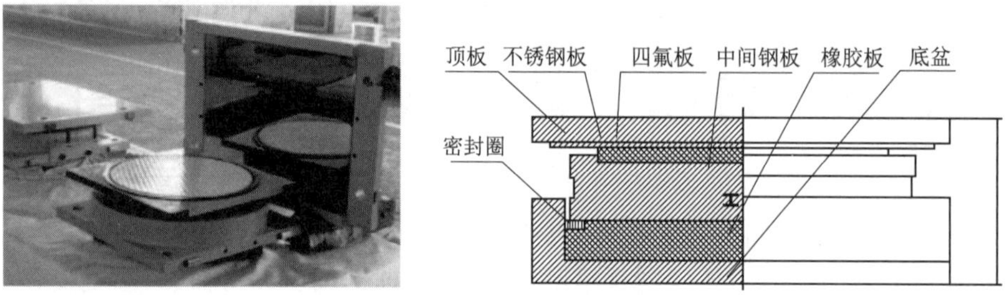

图 6.1.2　盆式橡胶支座

摇轴支座固定支座由与梁底相连的上摆和与墩台连接的下摆组成,下摆顶面为弧面、底面为平面,只能转动不能位移。活动支座由与墩台连接的底板、中间的下摆(即:摇轴)和与梁底相连的上摆组成,下摆的上下弧面圆心重合,转动自由,并由下摆转动后的上下弧面位移差来适应梁体位移,下摆宽高比不宜小于 0.7。

铰轴摇轴支座是摇轴支座的一种改进形式,即在摇轴支座的上下摆中间增加了一个铰轴,使支座转动发生在铰轴处,结构相对复杂,当相邻两个铰轴摇轴支座安装轴线不重合时,影响支座的正常转动。

辊轴支座(图 6.1.3)因位移大,适用于大跨度桥梁。辊轴固定支座主要由与梁体相连的上摆和与墩台相连的下摆组成,下摆顶面为弧面、底面为平面,只能转动不能位移。辊轴活动支座主要由与梁体相连的上摆、顶面为弧面和底面为平面的下摆、并列组连在一起的辊轴、与墩台相连的底板以及镶入下摆底和底板顶的牙板、辊轴中间的连接板组成。辊轴上下弧面为同心圆,通过辊轴的转动适应梁体位移的需要。辊轴上面的下摆和下面的底板必须具有很大的刚性,以保证接触面的平整,辊轴一般由 35 号或 45 号锻钢制成,以减小辊轴直径降低支座高度;辊轴数量由支座反力大小而定,直径由线接触应力大小确定。牙板的作用是限制外辊轴在位移时滑出;辊轴中间连接板的作用是保证辊轴之间的相对位移。

铰轴滑板支座是在辊轴支座基础上,近年来改进开发的一种支座形式,以克服辊轴支座在辊轴位移倾斜后无法恢复原位的缺点。该新型支座保留了辊轴支座的铰轴部分(即上摆、下摆),将辊轴改为聚四氟乙烯滑板与不锈钢板的摩擦副,原辊轴的位移功能由聚四氟乙烯滑板与不锈钢板中间的平面滑动来实现。作用于支座顶的力以 35°~45°的刚性角扩散传递至铰轴中心,再以刚性角扩散传递至滑板顶面,使聚四氟乙烯滑板均匀受力。虽然取消了辊轴,但受聚四氟乙烯滑板材料强度的控制,支座的结构高度和用钢量仍较大。目前已用于大跨度钢梁的支座更换和新线桥梁建造。

图 6.1.3　辊轴支座(包头黄河大桥)

球型支座(图 6.1.4)各向转动性能一致,适用于宽桥、曲线桥、坡度桥、斜拉桥及大跨度桥梁。球型钢支座是在盆式橡胶支座的基础上发展起来的一种新型桥梁支座。设计转角远大于盆式橡胶支座,一般为 0.01~0.02 rad,最大可达到 0.05 rad。目前的最大吨位已达到 18 000 t(京沪高速铁路南京大胜关长江大桥)。球型固定钢支座主要由上支座板、球冠衬板、球面聚四氟乙烯板、下支座板、钢挡圈、橡胶防尘条等组成。球型活动钢支座主要由上支座板、不锈钢板、平面聚四氟乙烯板、球冠衬板、球面聚四氟乙烯板、下支座板、钢挡圈、橡胶防尘条等组成。球冠衬板是球型支座的核心,球冠衬板的球面与下支座板顶部球面具有相等的公称半径,球面表面包覆不锈钢板或电镀硬铬,支座转角通过球冠衬板与球面聚四氟乙烯板之间的滑动来实现。对活动支座,其平面部分开有镶嵌聚四氟乙烯凹槽,用于固定平面聚四氟乙烯板,支座位移通过平面聚四氟乙烯板与上支座板底面的不锈钢板之间的滑动来实现。

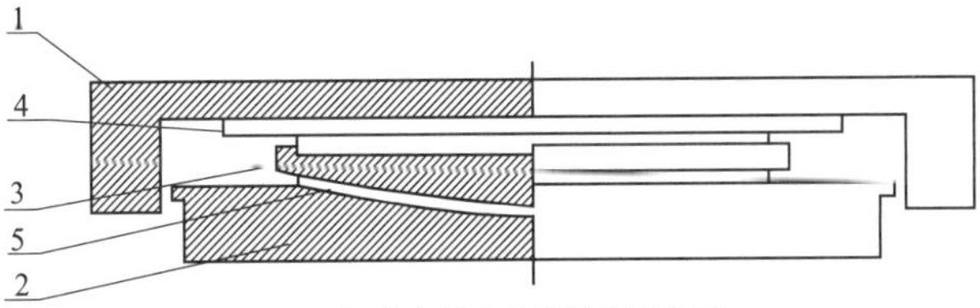

(a) 单向活动支座结构示意图

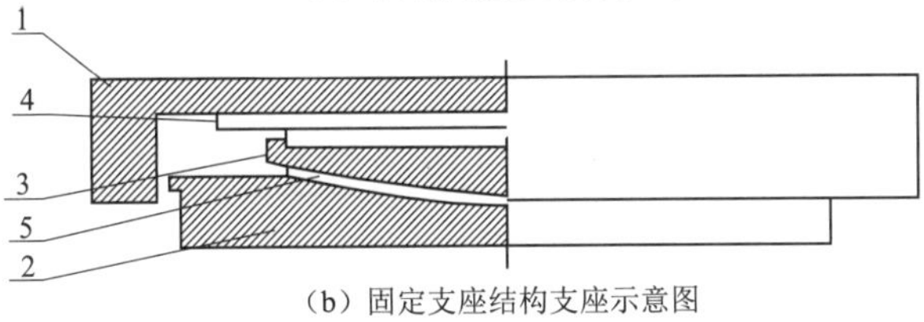

(b) 固定支座结构支座示意图

1—上支座板;2—下支座板;3—球冠衬板;4—平面聚四氟乙烯板;5—球面聚四氟乙烯板。

图 6.1.4　球型支座

柱面钢支座可视为球型支座的一个特例,当希望支座只发生单向转动时,可将球型钢支座的球冠改成圆柱面的一部分,下支座板相应改为凹形板。柱面固定钢支座主要由上支座板、柱面钢板、柱面聚四氟乙烯板、下支座板等组成。柱面活动钢支座主要由上支座板、不锈钢板、平面聚四氟乙烯板、柱面钢板、柱面聚四氟乙烯板、下支座板等组成。设置多个柱面支座时,应保证同一排上柱面支座的同轴度,否则会引起柱面聚四氟乙烯板受力不均局部过度磨损,甚至挤出凹槽。

双曲面支座有两种形式,一种与球型支座类似,将球面板改为沿桥轴两个方向取不同的曲面半径,以改变支座沿两个方向具有不同的转动刚度。另一种是由两个不同半径的柱面组成。

运营桥跨结构的铸钢支座、板式橡胶支座一般适用范围应符合表 6.1.1 的规定,其他类型支座应根据设计的竖向承载力、允许位移量、转角量、活动类型、抗震等级等确定适用范围。

表 6.1.1 桥跨结构支座类型及使用范围 单位:m

梁跨分类	钢支座					橡胶支座	
	平板	弧形	圆柱面、双曲面、球形和铰轴滑板	摇轴	辊轴	板式	盆式
钢 梁	$L<10$	$10\leqslant L\leqslant 24$	$L>20$	$24<L\leqslant 48$	$L\geqslant 56$	—	—
混凝土梁	$L\leqslant 8$	$8<L<20$	$L>20$	$20\leqslant L\leqslant 48$	$L\geqslant 56$	$L\leqslant 20$	$L>20$

注:L 为梁的跨度(m);跨度小于或等于 6 m 的简支梁支座,可采用高强石棉板等弹性垫板代替,并在两侧设支撑,防止横向移动。

6.1.2 支座安装及使用要求

支座位置安装不当、垫板不平或者养护不良,将影响梁跨自由伸缩、转动、墩台受力,容易产生病害,应加强日常养护,按时清扫涂油,及时更换破损、缺失的支座防尘装置,必要时顶梁检查,以保证支座滚动(滑动)面洁净滑润。

支座安装应符合下列要求:

(1)支座位置安装正确,下座板必须水平安装,支座与梁底及支座与垫石间必须密贴无缝隙,水平各层部件间应密贴无缝隙。活动支座滚动(滑动)面应保持洁净滑润,保证梁跨自由伸缩、转动。固定支座应稳固可靠。

(2)支座安装允许偏差应满足表 6.1.2 规定。

表 6.1.2 支座安装允许偏差

序号	项目		允许偏差/mm
1	支座下座板中心与墩台支座设计中心纵向错动量	墩台高度<30 m	20
		墩台高度≥30 m	15
2	支座下座板中心与墩台支座设计中心横向错动量	墩台高度<30 m	15
		墩台高度≥30 m	10
3	同端支座中心横向距离	偏差与桥梁设计中心对称时	$^{+30}_{-10}$
		偏差与桥梁设计中心不对称时	$^{+15}_{-10}$
4	聚四氟乙烯板四个角点的外露高度	设计高度负偏差	0
5	铸钢支座	固定支座上座板与下座板中线的纵横、活动支座的横向、活动支座中线的纵向错动量(按设计温度定位后)	3
		支座下座板中心十字线的扭转,上、下座板及摇、辊轴之间的扭转	1

续上表

序号	项目		允许偏差/mm
6	圆柱面钢支座	顺桥向支座板中心线应与梁顺桥向支承中心线偏差	0.5
		横桥向支座板中心线应与梁横桥向的支承中心线偏差	0.5
		同一梁端两支座平面高差	1
7	双曲面钢支座	上、下座板相对水平错动位移偏差（或上、下座板相对水平扭转角度偏差）	±0.6 （0.1°）
		同一梁端两支座平面高差	2
8	球型支座	支座板四角高差	2
		活动支座上、下座板顺桥方向的中心线交叉角	1(5′)
9	板式橡胶支座	同一梁端两支座相对高差	1
		每一支座板的边缘高差	2
		上、下座板十字线扭转	2
		活动支座中线的纵横错动量（按设计温度定位后）	±3
10	盆式橡胶支座	支座板四角高差	1
		上、下座板十字线扭转	1
		同一梁端两支座高差	1
		一孔箱梁四个支座中，一个支座不平整限值	3
		固定支座上、下座板及中线的纵、横错动量	1
		活动支座中线的纵横错动量（按设计温度定位后）	3

（3）支承垫石的高度应满足维修养护的需要，其高度不小于30 cm。

（4）支座锚栓直径不应小于25 mm，锚栓埋入墩台深度不得少于300 mm，支座预留锚栓孔必须填满捣实，螺栓标准件应采用多元合金共渗+钝化处理，其中渗层厚度≥50 μm。

（5）钢质部分防腐涂装应采用《铁路钢桥保护涂装及涂料供货技术条件》（Q/CR 730—2019）规定的第6套涂装体系。

（6）具有聚四氟乙烯板滑动面的支座应设置可靠的便于拆装的防尘装置。

6.1.3　支座安装位置要求

不同的梁体结构形式，其支座的安装方式有所不同。固定支座原则上应以受推为主确定的。当条件不一致时，则应按水平力作用影响较大情况设置。

（1）固定支座应设在纵向水平作用力的前端，在坡道上，设在较低一端；在车站附近，设在靠车站一端；在区间平道上，设在重车方向的前端。

（2）整体多片简支T梁、箱梁支座设置横向位移支座时应符合以下规定：

①双线整孔简支箱梁，每孔梁一端应安装一个固定支座（GD）和一个横向活动支座（HX），另一端安装一个纵向活动支座（ZX）和一个多向活动支座（DX）。固定支座和纵向活动支座应在梁的同一侧，横向活动支座与多向活动支座应在梁的另一侧。

②双线并置简支箱梁，每孔梁一端应安装一个固定支座（GD）和一个横向活动支座（HX），另一端安装一个纵向活动支座（ZX）和一个多向活动支座（DX）。固定支座和纵向活动

支座应在梁的同一侧,横向活动支座与多向活动支座应在梁的另一侧。

③整体多片简支 T 梁,中梁一端应安装固定支座,另一端安装纵向活动支座,边梁在中梁固定支座端应全部安装横向活动支座,另一端应全部安装多向活动支座。

④单线简支箱梁和简支 T 梁,每孔梁一端应安装两个固定支座,另一端应安装两个纵向活动支座。

(3)双线连续梁,每联梁应在一个墩顶(一般为中间墩)安装固定支座和横向活动支座,其余墩顶安装纵向活动支座和多向活动支座。固定支座和纵向活动支座在梁的同一侧,横向活动支座与多向活动支座在梁的另一侧。

(4)单线连续梁应在一个墩顶(一般为中间墩)安装固定支座,其余墩顶全部安装纵向活动支座。

(5)对斜交梁,支座纵向位移方向应与梁轴线或切线一致。

(6)除特殊设计外,不应将顺桥方向相邻两孔的固定支座安设在同一桥墩上。

(7)同一座桥梁中,当各桥跨固定支座安装条件相互抵触时,则应优先满足坡道上的要求,其次支座横向位移的条件宜相同。

6.1.4　钢支座技术标准

钢支座质量应符合《铁路桥梁钢支座》(TB/T 1853)、《客运专线桥梁圆柱面钢支座暂行技术条件》、《SQMZ 型双曲面钢支座暂行技术条件》等相关要求,其温度适用范围:-40～+60 ℃。

(1)辊轴(摇轴)支座使用时,其构造的最大纵向位移应满足以下要求:

①圆辊轴的边缘超出底板边缘不应大于 1/4 直径,或削扁辊轴的倾斜角不应大于 14°(或为辊轴与下摆、底板的接触线至辊轴边缘不应小于 25 mm),摇轴倾斜角不应大于 7°。

②辊轴(摇轴)的实际纵向位移应与计算的正常位移值相符合,当纵向位移大于容许偏差或有横向位移时,应加以修正。当辊轴出现不允许的爬动、歪斜或摇轴倾斜时,应校正支座的位置。辊轴(摇轴)实际纵向位移值测量(图 6.1.5)及计算方法为

$$\delta = \frac{1}{2}(a_0 - a)$$

式中　δ——实际纵向位移量(mm);

a_0——两相邻支座下板中心距离(mm);

a——已标记的观测距离(mm)。

(2)钢支座使用时,应保持各部分完好,有下列状态之一时,应及时处理:

①钢部件裂纹深度≥10 mm,主要受力部位焊缝脱焊。

②辊轴支座底板变形凹陷≥3 mm。

③销钉剪断。

④锚栓折断数量≥25%。

⑤支座位移超限,纵向>5 mm、横向>2 mm。

⑥活动支座不活动。

⑦支承垫石开裂、积水、翻浆。

⑧摇轴倾斜、辊轴位移或倾斜超过容许值。

⑨聚四氟乙烯板磨耗严重,外露厚度不足 0.2 mm。

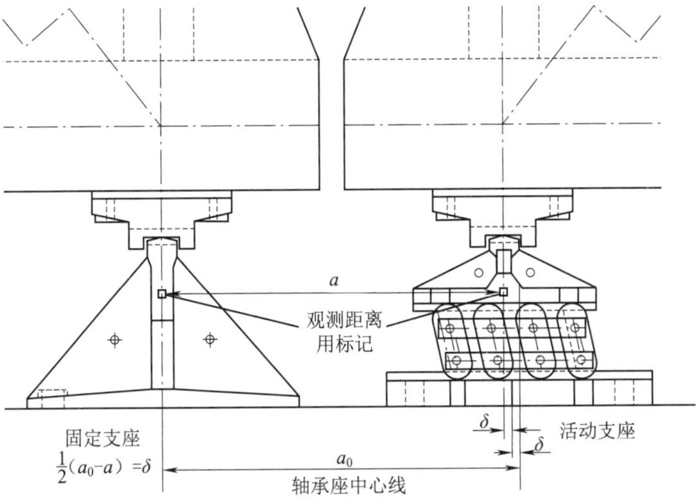

图6.1.5 辊轴支座纵向位移值

6.1.5 橡胶支座技术标准

板式橡胶支座质量应符合《铁路桥梁板式橡胶支座》(TB/T 1893)的要求,盆式橡胶支座质量应满足《铁路桥梁盆式支座》(TB/T 2331)的要求。

(1)板式橡胶支座使用应符合以下规定

①限于在线路纵坡小于或等于6‰的混凝土梁上使用。

②常温型支座温度适用于-25~+60 ℃,耐寒型支座温度适用于-40~+60 ℃。

③板式橡胶支座应在接近年平均温度时落梁,否则应在接近年平均温度时再顶落梁调整到正确位置。

④为减少梁的横向位移或板式橡胶支座的横向剪切变形,应设置可靠的限位装置。

⑤更换橡胶支座时,原则上同一墩台或同一片梁应同时更换。

(2)板式橡胶支座有下列状态之一时,应及时处理

①支座压溃,四周出现明显不规则的凹凸、弯曲或扭曲。

②支座剪切变形过大,活载作用时剪切变形≥24°,无活载作用时永久剪切变形≥15°。

③橡胶剥落掉块,导致加劲钢板表面或周边外露长度>100 mm。

④橡胶裂纹宽度≥2 mm,且连续长度达周边长度的50%以上。

⑤支座串动大于相应边长的25%或有脱空。

⑥横向限位装置与梁体间不密贴,限位装置失效。

(3)盆式橡胶支座

盆式橡胶支座质量应满足《铁路桥梁盆式支座》(TB/T 2331)的要求。常温型支座适用温度为-25~+60 ℃,耐寒型支座适用温度为-40~+60 ℃。

(4)盆式橡胶支座出现下列状态之一时,应及时处理

①盆环开裂或脱焊。

②聚四氟乙烯板磨耗严重,外露厚度不足0.2 mm。

③位移或转角超限,位移量≥10 mm,转角超过设计值的20%。

④锚栓剪断数量>25%。

文本

6.1.6 答案

6.1.6 任务考核

1. 单选题

(1)设在桥梁上部结构与下部结构之间的传力装置称为______。

(A)垫板　(B)支座　(C)托盘　(D)支架

(2)支座的类型主要决定于梁的种类、跨度和______。

(A)恒载　(B)荷载　(C)动载　(D)墩台高度

(3)墩台高度≥30 m 时,支座下座板中心与墩台支座设计中心纵向锚动量允许偏差______ mm。

(A)5　(B)10　(C)15　(D)20

(4)双曲面钢支座,同一梁端两支座平面高差允许偏差______ mm。

(A)1　(B)2　(C)3　(D)5

(5)支承垫石的高度应满足维修养护的需要,其高度不小于______ cm。

(A)15　(B)20　(C)25　(D)30

(6)钢支座质量应符合《铁路桥梁钢支座》(TB/T 1853)、《客运专线桥梁圆柱面钢支座暂行技术条件》、《SQMZ 型双曲面钢支座暂行技术条件》等相关要求,其温度适用范围______℃。

(A)-40~60　(B)-40~50　(C)-30~60　(D)-60~-40

(7)耐寒型盆式橡胶支座适用温度为______℃。

(A)-40~50　(B)-40~50　(C)-30~60　(D)-40~60

2. 判断题

(1)支座是桥梁的一个重要部位,必须经常保持其良好的状态,发挥它的正常作用。（　）

(2)在复线桥上,第一线和第二线桥梁的同类型支座应安设在同一端。（　）

(3)桥梁支座按变形可能性分为固定支座、纵向活动支座、横向活动支座、多向活动支座。（　）

(4)支座锚栓直径不应小于 25 mm,锚栓埋入墩台深度不得少于 200 mm。（　）

(5)固定支座应设在纵向水平作用力的前后,在坡道上,设在较低一端;在车站附近,设在靠车站一端;在区间平道上,设在重车方向的前端。（　）

(6)钢支座纵向>3 mm、横向>2 mm 可判断为位移超限。（　）

(7)更换橡胶支座时,原则上同一墩台或同一片梁应同时更换。（　）

3. 思考题

(1)钢支座使用时,出现哪些状态之时,应及时处理?

(2)盆式橡胶支座使用时,出现哪些状态之时,应及时处理?

任务 6.2 铁路桥梁支座劣化等级评定

本任务主要介绍铁路常用支座的病害类别及劣化等级的评定方法,是支座养护维修的基础,是本门课程的重点学习内容。

学习目标

掌握铁路桥梁常用支座的病害类别及劣化等级的评定方法。

6.2.1　支座劣化等级评定

支座是桥梁作用力传递的关键部位,也是劣化状态变化较快处所,应加大检查,及时把握其劣化状态,把不安全因素消灭在萌芽状态。

1. 支座劣化类型

(1)铸钢支座劣化类型

铸钢支座的劣化类型包括钢部件损伤,锚固件及定位件失效,上、下座板变形,活动支座不活动位移超限,转角超限和支承垫石部位缺陷等。

①钢部件损伤包括铸钢件及铸钢件裂损、脱焊、锈蚀及支座钢件磨损和发生塑性变形。

②锚固件及定位件失效包括销钉剪断、支座锚(螺)栓松动及剪断、牙板挤死与折断、辊轴连杆螺栓剪断。

③活动支座不活动。

④位移超限支座位移超出设计限值。

⑤转角超限支座转角过大造成摇轴或削扁辊轴倾斜度偏差超限。

⑥支承垫石部位缺陷支承垫石不平、翻浆、积水和开裂等。

(2)板式橡胶支座劣化类型

板式橡胶支座劣化类型包括裂纹、钢板外露、不均匀鼓凸与脱胶、脱空、剪切超限和支座位置串动。

①裂纹板式橡胶支座表面形成的龟裂裂纹。

②钢板外露由于龟裂或支座制作不佳使板式橡胶支座内部的钢板裸露。

③不均匀鼓凸与脱胶板式橡胶支座在荷载作用下,钢板间的橡胶向外发生均匀的凸起(图6.2.1)属正常现象。当橡胶与钢板黏结破坏时,发生支座钢板与橡胶脱胶,引起不均匀的鼓凸(图6.2.2)。

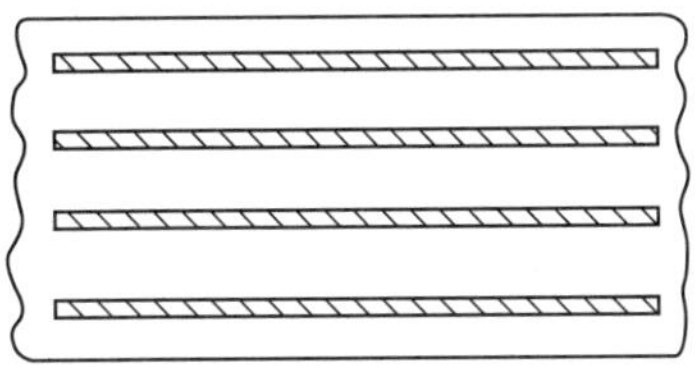

图6.2.1　橡胶均匀鼓凸

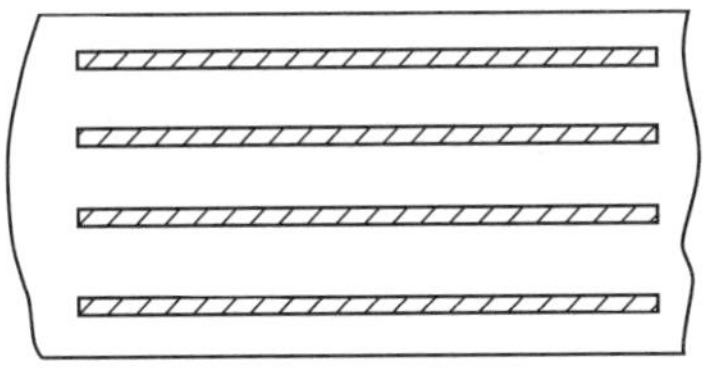

图6.2.2　橡胶不均匀鼓凸

④脱空板式橡胶支座与桥梁底面及支承垫石顶面之间出现的缝隙大于支座相应边长25%(图6.2.3)。

⑤剪切超限板式橡胶支座在最高及最低温度条件下的最大恒载剪切变形 $\tan\alpha > 0.45$(图6.2.4)。

⑥支座位置串动由于支承垫石不平,造成支座局部承压,引起支座位置串动。

(3)盆式橡胶支座劣化类型

盆式橡胶支座劣化尖型包括钢件裂纹和变形、钢件脱焊、锈蚀、聚四氟乙烯板磨损、支座位移超限、支座转角超取和锚栓剪断。

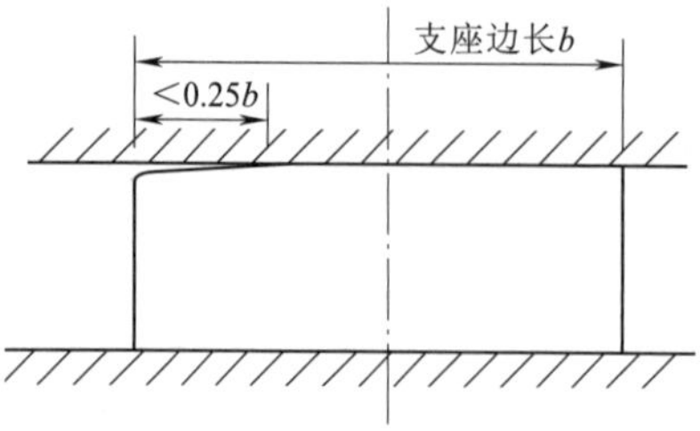

图 6.2.3　支座脱空

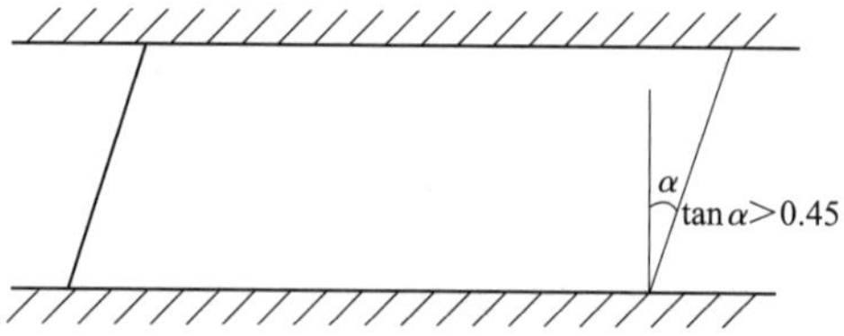

图 6.2.4　超限剪切变形

①钢件裂纹和变形上、下支座板出现肉眼可见的裂纹、下支座板翘起。

②钢件脱焊支座焊接件及不锈钢板与基层钢板之间的焊缝脱焊。

③钢件锈蚀上、下支座板出现锈蚀。

④聚四氟乙烯板磨损由于聚四氟乙烯板和不锈钢板的平面滑动所产生的磨损。磨损程度用测量聚四氟乙烯板的外露高度 h_0(图 6.2.5)来表示。

⑤支座位移超限由于设计及安装不当造成支座聚四氟乙烯板滑出不锈钢板板面范围。

⑥支座转角超限支座的转角超过相应荷载作用下最大的预期设计转角。支座转角应由盆式橡胶支座顶、底板之间的最大和最小间隙求出(图 6.2.6)。

⑦锚栓折断:支座锚栓在外力作用下发生折断。

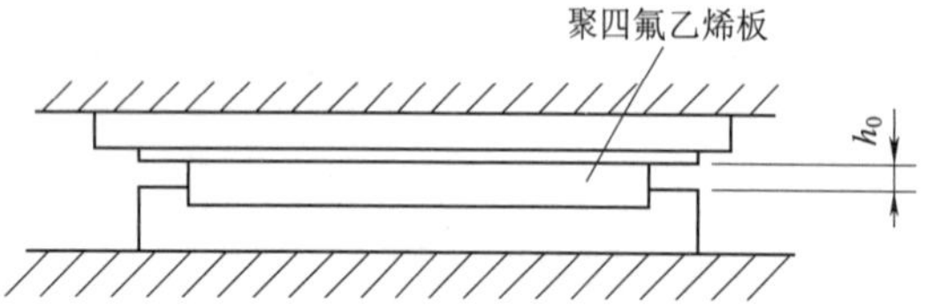

图 6.2.5　聚四氟乙烯板的外露高度

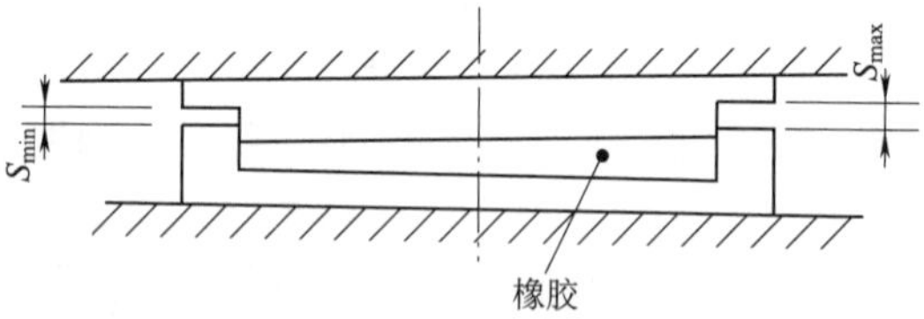

S_{max}—最大间隙;S_{min}—最小间隙。

图 6.2.6　支座转动最大及最小间隙

2. 劣化评定方法

确定支座的劣化类型和劣化等级,应在光线明亮的条件下用肉眼适当的检查设备(如裂缝放大镜、角尺、塞尺等)检查。

有多项劣化项目时,应按劣化最严重的一项评定。

3. 劣化等级评定及处理措施

未按规定(包括规格和位置)安装各种支座,均评定为 A1 级。支座劣化等级评定标准见表 6.2.1~表 6.2.3;处理措施见表 2.2.2。

表 6.2.1　普通钢支座劣化等级评定标准

类型 等级	(1)钢部件裂损	(2)钢部件脱焊	(3)钢部件锈蚀
AA	钢部件折断		
A1	裂缝深度≥10 mm	受力部件	
B	5 mm≤裂纹深度<10 mm	非主要受力部件	锈蚀并剥落
C	裂纹深度<5 mm		锈蚀

续上表

类型等级	(4)钢部件磨损	(5)销钉(螺)栓剪断	(6)锚(螺)栓松动	(7)牙板挤死、折断或辊轴连杆螺栓剪断
AA	变形凹陷≥3 mm	销钉剪断或锚栓剪断≥50%		牙板折断或辊轴连杆螺栓剪断≥50%
A1	1 mm≤变形凹陷< 3 mm	25% ≤锚栓剪断<50%		牙板折断或辊轴连杆螺栓剪断<50%
B	①变形凹陷<1 mm ②辊轴连杆螺栓剪切	锚栓剪断<25%	锚栓松动	牙板挤死

类型等级	(8)活动支座不活动	(9)位移超限	(10)转角超限	(11)上下座板与梁底及支承垫石不密贴	(12)支承垫石部位缺陷
A1		纵向>5 mm、横向>2 mm	倾斜度超过设计值		支承垫石裂损影响支座受力
B	支座不活动	纵向≤5 mm、横向≤2 mm		缝隙≥1 mm,深度≥支座相应边长25%	积水、翻浆
C				缝隙≥1 mm,深度≥50 mm	

表 6.2.2　板式橡胶支座劣化等级评定标准

类型等级	(1)钢部件裂损	(2)钢部件脱焊	(3)钢部件锈蚀	(4)橡胶裂纹	(5)钢板外露
AA	钢部件断裂			裂缝宽度>2 mm 且水平裂缝连续长度达相应边长的50%	外露长度>100 mm
A1	裂纹深度≥10 mm	受力部件		裂缝宽度>2 mm 且水平裂缝连续长度达相应边长的25%,但<50%	局部外露
B	5 mm≤裂纹深度<10 mm	非受力部件	锈蚀并剥落	1 mm<裂纹宽度≤2 mm 且水平裂缝连续长度达相应边长的25%,但<50%	
C	裂纹深度<5 mm		锈蚀	裂纹宽度≤1 mm 且水平裂缝连续长度<相应边长的25%	

类型等级	(6)橡胶不均匀臌凸	(7)支座脱空(未设置上下钢板有此项)	(8)剪切超限	(9)锚固螺栓剪断	(10)锚固螺栓松动
AA			$\tan\alpha>0.45$	剪断≥50%	
A1	沿支座一侧外臌长度占相应边长的25%以上	≥支座相应边长25%		25% ≤剪断<25%	套筒松动
B	沿支座一侧外臌长度占相应边长的10%~25%	<支座相应边长25%		剪断<25%	螺栓未全部拧进套筒
C	沿支座一侧外臌长度小于相应边长的10%				

续上表

类型等级	(11)上下座板与梁底及支承垫石不密贴(未设置上下钢板有此项)	(12)支承垫石部位缺陷	(13)支座位置串动(未设置上下钢板有此项)
AA			串动量>相应边长 25%
A1	缝隙≥1 mm 深度:长边≥相应边长 25%或短边≥相应边长 25%	垫石开裂	串动量≤相应边长的 25%或有脱空
B	缝隙≥1 mm 深度:长边≥相应边长 15%或短边≥相应边长 10%	积水、翻浆	
C	缝隙<1 mm 深度≥30 mm		

表 6.2.3 盆式橡胶支座劣化等级评定标准

类型等级	(1)钢部件裂损	(2)钢部件脱焊	(3)钢部件锈蚀	(4)滑板挤出或承压橡胶板挤出
AA	钢部件断裂、盆环开裂、盆地脱落	盆环脱焊		滑板挤出或承压橡胶板挤出
A1	裂纹深度≥10 mm	限位挡块脱焊,不锈钢板脱焊		
B	5 mm≤裂纹深度<10 mm		锈蚀并剥落	
C	裂纹深度<5 mm		锈蚀	

类型等级	(5)滑板磨损	(6)锚固螺栓剪断	(7)活动支座不活动	(8)位移超限
AA	外露高度<0.2 mm	剪断≥50%		
A1	0.2 mm≤外露高度<0.5 mm	25%≤剪断<50%	支座不活动	超限≥10 mm
B	0.5 mm≤外露高度<1 mm	剪断<25%		超限<10 mm
C	1 mm≤外露高度<1.5 mm			

类型等级	(9)支座不转动或转角超限	(10)橡胶密封圈挤出或断裂	(11)上下座板与梁底及支承垫石不密贴	(12) 支承垫石部位缺陷	(13)锚固螺栓松动
AA	上下支座板接触				
A1	转角超限≥20%		缝隙≥1 mm 深度:长边≥相应边长 25%或短边≥相应边长 20%	垫石开裂、砂浆垫层碎裂	套筒松动
B	10%≤转角超限<20%	挤出或断裂	缝隙≥1 mm 深度:长边≥相应边长 15%或短边≥相应边长 10%	砂浆垫层开裂	螺栓未全部拧进套筒
C	转角超限<10%		缝隙<1 mm 深度≥30 mm		

4. 支座重点检查

①支座安装是否符合标准;

②支座位移值测量是否安装指示标(尺);

③对连续梁桥及柔性墩桥上的固定支座应观测有无变形,活动支座应检查其变位方向是否与温度变化相符,倾斜度是否在容许限度内;

④梁端横向位移的限位装置作用是否良好;

⑤支承垫石是否裂损、不平;

⑥上下座板与梁身、支座与支承垫石之间是否密贴,有无三条腿、翻浆冒锈等不正常现象,支座各部分是否完好;

⑦钢部件有无锈蚀。

6.2.2　任务考核

文本

6.2.2　答案

1. 单选题

(1)未按规定(包括规格和位置)安装各种支座,均评定为______级。

(A)AA　(B)A1　(C)B　(D)C

(2)普通钢支座纵向位移大于 5 mm,可评定为______级。

(A)AA　(B)A1　(C)B　(D)C

(3)板式橡胶支座,橡胶裂缝宽度 1 mm$<f\leqslant$2 mm 且水平裂缝连续长度达相应边长 25%,但小于 50%。可评定为______级。

(A)AA　(B)A1　(C)B　(D)C

(4)盆式橡胶支座,转角超出设计转角小于 10%。劣化等级可评定为______级。

(A)AA　(B)A1　(C)B　(D)C

(5)盆式橡胶支座,锚栓剪断数量达 25%但不超过 50%。劣化等级可评定为______级。

(A)AA　(B)A1　(C)B　(D)C

2. 判断题

(1)支座是桥梁作用力传递的关键部位,也是劣化状态变化较快处所,应加大检查,及时把握其劣化状态,把不安全因素消灭在萌芽状态。　(　　)

(2)平板橡胶支座产生剪切外鼓变形时必须立即更换。　(　　)

(3)铸钢支座的劣化类型包括钢部件损伤,锚固件及定位件失效,上、下座板变形,活动支座不活动位移超限、转角超限和支承垫石部位缺陷等。　(　　)

(4)盆式橡胶支座劣化尖型包括钢件裂纹和变形、钢件脱焊、锈蚀、聚四氟乙烯板磨损、支座位移超限、支座转角超取和锚栓剪断。　(　　)

任务 6.3　铁路桥梁支座养护维修

支座是桥梁力传递的关键部位,也是劣化状态变化较快处所,确保其经常处于状态完好。本任务主要介绍铁路支座的养护内容。

学习目标

1. 掌握常用支座的养护内容。
2. 掌握支座的常见病害及处理方法。
3. 掌握支座养修质量评定(验收)标准。

6.3.1　支座养护

支座在使用期间应定期进行养护,包括钢件的表面油漆、辊轴及摇轴转动部分定期擦洗并涂抹润滑油,滑动支座不锈钢表面的擦洗及检查支座的锚栓等。

梁跨与支座上摆、上摆与下摆、下摆与滚轴、滚轴与底板、底板与支承垫石间都应密贴紧靠,不应有缝隙。支座的滚动面必须经常保持清洁不积水,不积灰尘,冬季应清除积雪防止结冰。

支座四周应排水良好。一般在支座周围做有半圆形排水槽,有内高外低的坡度使水流走,或支座底板底面略高出墩台面 2~3 mm,并凿成流水坡。墩台的支承面与底板接触面也可以略小于底板边缘 2~3 mm,以防止雨水进入支座底板内。

为了防止生锈,支座上下摆应涂油漆;对辊轴和滚动面应定期进行擦拭,擦石墨或填以黄油,禁止在辊轴和滚动面上涂油漆,要使活动支座能自由活动,绝不容许其他异物存在。

为了保持支座滚动部分的清洁,防止灰尘、煤渣、雨雪等进入,应做好防尘措施(图 6.3.1)。

图 6.3.1　支座防尘设备

对弧形支座或摇轴支座的滚动面,在清除污垢、灰尘后,均应填以黄油再贴上一层塑料薄膜,以保护支座清洁。这样黄油也不易沾灰或流失,效果较好。原来的钢板防尘罩起不到防尘作用时可以拆除。

根据支座罩框架材料的不同,有钢制支座罩和钢筋混凝土制支座罩两种常见的形式。

钢制支座罩的框架采用钢制作,其与盖板接触处为 U 形槽,内注变压器油(或废机油)。支座偏移时盖板顺桥方向移动,垂直板在槽内移动,故盖板与槽形铁不密贴时,灰尘也无法通过油槽进入支座罩内。支座罩四周为钢板制防尘窗,用螺栓固定在框架上,防尘窗大部分面积为有机玻璃,它用特制橡皮条固定,这样既能起防尘作用,又能在支座罩外观察辊轴偏移情况。

钢筋混凝土制支座罩,其框架系钢筋混凝土,框架内侧有两条凹槽,每一格装两块玻璃,玻璃锚缝处用海绵或毛毡填塞。

这两种支座罩顶盖部分都可用 1~1.5 mm 镀锌铁板制作,顶上用小角钢加劲,也可使用 4 mm 铁板制造。它的一端用螺栓连接支承在角钢上,角钢用螺栓固定在下摆四周;另一端搁置在钢支座罩框架上。

这两种支座罩形式,前者密闭程度较严密,有较好的防尘效果,后者制作比较简单。这两种防尘罩平时检查都不必拆下铁板或玻璃,仅在每年或隔一定时间擦拭辊轴时卸下一次即可。

支座防尘罩也可以做成钢门钢窗式的,最好用电镀铝质材料制作,不宜采用 2 mm 以下薄皮制作，因后者烧焊容易变形。

6.3.2　支座的常见病害及处理方法

1. 上锚栓折断、弯曲、锈死

(1)可将支座上摆与混凝土梁底镶角板焊起来，例如每个支座用2根200 mm长，∟60×41×8的不等边角钢，沿梁长方向将角钢短肢焊在梁底镶角边上。

(2)用夹板加固法。每个支座用2块480 mm×70 mm×20 mm钢板，以2根直径20 mm螺栓将其置于支座上摆两侧夹紧于梁体上(如支座与梁底不等宽，则钢夹板与支座间加填板并与钢板焊牢)，并在夹板中间钻孔做丝扣，用顶丝顶在支座上摆上，使夹板与支座上摆连成一体。

2. 下锚栓折断、弯曲、锈死

在支座底板旁斜向凿去部分混凝土，取出旧锚栓，更换新锚栓。

3. 支承垫石损裂、梁体有“三条腿”，个别支座出现明显悬空现象

(1)当悬空量小于30 mm以内时，采用压力灌浆，也可采用灌铅法整治。

(2)当悬空量在30~100 mm时，可在支座下捣垫半干硬性水泥砂浆。

(3)当悬空量在50~200 mm时，垫入铸钢板，或分2~3次捣填半干硬性砂浆。

(4)当悬空量在200 mm以上时，可就地灌注钢筋混凝土垫块，或更换钢筋混凝土顶帽。

4. 支座陷槽、积水、翻浆、流锈

应该使支座底板略高于墩台支承垫石，并采用细凿垫石排水坡的办法，排水坡的坡度一般为3%，以利排水。

5. 小跨度(≤6 m)钢筋混凝土梁横向移动

将梁身顶起移正，增设橡胶平板支座，并在梁两侧的墩台顶面埋设角钢或加筑混凝十挡墙。

6. 辊轴或摇轴活动支座倾斜超限

可用千斤顶顶起梁身，按以下方法整治：

(1)移动锚栓法：按照当时钢梁温度考虑活载影响计算所得的位移量矫正滚轴或摇轴的倾斜度，移动底板，重新锚固螺栓。

(2)支座底板扩孔法：根据位移量在底板原螺栓孔旁割一个月牙形缺口，不动锚栓，只移动底板来矫正。

(3)填钻法：取出底板，用预制圆柱形填塞原锚栓孔，根据矫正量对底板重新钻空后安装就位。

(4)异形牙板法：采用异形辊轴牙板更换，这个办法比前三种工作量都小。

7. 活动支座不活动

(1)对弧形支座，可以顶起梁身，将上下支座板的穿销进行除锈涂黄油，并清除椭圆孔内的污垢杂物。如果发现固定支座和活动支座位置安装错误，应予调整。

(2)对摇轴及辊轴支座，应找出不活动的原因进行处理，必要时予以更换。

6.3.3　支座养修质量评定(验收)标准

支座保养质量评定标准参考表2.3.1。

支座修理作业验收标准参考表2.4.1。

6.3.4 典型工作任务

图 6.3.2 支座涂油作业

1. 支座注油封闭作业(图 6.3.2)流程及标准

(1)卸螺帽

卸掉锚栓螺帽。

(2)卸防尘罩

卸开防尘罩。

(3)清扫或整修活动支座

①彻底清扫,擦净辊轴、下摆及底板的滚动面(如发现有严重锈蚀、斑点麻面时,则应更换)。

②活动支座不活动时:弧形支座应顶起梁身,彻底清除上下摆滑动面间,穿销和椭圆孔内锈垢杂物(参考顶梁标准);对摇轴或辊轴支座必要时也应顶起梁身,进行彻底除锈和清扫。

(4)压注黄甘油

清除干净后,压注黄甘油,再外贴塑料薄膜一层。

(5)上防尘罩

对辊轴支座要用浸油的泡沫塑料条填塞防尘罩空间,以防灰尘侵入。

(6)涂油

锚栓涂油,上紧螺帽并配防尘帽。

(7)检查

按照作业质量标准对支座修整与注油质量进行检查,发现不符合要求及时整改,确保作业质量达标。

(8)作业结束

清扫作业现场及回收清理料具。

(9)完工会

收工后,施工(作业)负责人组织召开完工会,对当日作业质量及安全情况进行总结。

(10)主要质量标准

①支座的滚动面无污垢、无灰尘、无锈蚀。

②注油饱满、封闭良好。

③支座各部分零件完整。

⚠ 安全风险

风险名称:人身伤害

防控措施:

1. 墩台顶面距地面超过 2 m,且无吊围栏时应系安全带或安全绳,或设临时围栏。
2. 擦试辊轴注入黄甘油应戴胶质手套。

2. 整正支座作业(图 6.3.3)流程及标准

(1)封锁、防护

要点封锁线路、设置防护。

(2)解除约束

松除扣件。卸开桥上有关基本轨及护轨接头,拔除有关道钉,放开墩台与梁体、桥面的连接点。

附属设施解除联结。将桥梁栏杆、检查梯的联结临时解除。

(3)试顶和起梁

使用千斤顶操作要稳,速度要匀,两个千斤顶要同时起落。保险木垛要随顶随垫,垫稳垫牢,保险木垛上的楔子要随时调整,使其顶面保持与梁底不超过 5 mm 的空隙。

图 6.3.3　支座整正作业

(4)凿除混凝土

凿除混凝土深度要达到能拿出原锚栓。按规定要求凿好新设锚栓孔。凿除失效部分,清洗新凿面。

(5)拨正梁体及支座

拨正梁体及支座达到规定标准位置,即对活动支座位置进行计算确定,按其所确定标准安好锚栓并用砂浆捣实。

(6)配制砂浆

采用水泥与干砂的重量比为 1∶1~1∶1.5 的干硬性砂浆(水灰比 0.23~0.25),拌和砂浆的稠度以用手捏成团而不松散不湿手为宜。

(7)捣垫砂浆

事先抄平,顶起梁比设计高程高 1~2 mm,捣垫前支座的三面必须用牢固的模壳封闭,用水浇湿凿毛面,并用水泥浆先在面上刷一遍,然后分次填入砂浆,每次厚度 50 mm 左右,捣锤方法先上后下,先轻后重,每层打到感觉振手和表面开始呈现潮湿时为止(可用风镐装上镐头进行捣固)。

(8)落梁

同起梁,并撤除保险木垛。

(9)线路恢复

作业完毕后,经作业负责人检查合格后,上好钢轨接头,拧紧扣件,检查轨距、水平、高低、方向,应符合线路维修标准。

(10)销点

设备经验收达到放行列车条件后,清扫作业现场及回收清理料具、撤除防护,按要求销点,开通线路。

(11)过车后作业回检

线路开通首列后,由作业负责人全面检查质量,确保支座正常,轨道几何尺寸不超限。达到作业验收标准后方可收工,否则按规定组织返工,直至合格。

(12)完工会

收工后,施工(作业)负责人组织召开完工会,对当日作业质量及安全情况进行总结。

(13)主要质量标准

①位置正确(偏差小于 5 mm)、不缺螺帽、不松动、不弯曲、不锈蚀。周围砂浆填实无裂纹。

②锚栓直径不小于 25~32 mm,螺杆超出帽顶 5~30 mm。

③埋入深度不小于 300 mm,埋入部分下端应有倒刺。

安全风险

风险名称:人身伤害

防控措施:

1. 确认封锁并按要求设置防护后,方可上道作业。
2. 凿混凝土或凿石时,应戴护目镜,严禁打对头锤。
3. 在高度大于 2 m 未设围栏、带篮的墩、台面上作业时,应系安全带或安全绳,或设临时栏杆。未设置隔离设备时严禁双层同时作业,作业人员应戴安全帽。

风险名称:胀轨跑道

防控措施:

无缝线路地段,根据施工期间实际轨温做好应力放散工作。

3. 支座捣垫砂浆作业流程及标准

(1)封锁、防护

要点封锁线路、设置防护。

(2)解除约束

①松除扣件。卸开桥上有关基本轨及护轨接头,拔除或冒起有关道钉,放开墩台与梁体、桥面的连接点。

②附属设施解除联结。将桥梁栏杆、检查梯的联结临时解除。

(3)试顶和起梁

使用千斤顶操作要稳,速度要匀,两个千斤顶要同时起落。保险木垛要随顶随垫,垫稳垫牢,保险木垛上的楔子要随时调整,使其顶面保持与梁底不超过 5mm 的空隙。

(4)凿除混凝土

凿除混凝土的深度要达到能拿出原锚栓。按规定要求凿好新设锚栓孔。凿除失效部分,清洗新凿面。

(5)配制砂浆

水泥与干砂质量比 1∶1.0~1∶1.5,水灰比 0.23~0.25,拌好的砂浆用手用力捏成团时,表面不出现水分,在手中颠动不松散者表示用水量适当。

(6)立模

捣垫前支座的三面(对捣时两面)必须牢固地用模板封闭好。

(7)捣垫砂浆

捣垫砂浆高度一般以不超过 100 mm 为宜,如超过可分层进行。采取对捣,平铲方头的面积以 45 cm^2 为宜,每次装砂浆量以捣实的厚度不超过 50 mm 为合适。捣到有振手的感觉。

(8)落梁

同起梁,并撤除保险木垛。

(9)线路恢复

作业完毕后,经作业负责人检查合格后,上好钢轨接头,拧紧扣件、检查轨距、水平、高低、方向,应符合线路维修标准。

(10)销点

设备经验收达到放行列车条件后,清扫作业现场及回收清理料具、撤除防护,按要求销点,开通线路。

(11)过车后作业回检

线路开通首列后,由作业负责人全面检查质量,确保砂浆密实密贴,轨道几何尺寸不超限。达到作业验收标准后方可收工,否则按规定组织返工,直至合格。

(12)完工会

收工后,施工(作业)负责人组织召开完工会,对当日作业质量及安全情况进行总结。

(13)主要质量标准

①捣垫坚实,无裂纹。

②底板与支承垫石间密贴。

③支承整石从底板边缘向下外方作 1:1~1:1.5 的斜坡,顶部向底板内方四进 2~3 m,斜坡高度为 20~30 m,其余平面部分应向外做成 2%~3%流水坡。

④外形平整、棱角分明。

⑤支座捣垫砂浆至支座下摆外边相齐,经养护 7 d 后,在距支座边缘不小于 50 mm 范围内应用 ZV 砂浆抹平后,加涂 ZV 胶浆液。

⚠ 安全风险

风险名称:人身伤害

防控措施:

1. 确认封锁并按要求设置防护后,方可上道作业。
2. 凿混凝土或凿石时,应戴护目镜。严禁打对头锤。
3. 在高度大于 2 m 未设围栏、吊篮的墩、台面上作业时,应系安全带或安全绳,或设临时栏杆。
4. 未设置隔离设备时严禁双层同时作业,作业人员应戴安全帽。
5. 试风或放出残余冷风时,风嘴必须向下,严禁对人。风镐应有保安环,保证风嘴及风管连接牢固。

风险名称:胀轨跑道

防控措施:

无缝线路地段,根据施工期间实际轨温做好应力放散工作。

4. 更换支座下摆螺栓作业流程及标准

(1)凿锚栓孔

在支座旁斜向凿孔,其深度大于锚栓全长以便从侧面取出旧锚栓。

(2)清除碎混凝土

使用小铁勺彻底挖出碎混凝土、石渣并冲洗干净。

(3)安装新支座下摆螺栓

利用氧割烧断既有锚栓,并将旧栓拆除。将加工好的新支座下摆螺栓安装好,并上紧螺帽和涂油。

(4)捣垫砂浆

砂浆的水泥和干砂的质量比为 1:1~1:1.5,水灰比为 0.23~0.25,稠度以用手捏成团不松散不湿手为宜;边填边捣,捣固密实,压平抹光。

(5)养护

在湿草袋上加砂土浇水覆盖,保持湿润 7 d。除利用干硬性水泥砂浆外,还可利用 ZV 砂浆锚固。

(6)检查

按照作业质量标准对下摆螺栓质量进行检查,发现不符合要求及时整改,确保作业质量达标。

(7)作业结束

清扫作业现场及回收清理料具。

(8)恢复常速

新补砂浆达到设计强度后,按要求撤除慢行,恢复常速。

(9)完工会

收工后,施工(作业)负责人组织召开完工会,对当日作业质量及安全情况进行总结。

(10)主要质量标准

①位置正确(偏差小于 5 mm)、不缺螺帽、不松动、不弯曲、不锈蚀。周围砂浆填实无裂纹。

②锚栓直径不小于 25~32 mm,螺杆超出帽顶 5~30 mm。

③埋入深度不小于 300 mm,埋入部分下端应有倒刺。

安全风险

风险名称:高处坠落伤害

防控措施:

1. 凿孔时要戴护目镜、口罩、安全帽。
2. 桥高在 2 m 以上,未设墩台围栏的处所,应系安全带或绑好临时栏杆。
3. 上下墩台、运送料具,应密切注意列车。

文本

6.3.5　答案

6.3.5　任务考核

1. 单选题

(1)支座四周应略高出墩台面______ mm,形排内高外低的坡度使水流走。

(A)1~2　　(B)2~5　　(C)1~3　　(D)2~3

(2)支座防尘罩也可以做成钢门钢窗式的,最好用电镀铝质材料制作,不宜采用______ mm 以下薄皮制作,因后者烧焊容易变形。

(A)1　　(B)2　　(C)3　　(D)5

(3)支座底板应略高于墩台支承垫石,并采用细凿垫石排水坡的办法,排水坡的坡度一般为______,以利排水。

(A)2%　　(B)3%　　(C)4%　　(D)5%

(4)______不是支座常见病害。

(A)小跨度的钢筋混凝土梁横向移动　　(B)支座上下锚栓折断、弯曲、锈死

(C)辊轴或摇轴活动支座倾斜超限　　(D)活动支座不活动

(5)支座陷槽、积水、翻浆、流锈一般采用______的办法整治。

(A)更换支座底板　　(B)更换支承垫石

(C)细凿垫石排水坡　　(D)压力灌注灰浆

(6)支座下捣填半干硬性砂浆的水灰比为______。

(A)0. 23~0. 25　　(B)0. 35~0. 40　　(C)0. 30~0. 35　　(D)0. 25~0. 30

2. 判断题

(1) 支座的滚动面必须经常保持清洁不积水，不积灰尘，冬季应清除积雪防止结冰。（　）

(2) 为了保持支座滚动部分的清洁，防止灰尘、煤渣、雨雪等进入，应做好防尘措施。（　）

(3) 为了防止生锈，支座上下摆、辊轴和滚动面上应涂油漆。（　）

(4) 根据支座罩框架材料的不同，有钢制支座罩和钢筋混凝土制支座罩两种常见的形式。（　）

(5) 下锚栓折断、弯曲、锈死，应在支座底板旁斜向凿去部分混凝土，取出旧锚栓，更换新锚栓。（　）

(6) 支座必须保持清洁完整、平稳、密贴，保证梁跨自由伸缩，如有缺陷应立即修理或更换。（　）

3. 实作题

考核方式一：依据《桥隧工》考核大纲，具备实习实训条件的单位，根据具体情况，从 6. 3. 4 中抽选一个或几个典型工作任务，现场实作考核。

考核方式二：依据《桥隧工》考核大纲，无实习实训条件的单位，从 6. 3. 4 中抽选一个或多个典型工作任务，从作业流程、质量验收标准及安全注意事项等方面进行试卷考核。

如：(1) 支座捣垫砂浆作业的质量标准有哪些？

(2) 支座捣垫砂浆作业过程中的安全注意事项有哪些？

(3) 支座捣垫砂浆的作业步骤是什么？

项目7　圬工梁拱及墩台修理

项目概述

本项目主要包括2个任务，主要介绍铁路圬工梁拱结构、墩台劣化状态评定方法及常见病害的整治。重在技能培养，是本课程的重点学习内容。

学习目标

知识目标

1. 掌握铁路圬工梁拱的技术指标。
2. 掌握圬工梁拱的劣化状态评定方法。
3. 掌握铁路圬工梁拱常见病害的整治处理。

能力目标

1. 具备铁路圬工梁拱劣化状态评定的能力。
2. 初步具备铁路圬工梁拱常见病害整治的能力。

素质目标

培养学生的专业技能及职业素养；培养学生严谨务实、实事求是的工作作风。

课前导学

朔黄铁路——西煤东运的重要通道

朔黄铁路，西起山西省神池县神池南站，东至河北省沧州市黄骅港口货场，是我国目前投资与建设规模最大并一次性建成双线电气化的一条合资铁路，也是我国西煤东运第二大通道，对加快沿线地方经济发展，保证华东、东南沿海地区能源供应，扩大我国煤炭出口能力，具有重要意义。该项目荣获詹天佑奖。

2021年朔黄铁路上行273号桥发现部分腹板裂缝多条，跨中竖向静挠度已临近《桥检规》规定的限值。为了消除安全隐患、降低对运输组织的影响，此次施工采取安全风险较小的汽车吊辅助走行台车整孔换梁方案，使用转动灵活的新型球型钢支座，在天窗点内完成旧梁顶起及移位、旧梁吊离装运、新梁落位等多项作业(图7.0.1)。

更换完成后，将彻底根除普通钢筋混凝土梁承载能力不足、梁体裂纹和梁跨中挠度劣化发展较快的弊病，提高桥梁承载能力、延长桥梁使用寿命，为运输安全畅通奠定良好设备基础。

图 7.0.1　黄骅南至段庄区间上行 273 号桥第 3 孔圬工梁施工现场

任务 7.1　圬工梁拱及墩台劣化等级评定

本任务主要讲述铁路圬工梁拱的劣化等级评定方法，为圬工梁拱养护维修提供科学依据。为后续课程的学习奠定基础。

学习目标

1. 认知铁路圬工梁拱的病害。
2. 掌握铁路圬工梁拱的劣化等级评定方法。

圬工梁拱及墩台应具有要求的强度、刚度、抗渗、耐久性和整体稳定性，并经常保持状态良好。

7.1.1　圬工梁拱劣化评定标准

1. 劣化类型

混凝土梁的劣化类型包括防排水设施失效、混凝土裂缝、混凝土劣化、梁体损伤、钢筋锈蚀、横隔板断裂、上拱度异常、梁体不能自由伸缩、道砟厚度不足或超厚、承载能力不足、挠度过大及横向振幅超限等。

(1)防排水设施失效包括防水层、泄水管设置不当或破损、老化桥面污水流经梁体，道砟槽积水、梁体渗水、流浆等。

(2)混凝土裂缝包括梁体的竖向弯曲裂缝、支点附近的斜裂纹、纵向裂缝及其他裂缝。

(3)混凝土劣化包括强度降低、空洞、碳化、碱—集料反应以及混凝土腐蚀。

(4)梁体损伤包括混凝土局部溃碎、脱落与主筋断裂、变形。

(5)钢筋锈蚀包括预应力钢筋与普通钢筋的浮锈、锈坑及断面缺损。

(6)横隔板断裂包括隔板混凝土开裂、联结角钢锚固筋断裂及联结钢板脱焊。

(7)上拱度异常指预应力混凝土梁徐变上拱发展过大造成桥面道砟层厚度不匀以及冲击系数、桥面恒载增大。

(8)梁体不能自由伸缩包括相邻跨梁端、桥墩台与梁端顶紧及人行道顶紧。

(9)桥面道砟厚度不足或超厚系指梁跨轨下枕底道砟厚度普遍偏薄或超厚造成结构冲击系数、桥面恒载增大。

(10)承载能力不足指由于各种原因造成梁跨的检定承载系数 $K<1$。

(11)挠度过大指梁跨在承受竖向静活载作用下所产生的弹性挠度大于《铁路桥涵设计规范》(TB 10002—2017)限值或《桥检规》参考限值。

(12)横向振幅超限指梁跨在运行荷载作用下跨中横向最大振幅超出《桥检规》参考限值。

2. 劣化评定方法

(1)混凝土梁的劣化类型和劣化等级应在光线明亮的条件下,用肉眼及必要的检测工具与材料(如刻度放大镜、卡尺、卷尺、手锤、小型钻机、水平仪、酚酞酒精溶液等)进行检查和判别。

(2)当需要确定混凝土梁拱结构的承载能力、活载挠度及横向振幅时,应进行专门的静、动载试验和检定。

(3)有多项劣化类型时应按最严重的一项评定其劣化等级。

(4)当劣化等级难以判定或劣化状态异常时,应由专业人员采用全面的测试手段进行测试或组织专家进行评定。

3. 圬工梁拱劣化等级评定及处理措施

圬工梁拱劣化等级评定标准见表 7.1.1,处理措施见表 2.2.2。

表 7.1.1 圬工梁拱劣化等级评定标准

序号	病害类型	劣化等级			
		AA	A1	B	C
1	防排水设施失效		①桥面板、主梁、锚具及其封堵渗水并伴有锈迹 ②道砟槽严重积水溢出梁体 ③拱桥渗水、漏水 ④框(刚)构桥、地道四周水土流失,造成箱体下沉或空洞陷穴 ⑤伸缩缝(或沉降缝)失效,造成水土流失	①梁体泄水孔附近长期潮湿,泄水管损坏或腐蚀严重 ②道砟槽积水	泄水管泄水不畅

续上表

序号	病害类型	劣化等级			
		AA	A1	B	C
2	混凝土裂缝	①钢筋混凝土梁竖向、主拉应力方向裂缝宽度≥0.5 mm ②预应力梁有竖向及主拉应力方向的裂缝 ③预应力梁纵向裂缝≥0.3 mm 并有发展	①钢筋混凝土梁裂缝宽度 0.3~0.5 mm ②预应力梁纵向裂缝宽度 0.2~0.3 mm 或封端混凝土开裂 ③混凝土拱圈横、斜向裂缝宽度达 0.3 mm，纵向裂缝宽度＞0.5 mm ④框构裂缝宽度＞0.5 mm	①钢筋混凝土梁竖、纵向裂缝宽度 0.2~0.3 mm，主拉应力裂缝宽度 0.1~0.3 mm，其他裂缝宽度＞0.2 mm ②预应力梁纵向裂缝宽度＜0.2 mm ③混凝土拱圈横、斜向裂隙宽度 0.2~0.3 mm，纵向裂缝宽度 0.3~0.5 mm ④框构桥裂缝宽度 0.2~0.5 mm	①钢筋混凝土梁竖、纵向裂缝宽度＜0.2 mm，主拉应力裂缝宽度＜0.1 mm ②混凝土拱圈横、斜向裂缝宽度＜0.2 mm，纵向裂缝宽度＜0.3 mm
3	混凝土劣化		①混凝土中性化深度普遍超过 25 mm 或达钢筋表面 ②碱—集料反应导致管道或主筋裂缝 ③混凝土表面大面积粉化	①中性化深度超过 20 mm ②混凝土内部有空洞	①混凝土表面有细微网状裂缝 ②混凝土表面麻面失浆 ③混凝土保护层过薄
4	梁体损伤	①梁体混凝土局部溃碎及主筋变形、断裂 ②梁体支承部位混凝土局部溃碎 ③保护层脱落，已危及桥下行人及交通安全	梁体混凝土有溃碎脱落迹象	梁体混凝土局部缺损（掉角及少量露筋等）	
5	钢筋锈蚀	①钢筋混凝土梁主筋严重锈蚀，锈蚀量超过所在截面主筋 6% ②预应力钢筋表面已有锈坑	①钢筋混凝土梁沿主筋出现严重纵向裂缝，流出锈水 ②混凝土保护层厚度不足设计规定 ③构造筋锈蚀已有断面缺损 ④预应力管道外露，预应力筋已有浮锈	①构造筋有局部锈蚀或因保护层过薄有外露 ②预应力管道外露但钢筋未锈	梁体表面偶有锈迹
6	横隔板断裂	隔板连接断裂达总量 1/2 及以上，已危及行车安全	隔板连接断裂未达总量的 1/2	①隔板混凝土裂缝宽度≥0.3 mm ②联结钢板处后灌混凝土脱落	①隔板混凝土有裂隙，宽度小于 0.3 mm ②联结钢板处后灌混凝土破碎或起壳

续上表

序号	病害类型	劣化等级			
		AA	A1	B	C
7	上拱度异常		道砟层厚薄不匀,冲击系数增大,检定承载系数 $K<1$	跨度大于 24 m 简支梁上拱度 60 mm;跨度不大于 24 m 简支梁上拱度超过 45 mm	
8	梁体不能自由伸缩	梁端顶紧已造成梁或墩台混凝土溃碎和严重裂缝	相邻跨梁端或梁端与桥台顶紧(无支座或就地灌注梁两端未留缝隙者除外)	①相邻跨作业通道顶紧 ②相邻跨梁端或梁端与墩台间隙小于 2 mm,有顶紧的可能	
9	道砟厚度不足或超厚		①道砟超厚、恒载增大,检定承载系数 $K<1$ ②跨中道砟厚度不足 200 mm	道砟厚度小于 250 mm(行车速度大于 160 km/h 区段道砟厚度小于 350 mm 或大于 450 mm(框构桥除外)	
10	挠度过大	挠度大于《铁路桥涵设计规范》限值	挠度大于《桥检规》限值有继续增大趋势	挠度大于《桥检规》限值但不发展	
11	横向振幅超限运行活载作用下		梁体跨中横向最大振幅超出《桥检规》安全值	梁体跨中横向最大振幅超出《桥检规》通常值	

4. 圬工梁拱重点检查

(1)普通钢筋混凝土梁钢筋锈蚀、混凝土溃碎、脱落情况;普通钢筋混凝土梁、预应力及部分预应力混凝土梁横隔板裂缝和顺主筋方向的水平裂缝,缝宽超过限值的垂直裂缝及斜裂缝的变化和发展,并绘制平面展示图。

(2)圬工梁拱发现渗水、流白浆或漏水时应检查防水层和泄水管状态是否完好。

(3)对圬工梁拱中性化深度是否有计划地进行检测。

(4)预应力混凝土梁上拱度变化及桥面道砟厚度不匀情况。

(5)梁体与桥台胸墙、相邻梁端、相邻跨作业通道是否顶紧,能否自由伸缩。

(6)混凝土梁湿接缝是否有开裂。

(7)梁缝止水装置是否开裂、脱落,排水是否通畅、有无漏水。

(8)梁体混凝土横隔板有无裂缝、掉块、露筋。

(9)地震区防落梁设施是否稳固、完整。

(10)作业通道托架构件的连接、托架与梁体的锚固状态。

特殊梁体结构检查重点内容参考《普速铁路桥隧建筑物修理规则》第 5.8 节。

7.1.2 墩台劣化评定标准

1. 劣化类型

墩台基础的劣化类型包括:墩台裂纹、墩台变位、墩台身损伤、基础损伤以及墩台基础综合刚度不足等。

(1)墩台裂纹

主要包括墩台竖向裂纹、水平裂纹、支承垫石及墩台帽裂纹,挡砟墙裂纹以及石砌(包括其他砌体)墩台裂纹、砌缝开裂。

(2)墩台变位

主要包括墩台倾斜、滑动、沉陷、冻起。

(3)墩台身损伤

主要包括内部空隙、腐蚀剥落、强度降低、断裂。

(4)基础损伤

主要包括扩大、沉井基础及桩基承台的腐蚀、松散、裂损以及桩基础的断桩、腐朽。

(5)墩台基础综合刚度不足

指在列车荷载作用下墩台基础的动力特性异常。主要包括墩台顶横向位移偏大、结构自振频率降低。

2. 劣化评定方法

(1)墩台基础的劣化评定应在现场观察检验、一般仪器测量、专用仪器静态测试和专用仪器动态测试的基础上,通过图例、参考限值或检定验算的方式进行评定。

(2)当劣化状态难以判定时,应组织专家会诊进行评定。

3. 圬工墩台劣化等级评定及处理措施

圬工墩台劣化等级评定标准见表7.1.2,处理措施见表2.2.2。

表7.1.2 圬工墩台劣化等级评定标准

序号	病害类型	劣化等级			附图
		AA	A1	B	
1	从基础发展至墩台身的竖向裂缝		裂缝有发展	裂缝无发展	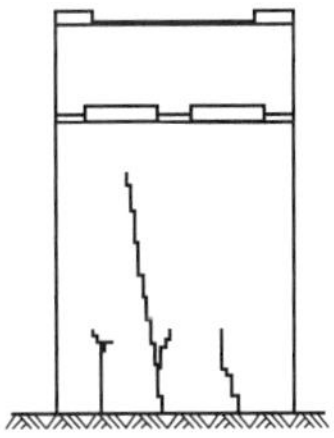
2	复线墩台中间竖向裂缝		裂缝有发展	裂缝无发展	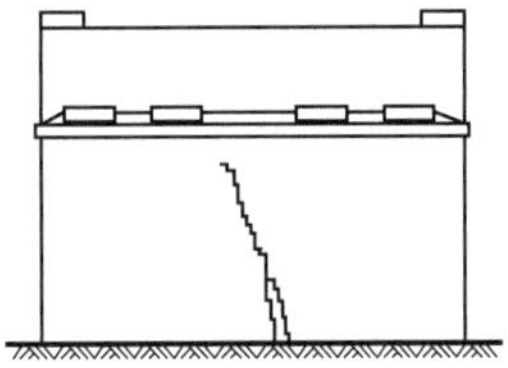
3	墩台身的竖向裂缝		裂缝向墩帽或基础有发展	裂缝无发展	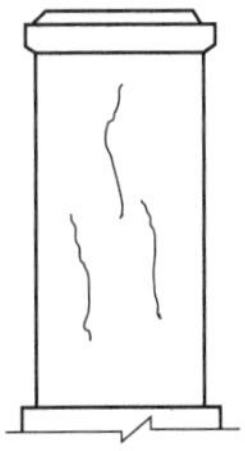

续上表

序号	病害类型	劣化等级			附图
		AA	A1	B	
4	墩台水平裂缝		列车作用下裂缝有开合迹象	裂缝无开合迹象	
5	支撑垫石下竖向裂缝		裂缝有发展和开合迹象	裂缝无发展和开合迹象	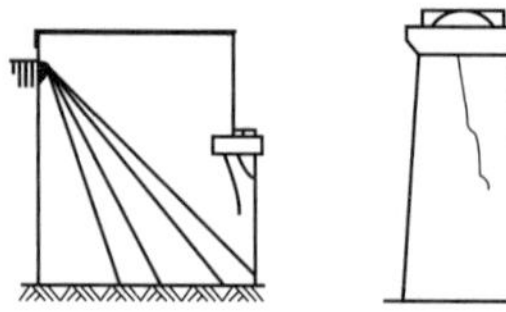
6	墩顶面裂缝			放射状裂缝	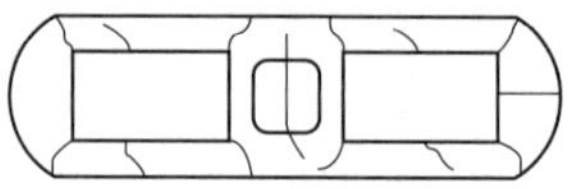
7	桥台挡砟墙裂缝		耳墙式桥台耳墙裂缝长度超过耳墙的1/2或挡砟墙断裂	耳墙式桥台耳墙裂缝长度小于耳墙的1/2或挡砟墙竖向裂缝	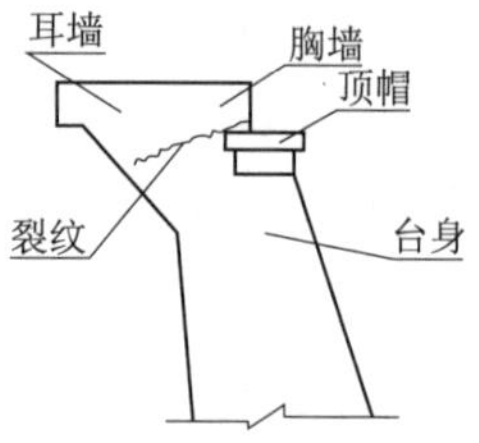
8	石砌墩台砌体裂缝、松动		裂缝横向贯通并有开合迹象	局部松动,开裂横向不贯通也无开合迹象	
9	石砌墩台砌缝开裂		有发展,有开合现象	无发展,也无开合现象	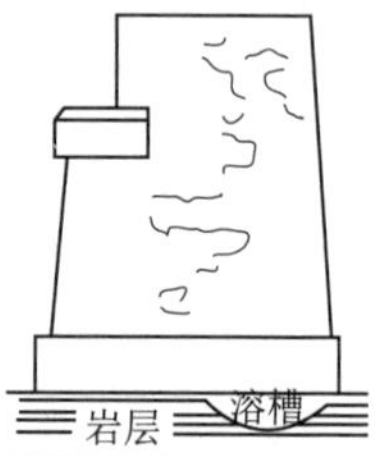
10	墩台变位(倾斜、滑动、沉陷、冻起)	变位影响桥上线路轨道几何状态超限或导致支座状态劣化达AA级	变位引起梁端顶死或导致支座状态劣化达A1级	变位未造成上述病害	
11	墩台身内部空隙		影响墩台正常使用	内部有空隙	
12	墩台身腐蚀剥落		大面积腐蚀剥落达墩台身截面积10%以上	局部腐蚀剥落小于墩台身截面积的10%	

续上表

序号	病害类型	劣化等级			附图
		AA	A1	B	
13	墩台身断裂	墩台身断裂(水平裂纹环向裂通)			
14	基础或承台腐蚀、风化、剥落、空洞(桩基础外)	导致墩台变位,影响行车安全	侵入刚性角	深度>30 mm且面积>0.3 m^2,未侵入刚性角	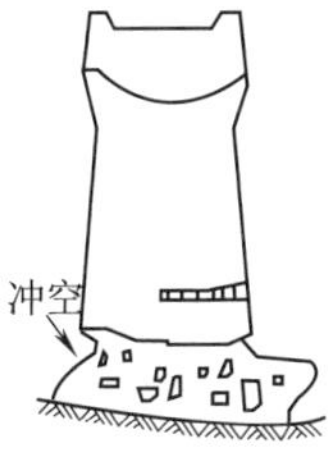
15	桩基础断裂、腐蚀、缺损		影响承载能力		
16	墩台顶横向振幅超限		裂车作用下墩台顶实测最大横向振幅超过《桥检规》通常值		
17	墩台横向自振频率超限		裂车作用下墩台顶实测最大横向自振频率不能满足《桥检规》规定		

4. 圬工墩台重点检查

(1)墩台应进行裂缝、腐蚀、倾斜、滑动、下沉、冻融、空洞等病害的检查。

(2)桥台护锥应检查砌体灰缝有无缺损、开裂、下沉变形、土体有无陷穴(黄土、粉细砂填筑者尤须注意);雨天有无水从护锥背后盲沟排出等。

(3)横移梁跨的墩台应重点检查支承垫石有无裂缝、掉块等现象。

(4)梁跨的横向限位装置作用是否良好。

(5)行洪桥有无水标尺,水标尺是否稳固、标示清晰。

(6)石砌墩台的裂损情况。

(7)加固、帮宽的墩台基础还应重点检查新旧混凝土结合部的状态。

(8)寒冷地区应检查水位变化部位对墩台基础的冻害、腐蚀程度,墩帽顶防落梁支架有无冻起,墩帽托盘有无冻裂。

(9)高桥墩须观测墩顶位移。高墩曲线桥,应注意线路与梁跨中线、梁跨与墩台中线所造成的叠加偏心对墩台的不利影响。对砌体高墩应注意墩身受拉而产生的裂纹及其发展。

(10)有冲刷的桥梁,应检查墩周局部冲刷的深度及基底有无被淘空破坏的状况。在水库下游的桥梁,应检测河床因清水下切而影响墩台的埋置深度。跨越泥石流沟的桥梁,应注意桥下冲淤情况。

特殊墩台结构检查重点内容参考《普速铁路桥隧建筑物修理规则》(TG/GW 103—2018)第5.8节。

文本

7.1.3　答案

7.1.3　任务考核

1. 单选题

(1)为解决圬工结构热胀冷缩而设置的缝隙叫______。

(A)沉降缝　(B)伸缩缝　(C)愈合缝　(D)拉缝

(2)检查圬工裂纹中注射的酚酞溶液显示的颜色为______。

(A)红色　(B)绿色　(C)黑色　(D)黄色

(3)圬工梁拱裂纹的检查方法主要有画线法、显微镜测量法、酚酞溶液注射法、______、测标法、杠杆式引伸法等。

(A)钻孔法　(B)压气法　(C)注水法　(D)敲击法

(4)圬工梁拱梁体表面泛白浆,劣化等级可评定为______级。

(A)AA　(B)A1　(C)B　(D)C

(5)在列车荷载作用下,墩台的水平裂缝有开合迹象,劣化等级可评定为______级。

(A)AA　(B)A1　(C)B　(D)C

2. 判断题

(1)混凝土梁的劣化类型包括承载能力不足、挠度过大及横向振幅超限等。　(　)

(2)梁体损伤包括混凝土局部溃碎、脱落与主筋断裂、变形。　(　)

(3)有多项劣化类型时应按平均等级评定其劣化等级。　(　)

(4)墩台基础的劣化类型包括墩台裂纹、墩台变位、墩台身损伤、基础损伤以及墩台基础综合刚度不足等。　(　)

(5)墩台倾斜不属于墩台变位。　(　)

任务7.2　圬工梁拱、墩台养护维修

本任务主要包含铁路圬工梁拱的常见病害及整治方法、裂缝、剥落掉块露筋、保护层中性化的修补整治。

学习目标

1. 认知铁路圬工梁拱的常见病害。
2. 掌握铁路圬工梁拱常见病害的整治方法。

铁路桥涵混凝土梁拱、墩台等结构物,由于受各种复杂因素的影响,造成混凝土结构功能不断劣化,严重影响正常使用,必须及时加以修补整治,以延缓其功能劣化速度,延长使用寿命,保证行车安全。

7.2.1　圬工梁拱、墩台的常见病害处理措施

1. 圬工梁拱、墩台常见病害的整治

发现圬工梁拱表面风化、梁体裂损和中性化程度较严重时,应及时修补灌浆,封闭表面,以

免进一步恶化设备耐久性。发现墩台严重裂损风化、倾斜、下沉、冻害等情况，应分析病害原因，采取针对性的整治措施予以加固处理。

混凝土结构的耐久性修补及防护分：钢筋锈蚀修补、混凝土破损修补、混凝土裂缝修补，应符合《铁路混凝土结构的耐久性修补及防护》(TB/T 3228)要求。加固处理有表面补强、墩台身包箍、固化土壤、加深或扩大基础、换填卸载等。

圬工表层风化、剥落、裂缝比较细密且面积较大时，可用挂网喷射水泥砂浆、钢纤维水泥砂浆和纤维等表面补强修补加固。对墩台身可根据具体情况，采用在墩台身周围包钢筋混凝土环形箍或整体套箍加固，混凝土强度不小于C30，钢筋配筋率应不小于0.2%。

墩台基底承载力不足时，可采用固化土壤进行加固。在墩台基础之下斜向钻孔(均向墩台中心)或者打入钻管至需要深度，通过孔眼对砾石或砂土层采用压密注浆或分层注浆方法压注水泥砂浆或化学浆液固化土壤，增强基底承载力，整治不均匀沉降的病害。

由于基础承载力不足而造成墩台裂缝、变形，可在原基础周围加打基桩或下沉井、浇筑钢筋混凝土承台与原墩台基础混凝土使之相联结以加深基础，亦可将基础周边挖开，将基底扩大部分的下层土壤先行压实后用半干硬性混凝土填筑并捣实至基础底面高程，然后在基础周围筑钢筋混凝土与原基础相连，扩大基础提高承载能力。

桥台由于台后土壤水平压力太大或冻胀等原因造成桥台裂缝、变形时，可挖开原土壤，换填为片石、碎石或改筑干砌片石等透水性较好的材料或浆砌片石，以减轻桥台的水平压力。

2. *更换或改建*

病害严重、危及行车安全、整治处理不经济的梁拱及墩台，应进行更换或改建。

更换或改建的混凝土梁跨宜采用箱形结构或预应力梁，不得采用无联结的双主梁、多主梁结构。我国既有铁路的混凝土梁多为横隔板联结的T梁结构或无联结的Π梁结构，也有无联结的低高度T梁结构。运营实践证明，由于两主梁无联结，在列车荷载作用下，其振动幅度、相位及频率均不相同，并产生向内侧倾覆翻转的现象。列车速度提高以后，其特征更加明显。

对无联结的T形梁应增设横向联结。跨度12 m的混凝土梁两端各增一个，跨度16 m和20 m的混凝土梁两端及跨中各增设一个，均以横向预应力隔板联结。常用梁的横隔板为角钢焊接，现场灌注混凝土防护，易产生混凝土脱落和焊接断裂。目前T梁均采用预应力混凝土横隔板连接。跨度大于或等于12 m双梁式无横联的T形和工字形混凝土梁，应按参考设计图在梁端及跨中增设预应力横向联结。

混凝土保护层中性化后，则混凝土失去对钢筋的保护能力，出现混凝土开裂、钢筋锈蚀、保护层脱落等。国内研究资料表明，低强度混凝土密实度较差，其保护层易中性化，适当提高混凝土的强度级别可提高混凝土的密实性，对耐久性是有利的。根据我国运营铁路混凝土梁中性化的普查结果，C20及以下强度等级的混凝土梁，使用不到40年保护层中性化已至钢筋，导致梁体混凝土严重开裂、钢筋锈蚀、保护层脱落。因此从技术和经济两方面考虑，并与现行设计规范一致，规定预应力混凝土梁的混凝土强度等级不应低于C40，钢筋混凝土桥跨结构的混凝土强度等级不应低于C30，以保证混凝土梁设计使用年限。

7.2.2 圬工梁拱、墩台技术标准及养修质量评定(验收)标准

(1)圬工梁拱及墩台均系直接承受荷载的设备，应具有规定要求的强度、稳定性、耐久性，运营中应保持设备状态良好状态。如发现下列状态，应及时处理：

①防排水设施失效，梁体表面泛白浆。

②混凝土保护层中性化大于 25 mm。

③钢筋混凝土梁沿主筋裂纹流锈水。

④混凝土梁碱—集料反应导致梁体产生裂纹。

⑤圬工梁、拱及墩台恒载裂缝宽度大于表 7.2.1 规定的限值。

⑥混凝土梁跨中道砟厚度不足 20 cm。

⑦相邻跨梁端或梁端与桥台胸墙间顶紧,或相邻跨作业通道栏杆顶紧,影响梁跨自由伸缩。

⑧意外事故造成梁体或墩台混凝土局部溃碎或钢筋变形、折断。

(2)圬工梁拱、墩台恒载裂缝宽度限值。

圬工梁拱、墩台及框构在恒载下出现裂缝,环境中的水、有害气体易渗入缝隙造成钢筋锈蚀,水渗入缝内会引起冻胀使圬工裂缝扩大与风化,日后将影响结构耐久性,所以对圬工结构的裂缝宽度加以限制,裂缝宽度超过限值应加强观测,分析原因,进行修补。只要裂缝宽度在 0.2 mm 以下,钢筋不会发生锈蚀。圬工梁拱、墩台恒载裂缝宽度限值见表 7.2.1。

表 7.2.1　圬工梁拱、墩台恒载裂缝宽度限值

梁别	裂缝部位		限值/mm
预应力混凝土梁	梁体	下缘竖向及腹板主拉应力方向	不允许
		纵向及斜向	0.2
		横隔板	0.3
钢筋混凝土梁及框构	主筋附近竖向		0.25
	腹板竖向及斜向		0.3
石、混凝土拱	拱圈横向及斜向		0.3
	拱圈纵向		0.5
墩台	顶帽		0.3
	墩身	经常受侵蚀性环境水影响	有筋 0.2,无筋 0.3
		常年有水但无侵蚀性	有筋 0.25,无筋 0.35
		干沟或季节性有水河流	0.4
	有冻结作用部分		0.2

(3)梁端伸缩缝。

墩台上相邻梁间、梁端与墩台挡砟墙间的间距,应能保证梁体自由伸缩,一般梁跨小于等于 16 m 时为 6 cm,梁跨大于 16 m 时为 10 cm。梁端及两片主梁中间的缝隙均应设有挡砟盖板,防止道砟流失。拱桥跨度大于 10 m 的混凝土边墙或跨度大于 15 m 的石砌边墙,应在拱脚附近设置温度伸缩缝,相邻孔的拱上刚架及刚架与墩台间也应设伸缩缝,缝宽一般为 1.0~2.0 cm。并线桥梁梁间无法设置作业通道时,梁间应设置盖板。梁端步行板缝隙应根据需要设置钢步板,并一端固定。

(4)桥面及梁端排水。

大气中的雨水,特别是含有酸性物质的雨水,以及机车车辆排出的废水,使混凝土遭受侵蚀而损坏。故凡可能积水的圬工表面(墩台顶面、道砟桥面、梁顶部等)均应设不小于 2% 的纵、横向排水坡,使水能直接流出建筑物外或流至较低地点,经由泄水管(或槽)排出。泄水管内径应不小于 15 cm,使之不易堵塞。每平方米汇水面积应有 4 cm^2 以上的管孔面积,使圬工表面的水能迅速排出。泄水管可用涂刷沥青防锈漆的铸铁管或 PVC 塑料管。汇水口略低,并盖以排水铁盖板或铁罩,再用大石渣覆盖。对于高边墙的实体拱桥,排水管较长时,为便于检查和清理,可在拱圈排水管上设置检查孔。所有排水管道汇水口至出水口间应顺直,出水口必须伸出建筑物外不少于 15 cm(双线桥梁受线间距限制的除外),泄水管应及时清理,保持排水畅通。若泄水管太短或排水污染圬工表面,应设法接长泄水管或设滴水檐,以防止排水渗入圬工。由于既有圬工梁的道床极易板结积水,泄水管往往不能起到泄水作用,尤其两片梁中间未设泄水管,道床积水会从道砟槽板顶面溢出,沿梁体流淌,侵蚀圬工结构,故圬工梁宜在道砟槽板最内、外侧下缘设通长滴水檐。

对台后路基内的积水,如台后系填透水性土壤,在桥台背后应向台前设泄水盲沟,盲沟出口应高出常水位 0.2 m;如系普通土填筑或发现桥台显示潮湿或从镶面石砌缝内流水,可将台后填土换为砂夹卵石或碎石等透水性土壤或把翼墙内的路堤面作三合土隔水层,以 10% 坡向台后排水,与路堤衔接处从路基中心向两侧也作 10% 坡的三合土层,并在其上做盲沟使水排出路堤以外。这种方法经长期运行,路基无不均匀沉陷,效果较好。

(5)防水层铺设。

圬工梁拱、框构桥及桥台顶面可能被积水渗入的处所,均应铺设防水层。

使用时间较长的既有桥梁的防水层多为热沥青防水层和冷作防水层两种。热沥青防水层是由沥青浸制麻布或用沥青玻璃布油毡铺成。冷作防水层又分“两布三涂”“薄膜加筋”两种。因防水效果受施工条件影响大,又不环保,早已禁止使用。

目前采用较多的是 1998 年研制出“TQF－Ⅰ型”防水层,其防水性能以及与基层面的黏接强度均有较大提高,使用寿命大大延长。2007 年开始使用的高聚物改性沥青防水卷材。高聚物改性沥青防水卷材由高强、聚酯长纤维毡为胎基,采用多喷头火焰烘烤热熔法配套施工的防水层,也是发达国家普遍采用的方法,热熔法施工是可靠、简便,高聚物改性沥青防水卷材的厚度应在 3.5 mm,否则应采用双层卷材,如图 7.2.1 所示。

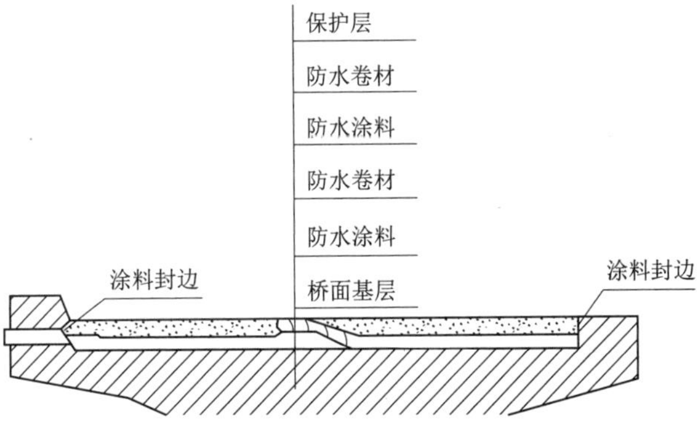

图 7.2.1　防水层、保护层示意

若发现与圬工体表面有湿润渗水、流锈水白浆时,应查明防水层状态,如有破损应进行修理,必要时予以更换或增设。防水层应采用耐久性好的材料和 C40 级纤维混凝土保护层,厚度不小于 4 cm。

(6)桥墩台受船、筏、漂流物撞击、磨损或受冰压力等作用时,在上述外力作用高度以下,不宜采用空心墩。

(7)跨越公路的铁路桥梁,设在公路上或紧靠公路边的桥墩,当其可能受到汽车撞击时,应根据实际情况设置坚固可靠的防护工程设施,如拦板、防冲架、防撞墙(墩)等。当无法设置防护设施时,必须考虑汽车对桥墩的撞击力,撞击力顺行车方向应采用 1 000 kN,横行车方向应采用 500 kN,作用在路面以上 1.2 m 高度处。

(8)桥涵圬工结构受冰、霜、雨、雪、温度、湿度、水流等自然因素和环境有害气体污染的影响而容易被破坏,尤其在水位变化、冰融作用的部位,表面经常有风化剥落现象。为了保持结构物良好的耐久性,桥涵结构中的素混凝土、砌体用材料的最低强度等级和使用范围应满足表 7.2.2 的规定。

表 7.2.2 素混凝土、砌体用材料的最低强度等级和适用范围

圬工种类	最低强度等级			使用范围
	水泥砂浆	石料	混凝土	
片石砌体	M10	MU30		涵洞的翼墙及其基础
	M10	MU50		沉井填芯,拱桥填腹及铺砌防护工程
块石砌体	M10	MU50		拱涵的拱圈
粗料石砌体	M10	MU60		拱桥和拱涵的拱圈
混凝土块砌体	M20	—	C25	拱桥及涵洞的拱圈、帽石
				涵洞的边墙、端墙、翼墙、基础
素混凝土	—	—	C30	拱桥及涵洞的拱圈、帽石
				桥墩台身
				桥墩台基础
				涵洞的边墙、端墙、翼墙、基础

在寒冷或严寒地区,桥涵工程所用材料除应满足一般地区的规定外,尚应考虑气温低、昼夜温差大、经常与冰雪接触冻害严重等环境,符合抗冻试验要求;故严寒地区宜采用整体灌注混凝土墩台,其混凝土强度等级不低于 C30;涵洞口砌体砂浆不低于 M20。

(9)石砌体应采用不易风化的石料。处于浸水和潮湿地区的石砌体,主体工程用石料的软化系数应不低于 0.8。

(10)位于水库、江河中的桥梁,其墩台不足以承受冰压力时,应在冬季结冰期进行破冰工作。

(11)圬工梁拱、墩台养修质量评定(验收)标准。

桥枕保养质量评定标准参考表 2.3.1。

桥枕修理作业验收标准参考表 2.4.1。

7.2.3 典型工作任务

1. 混凝土结构物裂缝修补(图 7.2.2)

混凝土结构物出现的裂缝宽度一般为 0.05 ~ 3.0 mm,宜采用改性树脂类或其他高分子化合物,用一定的压力注入缝内,达到封闭黏合裂缝、恢复混凝土整体性、防止水汽渗入锈蚀钢筋的目的。

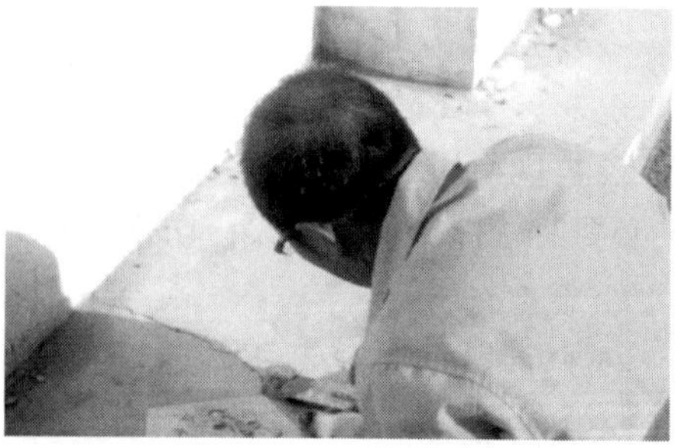

图 7.2.2 混凝土结构物裂缝修补作业

(1)注浆材料的要求

注浆材料应是液态型,不能用悬浮颗粒型,浆液黏度小，可灌性好。应采用常温固化型树脂或高分子化合物。

浆液的固化时间能够按需要进行调节，瞬间凝固不受影响。浆液在胶凝固化过程中基本无收缩，凝固后还能有一定延伸性，沿裂缝渗透。浆液不能添加挥发性溶剂（非活性稀释剂）如醇类（无水乙醇）、苯类（二甲苯）、酮类（丙酮），防止浆液固化后，固体内溶剂的挥发产生二次收缩。

固结体有较高的抗压、抗拉强度，特别是与原混凝土有较高的黏接强度。固结体基本无毒，不污染环境，不受酸碱液影响，有较好的耐久性和耐老化性能。

(2)密封封闭材料要求

为了保证浆液充满裂缝，进行注浆时要施加一定压力，而注浆料一旦沿封缝涂层与结构物混凝土黏结面之间渗漏，则引起注浆失效。因此，宜采用改性环氧树脂等材料，黏结注浆嘴和封闭裂缝表面，达到注浆嘴周边和裂缝密闭良好的目的，确保注浆顺利完成。密封材料有以下要求。

①密封封闭材料应采用常温固化型树脂或高分子化合物。

②密封封闭材料在固化过程中的收缩率应小于 0.7%。

③密封封闭材料的固化时间可随意调节，最短不少于 30 min，以利于施工。

④密封封闭材料除底层涂料外不应掺加非活性稀释剂。

⑤密封封闭材料应有较高的黏结、抗拉和抗压强度，并具有良好的抗渗透性，触变性要好，不能流挂。

⑥密封封闭材料不应受酸、碱物和紫外线影响，具有良好的耐久性和耐老化性能。

(3)施工工艺

工艺过程：裂缝表面清理→粘贴注浆嘴→封闭裂缝→试压→吹干→估算注浆量→压力注浆→铲嘴整平。

①裂缝表面清理：裂缝两侧 100 mm 范围内混凝土表面，用钢丝刷刷去浮砟、碎粒、尘土，用铲凿去除起壳、风化疏松层（必要时进行凿毛处理），打磨整平，再用无水乙醇或丙酮擦去表面油垢，做到表面平整洁净。清理时注意裂缝中不能进水，也不能被尘土堵塞，必要时用工业吸尘器吸出除尽。

②粘贴注浆嘴：先用自黏性胶带将注浆嘴按确定位置固定，注浆嘴间距根据裂缝宽度来确定，裂缝宽度为 0.05~0.3 mm 时，其间距为 100~150 mm；裂缝宽度为 0.3~1 mm 时，其间距为 150~250 mm；裂缝宽度为 1~3 mm 及以上时，其间距 250~400 mm。每条裂缝至少要粘贴两个注浆嘴，即裂缝两端各粘一个。注浆嘴的进浆孔必须对准裂缝，并骑缝相贴，用封闭材料将注浆嘴牢牢粘贴在混凝土表面，应特别注意注浆嘴周围及注浆嘴与裂缝交接处要仔细封闭好，既要保证注浆嘴通浆，又不能在注浆嘴周边漏浆，保证注浆成功。同时，应绘制裂缝分布图，标明注浆嘴位置，并编制代号。

③封缝：裂缝两侧 100 mm 范围内均匀涂刷两道薄薄的底层涂料，待第一道底层涂料不粘手后，再涂刷第二道底层涂料，待第二道底层涂料不粘手后，用油灰刀分层刮抹密封封闭材料，每层厚度 0.8~1 mm，总厚度为 2.5~3 mm，若第一层抹面后贴一层 0.5 mm 厚、50 mm 宽的密封玻璃布，还可增强封闭层的致密性和整体强度，每层抹面都要待上一层抹面不粘手后方可进行。

④试压：用手压注浆泵或风动压浆罐把无水乙醇（酒精）或丙酮压注入裂缝中，检查注浆嘴粘贴和裂缝封闭的质量，如注浆嘴堵塞或注浆嘴周边和封闭裂缝有渗漏现象，应及时修补完

好。同时估算注浆量,确定注浆压力,试压时应采用低压力长时间慢速注浆方法,压力要逐步增加,按每隔 10 min 增压 0.1 MPa 的步骤,最高增压至 0.4 MPa 左右。试压或注浆情况均应详细记录在"注浆记录表"上(表 7.2.3),利于进行效果分析和质量评估,并以此作为质量验收依据。

⑤吹干:采用空气压缩机风力把每个注浆嘴通气 15 min 以上,把裂缝中的水分和溶剂吹干,较宽裂缝还能吹出残留尘屑。

估算注浆量:为保证一次注浆成功,避免浆量配制过多造成浪费,配制过少注浆不够饱满影响质量,因此要恰当估算出注浆数量,一般可按试压情况进行估算,也可按下列经验公式计算:

估算注浆量=裂缝长度×裂缝宽度×裂缝深度×浆液比重×损耗系数(1.2)

⑥压力注浆:按材料产品说明书的要求进行计量配制,并以估算注浆量备料,采用手压注浆泵或风动压浆罐进行注浆,同一条裂缝各注浆嘴应同时注浆,每个注浆孔注浆时间不少于 40 min,以确保浆液渗入细微的裂缝深处,使已裂损的混凝土成为整体受力结构。

⑦铲嘴整平:注浆后第二天(相隔 10 h 以上),将注浆嘴逐个铲除,不平处所用封闭材料刮抹平整。

注浆记录:为了具体掌握注浆情况,应详细做好注浆记录,写明工程地点(线别、里程、桥号名)、结构物名称(第几孔梁或第几号墩台)、裂缝编号、长度、注浆材料、气候情况(气温、阴晴雨天气、湿度)、注浆嘴编号、间距、注浆量、压力、时间等。其记录表格式样参见表 7.2.3。

表 7.2.3 注浆记录表

工程地点	线别:	里程:		桥号名:			
结构物名称							
裂缝编号			裂缝长度				
注浆材料			气候情况				
注浆嘴编号	A1	A2	A3	A4	A5	A6	A7
注浆嘴间距/m							
试压量/mL							
实际注浆量/mL							
最高注浆压力/MPa							
注浆时间/min							
工况说明:							
施工单位: 操作人员:			施工日期: 年 月 日 记录员:				

(4)注浆设备

注浆设备可采用手压式注浆泵或风动压浆罐(若用二氧化碳钢瓶或氮气钢瓶最为理想),容许压力不小于 0.6 MPa,并配有安全阀和压力计、流量表等计量仪表。

(5)质量检验

①注浆完毕整平后,以目视的方式进行外观质量检验,查看裂缝表面有否冒漏浆液痕迹,封闭涂层是否均匀、饱满、平整。

②注浆材料生产厂家的产品合格证及技术检测部门的测试证明是否齐全。

③注浆材料经抽样检测,各项技术性能是否符合要求。

④在注浆修补的裂缝部位任选一处,骑缝钻取小芯试样,检查裂缝内是否充满浆液。

⑤检验人员应仔细查对施工图纸、注浆记录及有关技术资料,并按第①~④条规定的检验结果,进行综合分析评估质量。

⚠ 安全风险

风险名称:高处坠落伤害

防控措施:

1. 杆式固定作业架及活动作业架搭设按要求进行。
2. 相应作业时戴护目镜、口罩、手套、安全帽、系安全带,2 m 以上高处作业必要时设置安全网,严禁违章作业。
3. 工作人员和料具由桥面上下墩台时,设防护人员,注意列车。
4. 管路堵塞时,应切断风路,修理时不准对向眼睛,施工完毕必须清洗管路。

2. 混凝土剥落、掉块、露筋的修补

(1)材料要求

①修补材料一般采用常温固化型树脂或聚合物材料。

②修补材料内不能掺加非活性稀释剂或挥发性溶剂,基本无毒无害。

③修补材料应有良好的耐久性和耐老化性能,并不受酸碱物影响。

④修补材料固结体的收缩率要小,聚合物砂浆小于0.7%,聚合物混凝土小于0.1%。

⑤修补材料与混凝土结合面的黏结强度应大于3 MPa。

(2)施工工艺

工艺过程:表面清理→钢筋除锈→涂底层涂料→表面嵌补抹平。

①表面清理:混凝土剥落掉块,把松动风化的混凝土凿除,露出坚硬的混凝土新鲜面,并在剥落掉块周围50 mm范围内将混凝土表面凿毛,然后用钢丝刷除尽碎屑尘粒,再用无水乙醇或丙酮擦洗去除表面灰尘油垢。

②钢筋除锈:露出的钢筋表面,用钢丝刷将铁锈除尽,呈现光洁无污状态。

③涂底层涂料:在需修补部位均匀涂刷两道聚合物浆液或改性环氧树脂浆液,涂刷时必须待第一道涂料不粘手后,才能再涂第二道涂料。

④表面嵌补抹平:用聚合物砂浆或聚合物混凝土,修补缺损部位,嵌补时应分层进行,每层厚度3~5 mm,每一层抹面都要待上层材料不粘手后进行,最后将表面压抹平整。

(3)质量检验

①修补完毕后以目视方式查看修补部位是否饱满平整。

②修补材料硬化后,用小锤敲检有否起壳空响。

③使用材料的产品合格证及技术性能测试证明等技术资料是否齐全。

④施工时所做的试块,进行性能测试,其技术指标是否符合要求。

⑤仔细查对施工记录和图纸,应符合设计要求然后进行综合质量评估。

安全风险

风险名称:高处坠落伤害

防控措施:

1. 杆式固定作业架及活动作业架搭设按要求进行。

2. 相应作业时戴护目镜、口罩、手套、安全帽,系安全带,2 m以上高处作业必要时设置安全网,严禁违章作业。

3. 工作人员和料具由桥面上下墩台时,设防护人员,注意列车。

3. 混凝土结构物保护涂装

(1)保护涂装的要求

①混凝土结构物长期遭受大气环境的影响,外界水、氯离子、酸根离子等有害物质对混凝土的侵蚀,混凝土内部自身碱集料反应,都会导致混凝土保护层中性化、性能劣化,甚至造成内部钢筋的锈蚀,应对混凝土表面采用改性环氧树脂、聚丙烯酸乳胶、硅酸钠硅酮树脂等材料进行保护涂装,以达到阻止外界有害介质侵蚀、阻止性能劣化、延缓中性化速率的目的。

②当混凝土结构物出现以下现象时,应进行保护涂装

a. 表面出现龟裂状痕迹。

b. 表面起砂严重,色差有明显区别。

c. 表面出现锈迹、锈斑。

d. 表面析出氯化钙、碳酸钙等白色物质。

e. 混凝土保护层中性化大于25 mm。

(2)材料要求

①保护涂装材料采用无机涂料或有机高分子涂料应具有较高的黏结强度和一定的延伸率。

②无机涂料可采用硅酸钠硅酮树脂等具有良好渗透性能的材料,即利用材料中硅酮离子中的活性硅离子渗透到混凝土毛细孔中进行反应,起到封闭保护的作用。

③有机涂料可采用聚丙烯酸乳胶、改性环氧树脂等常温固化型树脂或乳胶涂料,并具有较好的耐老化、耐酸碱、抗渗性能。

④有机涂装材料不能掺加对人体有毒害的溶剂。

(3)施工工艺

工艺过程:表面清理→缺损修补→涂料涂装。

①表面清理:用钢丝刷把混凝土表面的砂粒、浮砟等杂物去尽,起砂风化层应铲除磨平,然后用无水乙醇或丙酮将油污擦除,再用水清洗干净。

②缺损修补:将表面高低不平处用腻子嵌平,剥落掉块和露筋处修补平整。

③涂料涂装:按涂料产品说明书要求,将涂装材料滚刷或喷涂三道以上。

安全风险

风险名称:人身伤害

防控措施:

1. 高处作业应搭脚手架,系好安全带,双层作业戴好安全帽。

2. 用风动工具作业前要加强检查,保证机械性能良好。

3. 喷砂作业时喷砂嘴不能对人、车;作业人员要戴防尘面罩。

4. 用手工凿除,钢钎、锤把要勤检查,锤把安装牢固。
5. 二人凿除,打锤人与把钎人要垂直成 90°,把钎人员应用。
6. 凿除圬工时周围禁止站人。
7. 施工完毕后应立即洗手。

4. 圬工梁泄水管接长作业

(1)作业目的

对破损的圬工梁泄水管进行接长处理,确保圬工梁排水良好同时排水不污染圬工梁体。

(2)作业准备

①工作量调查作业前进行工作量调查

②主要工(机)具、材料准备

a. 工(机)具:电焊机、焊把、锉刀、铁剪、钢丝刷、小毛刷等。

b. 材料:同型号铸铁管、铸铁焊条、镀锌铁皮、金属胶、细铁线、防腐油等。

c. 上道前检查工(机)具的安全性能,禁止工(机)具等带病上道作业,作业前后进行确认,以防止侵限或遗留在线路上。

③基本作业人员

作业负责人 1 人,作业人员为 3~5 人。

④作业布置

按照维修作业一次标准化流程,提前做好工作量调查,编制作业方案,并进行分工布置。

(3)作业流程及标准(图 7.2.3)

①平台搭设

按要求搭设作业支架或平台。

②焊接接长

a. 测量接长长度,保证接长后全桥一致。

b. 用锉刀锉平泄水管口和接长管口,预留排水坡度。

c. 采用铸铁焊条焊接,焊缝均匀密实不漏水。

图 7.2.3 圬工梁泄水管接长作业

d. 利用锉刀锉平管内壁焊缝,达到平滑不阻水。

③粘贴接长

a. 接长材料选用镀锌铁皮,根据测量长度在现场利用铁剪进行加工。

b. 宽度采用泄水管外径周长的一半,外端弯成 10 mm 的扇沿。

c. 用钢丝刷打磨泄水管和镀锌铁皮,除锈彻底、光亮。

d. 在打磨后泄水管和镀锌铁皮上涂金属胶,自然晾干到不粘手时开始粘合,搭接长度不少于 10 m,保证排水坡度。

e. 粘合后用细铁线捆扎,达到强度后取下细铁线。

④检查

按照作业质量标准对接长泄水管质量进行检查,发现不符合要求及时整改,确保作业质量达标。

⑤作业结束

清扫作业现场及回收清理料具。

⑥完工会

收工后,施工(作业)负责人组织召开完工会,对当日作业质量及安全情况进行总结。

安全风险

风险名称:人身伤害

防控措施:

1. 在 2 m 以上高处作业应搭设脚手架,且应搭设牢固。
2. 施工人员应戴胶皮手套、口罩、护目镜、安全帽,系安全带。
3. 工料具应吊传,禁止上下抛掷。
4. 电焊机应采取接地措施,防止人员触电灼伤。

文本

7.2.4 答案

7.2.4 任务考核

1. 单选题

(1)对墩台身可根据具体情况,采用在墩台身周围包钢筋混凝土环形箍或整体套箍加固,混凝土强度不小于______,钢筋配筋率应不小于 0.2%。

(A)C15 (B)C20 (C)C30 (D)C40

(2)只要裂缝宽度在______ mm 以下,钢筋不会发生锈蚀。

(A)0.1 (B)0.15 (C)0.2 (D)0.3

(3)预应力混凝土梁下缘竖向及腹板主拉应力方向裂缝宽度限值______。

(A)不允许 (B)0.15 mm (C)0.2 mm (D)0.3 mm

(4)墩台上相邻钢筋混凝土梁间、梁端与墩台挡砟墙间的间距,应能保证梁体自由伸缩,一般梁跨大于 16 m 时为______ cm。

(A)6 (B)8 (C)10 (D)12

(5)可能积水的圬工表面(墩台顶面、道砟桥面、梁顶部等)均应设不小于______的纵、横向排水坡,使水能直接流出建筑物外或流至较低地点,经由泄水管(或槽)排出。

(A)5% (B)4% (C)3% (D)2%

2. 判断题

(1)发现墩台严重裂损风化、倾斜、下沉、冻害等情况,应分析病害原因,采取针对性的整治措施予以加固处理。 ( )

(2)墩台基底承载力不足时,可采用固化土壤进行加固。 ( )

(3)墩台倾斜不属于墩台变位。 ( )

(4)对无联结的 T 形梁可不增设横向联结。 ( )

(5)混凝土保护层中性化后,则混凝土失去对钢筋的保护能力。 ( )

3. 实作题

考核方式一:依据桥隧工考核大纲,具备实习实训条件的单位,根据具体情况,从 7.2.3 中抽选一个或几个典型工作任务,现场实作考核。

考核方式二:依据桥隧工考核大纲,无实习实训条件的单位,选择7.2.3中一个或几个典型工作任务,从作业流程、质量验收标准及安全注意事项等方面进行试卷考核。

如:(1)混凝土结构保护涂装的作业(操作)方法及步骤是什么?

(2)混凝土结构保护涂装的作业步骤及质量标准有哪些?

(3)混凝土结构保护涂装作业过程中的安全注意事项有哪些?

项目 8　铁路隧道修理

项目概述

本项目包括 2 个任务，主要介绍铁路隧道的病害识别及劣化等级评定、隧道的养护维修等内容，是本门课程的重点学习内容。

学习目标

知识目标

1. 识别铁路隧道病害及劣化等级评定方法。
2. 掌握隧道常用养护维修技术。

能力目标

1. 具备铁路隧道病害识别及劣化等级评定的能力。
2. 初步具备铁路隧道养护维修的能力。

素质目标

培养学生的专业技能及职业素养；培养学生严谨务实、实事求是的工作作风。

课前导学

宝成线地处秦岭北麓，由于修建时间早，线路中隧道漏水点多，冬季容易形成冰凌，给列车运行安全带来隐患，职工们要扛着十几斤重打冰杆顺着一座座隧道打冰（图 8.0.1）。这种作业延续了 62 年，“打冰人”也成了“供电人”的另一种称呼。

图 8.0.1　隧道打冰作业

随着科学技术的提升，作业工具设备有了很大改变，2022 年秦岭深处的“打冰人”终于迎来了不用打冰也能守护安全的科技“除冰”路。他们加大投入对设备提强提质，在宝鸡、宝天、宝中等线开展隧道漏水点整治。安装了 100 余套融冰装置，补强了 4 100 块绝缘板，通过隧道治漏、科技巡检、实时监控等科技手段，将秦岭人工打冰变成历史。

任务 8.1　铁路隧道的病害及劣化等级评定

本任务主要讲述铁路隧道的病害识别及劣化等级评定，是隧道养护维修的依据。本任务重在技能的培养，是本项目的重点学习内容。

学习目标

1. 认知铁路隧道常见病害。
2. 掌握铁路隧道劣化等级的评定方法。

8.1.1　隧道衬砌裂损劣化等级评定

隧道衬砌因其通过的地质条件、结构受力、计算理论和施工方法不同，常见的有模筑整体衬砌、拼装式衬砌、复合衬砌、锚喷衬砌等。

1. 隧道衬砌裂损类型

隧道衬砌裂损类型包括衬砌变形、衬砌移动和衬砌开裂三种。

(1)衬砌变形

衬砌变形有横向变形和纵向变形两种，而横向变形是主要变形。

衬砌横向变形(图 8.1.1)是指衬砌由于受力原因而引起拱轴形状的改变，基本形态详见《铁路桥隧建筑物劣化评定　第 2 部分：隧道》(Q/CR 405.2—2019)。

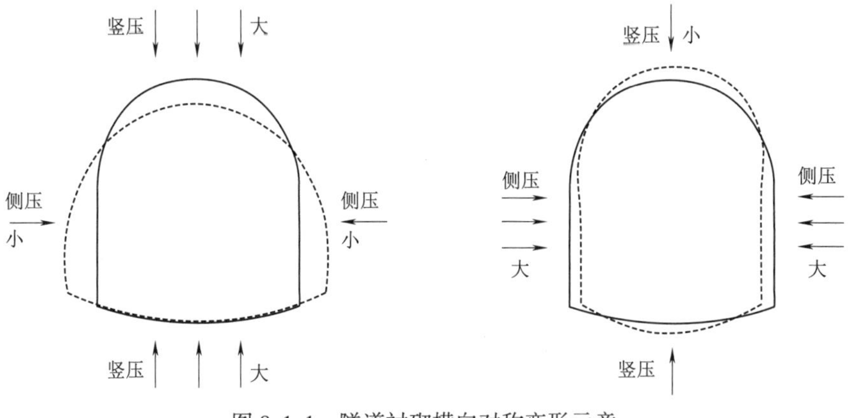

图 8.1.1　隧道衬砌横向对称变形示意

(2)衬砌移动

衬砌移动是指衬的整体或其中一部分出现转动(倾斜)、平移和下沉(或上抬)等变化。衬砌移动也有纵向移动与横向移动之分，其基本形态详见《铁路桥隧建筑物劣化评定　第 2 部分：隧道》(Q/CR 405.2—2019)。对于大多数已发生裂损的衬砌，往往是纵向与横向移动同时出现。

(3)衬砌开裂

衬砌开裂是指衬砌表面出现裂缝,是衬砌变形的结果,其基本形态详见《铁路桥隧建筑物劣化评定　第2部分:隧道》(Q/CR 405.2—2019)。它包括有张裂、压溃和错台三种状态。

张裂弯曲受拉和偏心受拉引起的裂损。裂缝、裂面与应力方向正交,缝宽由表及里逐渐变窄,如图8.1.2所示。

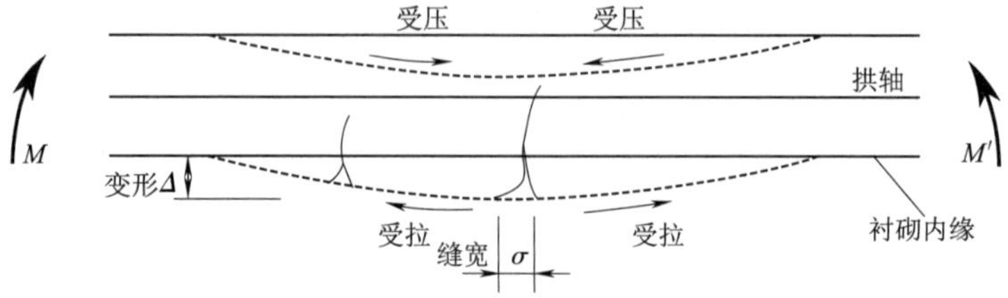

图8.1.2　张裂弯曲受拉和偏心受拉引起裂损示意

压溃弯曲或偏心受压引起的衬砌裂损,裂缝边缘呈压碎状,严重时受压区表面产生碎片剥落、掉块等现象,如图8.1.3所示。

错台是由剪切力引起的裂缝。裂缝宽度在表面与深处大致相同,衬砌在裂缝两侧沿剪切方向有错动,即形成错台,如图8.1.4所示。

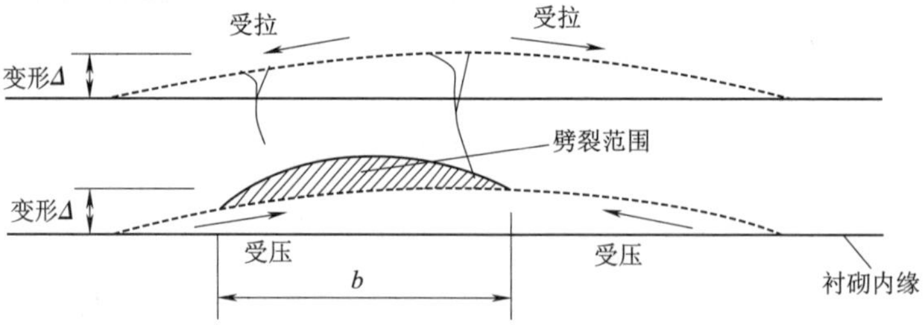

图8.1.3　压溃弯曲或偏心受压引起裂损示意

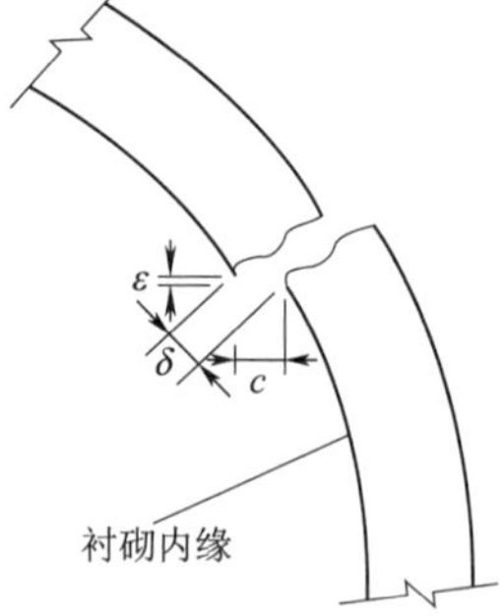

ε—竖向错位;c—水平借位;δ—裂缝宽度。

图8.1.4　剪力引起裂损示意

2. 衬砌裂损的等级评定方法

(1)衬砌变形或移动的等级评定方法是按衬砌变形、移动、下沉等的发展速度来划分的。量测衬砌变形或移动的方法可采用投影式断面测定仪或利用激光的方法对隧道的横断面进行测试;也可采用管式标尺、带尺延伸计、收敛计、带式标尺等仪器,对隧道的净空位移进行测定。在隧道净空位移测定前,必须在隧道衬砌上安设标志,设置测线。

(2)衬砌开裂的等级评定,主要是根据裂缝的长度和宽度来确定,当然还应考虑裂缝的发展速度加以判定。但目前发展速度限值未能确定,故只能作参考值。对于压溃劣化等级划分是根据所在的部位(重点是拱部)、范围、深度的大小。确定开裂的长度和宽度、错台等可用折尺等进行,而测定裂缝的发展速度可采用裂缝计和各种应变计,也可采用砂浆饼、油漆标志等方法来测定。

3. 隧道衬砌劣化等级评定及处理措施

隧道衬砌劣化等级评定标准见表 8. 1. 1,处理措施见表 2. 2. 2。

表 8. 1. 1　隧道衬砌裂损劣化等级评定标准

序号	劣化类型	等级			
		AA	A1	B	C
1	衬砌变形或移动	山体滑动使衬砌移动、变形、下沉发展迅速,危及行车安全	变形或移动速率 $v>10$ mm/年	变形或移动速率 10 mm/年 $\geqslant v \geqslant$ 3 mm/年,且有新的变形出现	有变形,但速率 $v<3$ mm/年
2	衬砌开裂、错动	开裂或错台长度 $L>10$ m,宽度 $\delta>5$ mm,且继续发展或拱部开裂呈块状,危及行车安全	①开裂、错台长度 10 m $\geqslant L \geqslant$ 5 m,宽度 $\delta>5$ mm ②开裂、错台使衬砌呈块状,且有发展	开裂、错台长 $L<5$ m,且宽度 5 mm $\geqslant \delta \geqslant$ 3 mm	开裂、错台长度 $L<5$ m,且宽度＜3 mm 或一般龟裂或无发展状态
3	衬砌压溃	拱顶压溃范围 $S>3$ m² 或衬砌掉块最大后厚度大于衬砌厚度的 1/4,危及行车安全	压溃范围 3 m² $\geqslant S \geqslant$ 1 m² 或有可能掉块	压溃范围 $S<1$ m²,剥落块体厚度小于 3 cm	压溃范围很小

4. 隧道衬砌检查

隧道衬砌的一般检查,可使用分格检查方法,通常使用隧道衬砌展示图,即把隧道分成纵向(顺线路方向)和横向的节段,分段进行检查如图 8. 1. 5 所示。发现衬砌腐蚀、裂缝或凸出变形时,应安设测标,定期观测。裂缝的观测方法除测量它的部位、走向、长度、宽度和深度外,还要用油漆画出它的始终点,埋设观测其有无变化的测标(同圬工梁拱)。为观测裂缝扩张程度,还可埋设钎钉测标和灰块测标。此外,还应用仪器定期测量各段衬砌的垂直位置和水平位置,以判定各部分是否有变形,必要时测量衬砌的横断面。

衬砌腐蚀的检查,应查明腐蚀的原因(如含有酸离子水、盐碱物、有害气体侵蚀等)、腐蚀的位置、范围、扩展方向和发展速度及腐蚀深度的变化规律(由内向外还是由外向内、每年腐蚀深度、病害发生与发展的特征、是溶出孔洞密集还是表层膨胀剥落等、腐蚀部位一年中冻融次数及干湿循环次数等)。测量所得衬砌的腐蚀、裂缝、变形等资料应记入病害台账内,并在隧道展示图上标明其新生和扩展的情况。

近年来无损检测技术应用已经在很大程度上得到普及,并已经使用状态检查车开展检测,应定期对衬砌厚度,尤其是衬砌背后的空洞进行检查,掌握空洞发展变化情况。新建隧道在验收时,应对隧道衬砌及背后情况进行全面的检测。

无衬砌隧道围岩风化后,易出现岩石剥落掉块、喷射混凝土脱落。特别是土包石处,由于

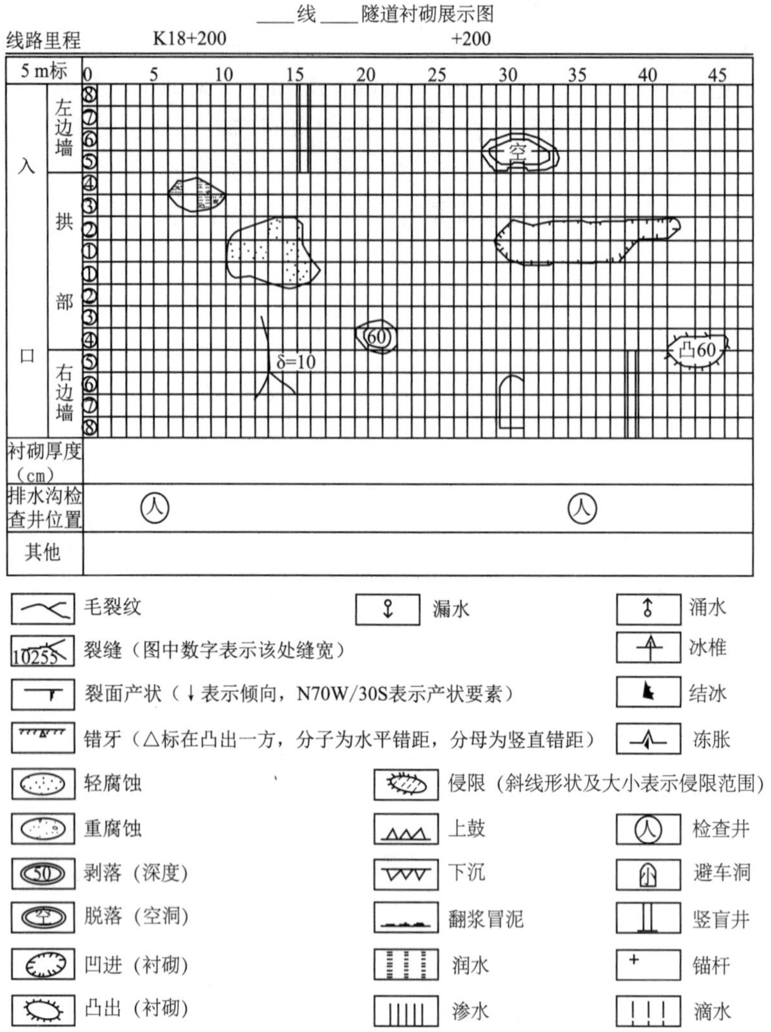

图 8.1.5　隧道衬砌病害展示

渗漏水和风化的作用,极易出现土包石缝隙土壤脱落掉石的危险,一旦发生崩塌落石,将严重危及行车安全,因此要重点检查。

8.1.2　隧道渗水劣化等级评定

1. 隧道渗漏水类型

隧道渗漏水类型包括隧道漏水和涌水(拱部滴水、隧底冒水、孔眼渗水)、隧道衬砌周围积水,潜流冲刷和侵蚀性水对衬砌的侵蚀等几种。

(1)漏水或涌水

隧道漏水和涌水隧道围岩的地下水,或洞顶地表水直接地(无衬砌)和间接地(通过衬砌的薄弱环节)以渗、滴、漏、淌、涌等形式进入隧道内所造成的危害,称为漏水或涌水。该危害是隧道中最常见的一种病害。

(2)积水

衬砌周围积水,隧道建成后,地表水或地下水向隧道周围渗流汇集,如不能及时排走将引起隧道出现病害就称为积水。

(3)潜流冲刷

由于地下水渗流和流动对隧道衬砌或围岩产生的冲刷和溶蚀作用而引起的隧道病害就称为潜流冲刷。

(4)侵蚀性水对衬砌的侵蚀(水蚀)

围岩中地下水因含有盐类、酸类和碱类等化学成分,对混凝土衬砌起腐蚀作用而形成的病害。

2. 渗漏水对隧道功能影响程度等级评定的方法

(1)评定等级时,按病害基准中最严重的一项评定。

(2)漏水、涌水的评定方法可用肉眼观察。

①检查漏水的位置,该部对列车运行、洞内设备功能的影响程度。

②检查各漏水处的漏水状态(可分为渗水、滴水、淌水、涌水四种)。

③线路上有无翻浆冒泥现象、钢轨及扣件有无锈蚀现象、排水设备是否良好等。另外可用量具及跑表量测漏水量,用道尺或轨检车检测轨道几何状态。

(3)判定漏水对衬砌有无侵蚀作用的主要方法是对水进行化学测试,测出水的 pH 值。

3. 隧道渗漏水劣化等级评定及处理措施

隧道渗漏水劣化等级评定标准见表 8. 1. 2,处理措施见表 2. 2. 2。

表 8. 1. 2 隧道渗漏水劣化等级评定标准

劣化类型	等级			
	AA	A1	B	C
衬砌渗漏水	①水(沙)突然涌入隧道,淹没钢轨,危及行车安全 ②电力牵引区段,拱部漏水直接传至接触网	隧底冒水、拱部滴水成线、严寒地区边墙淌水,翻浆冒泥严重,道床下沉,不能保持轨道几何尺寸,影响正常运行	隧道滴水、淌水、渗水及排水不良引起洞内局部道床翻浆冒泥	漏水使基床状态恶化,钢轨腐蚀,养护周期缩短,继续发展将会升至 B 级

4. 重点检查

隧道内渗漏水主要包括衬砌渗漏(大面积渗漏、缝隙渗漏、局部空洞涌漏等)、安装设备孔眼渗漏、隧底冒涌等,因此隧道漏水病害检查,应先查明其漏水程度和分布状况,不仅在旱季,在雨季更应反复检查核定,标明在隧道病害展示图上,而且还应查明水源,根据平时和雨季的漏水量变化的持续时间绘成漏水量变化曲线图,并采取洞内漏水量和洞外地表水源调查相结合的办法进行分析。

根据隧道养护经验:①凡平时洞内晴天不渗不漏,雨天又渗又漏,且渗漏量与降雨量大小有密切关系的,则水源大都属于地表水,这种情况山顶必有洞穴、水坑、缝隙或土透水。如雨后隔相当一段时间内才出现漏水,可根据时间长短,估计山上进水地点的距离或考虑地质情况,以便找寻进水处所。②平时不论晴天、雨天都渗水漏水,并且在雨时、雨后都无变化或变化不大,则水源大都为地下水。③平时渗水漏水,雨时或雨后大渗大漏,则水源属于地下水与地表水。同一隧道长度范围内,可能某一段系地表水造成的漏水,另一段为地下水造成的漏水,再另一段可能是地表水及地下水相混合造成的漏水。

隧道漏水除进行表面检查外,要观测洞内及洞外、平时及雨季排水沟中流水量的变化,观测漏水量大小、持续时间及变化等,并作详细记录。漏水严重处所,每月至少观测一次漏水量,绘出漏水量变化图,进行比较分析,同时测量洞内及洞顶排水沟中的流水量,找出水源及渗漏情况。因为隧道漏水有的是山顶积水渗透,有的是地下水由地层渗透而来,地下水来源比较复杂,有的甚至来源于距隧道数十千米的河流,所以常常不易发现。此时除应仔细检查观察分析外,还可用化学指示剂判明水源性质。在寒冷和严寒地区,夏季漏水处,冬季往往冻结成冰,故冬季还应进行水温测量。为了解漏水隧道内的水对砂浆和混凝土衬砌是否有侵蚀作用,应取样化验水质,以判别水对混凝土有无侵蚀,或可能产生何种侵蚀,如分解性侵蚀(包括溶出型侵蚀、酸型侵蚀和碳酸型侵蚀)、结晶性侵蚀或分解结晶复合性侵蚀等。当隧道内线路发生翻浆冒泥时,应重点检查隧道铺底或仰拱有无破损、洞内排水沟有无堵塞积水和损坏情况等。

8.1.3 隧道冻害劣化等级评定

1. 隧道冻害劣化类型

在严寒地区,地下水或地表水进入隧道后,冻结成冰,造成隧道功能受损害,称为冻害。根据冻害的现象,冻害类型可分为挂冰、冰锥、冰塞、冰楔、围岩冻胀、衬砌材质冻融破坏和衬砌冷缩开裂等7种。

(1)挂冰

衬砌背后的地下水从衬砌漏出过程中逐渐冻结,形成挂冰,悬挂的称为冰溜(多发生在拱顶范围),如图8.1.6所示。如漏水沿衬砌表面漫流而下,则在边墙上形成侧冰或冰柱,如图8.1.7和图8.1.8所示。

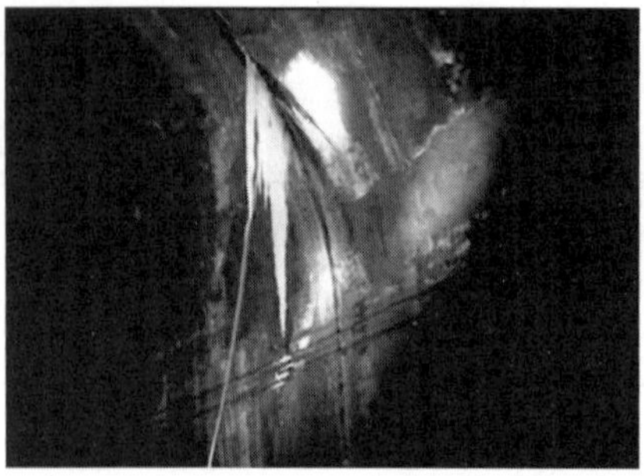

图8.1.6 冰溜

图8.1.7 侧冰

图8.1.8 冰柱

(2)冰锥

衬砌漏水落在道床上,逐渐冻结,可生成丘状冰锥;如衬砌水和涌水沿隧底流淌,逐渐冻结,就形成冰漫型冰锥。

(3)冰塞

隧道内排水设备如果没有可靠的防冻措施,就可能在某一处先行结冰,逐渐造成堵塞,这种现象称为冰塞。

(4)冰楔

衬砌背后积水,结冻后体积膨胀,对衬砌产生冰劈作用或冰压力,使之变形破坏,称为冰楔病害。

(5)围岩冻胀

隧道周围围岩具有冻胀性,受冻后自身体积膨胀,压挤衬砌使衬砌变形开裂,使线路春融翻浆,洞门墙、翼墙前倾开裂,洞口边、仰坡冻融坍塌,这些病害称为围岩冻胀病害。

(6)衬砌材质冻融破坏

衬砌的孔隙和裂隙被围岩地下水充满,经反复冻融,材质结构遭受破坏作用,变得酥松、酥碎、剥落而破坏。这种病害在蒸汽机车牵引地段的隧道内,拱顶特别严重。

(7)衬砌冷缩开裂

隧道衬砌修筑和合龙时的气温一般在0 ℃以上,修成后遇低温作用,衬砌会产生明显的冷缩环向裂纹,产生在洞口比较多。

2. 隧道结构冻害等级评定的方法

(1)评定等级的基准中有多项,在评定时以最严重的一项作为基准。

(2)在评定冻害对隧道功能影响程度时,主要是用肉眼观察及量具测定。

3. 隧道冻害劣化等级评定及处理措施

隧道冻害劣化等级评定标准见表8.1.3,处理措施见表2.2.2。

表8.1.3　隧道冻害劣化等级评定标准

劣化类型	等级			
	AA	A1	B	C
隧道冻害	①冰溜、冰柱、冰锥等不断发展,侵入限界,危及行车安全 ②道床结冰(丘状冰锥),覆盖轨面,严重影响行车	冰楔和围岩冰胀的反复作用使衬砌变形、开裂并构成纵横交错的裂缝	①冻害致使洞内排水设备破坏 ②冻融使道床翻浆冒泥、轨道几何状态恶化 ③冻害造成衬砌变形、开裂,但未形成纵横交错裂缝	冻融使线路的养护周期缩短

8.1.4　隧道衬砌材料劣化等级评定

1. 铁路隧道衬砌材料劣化类型

隧道衬砌材料劣化是指修建衬砌的材料(砖、石块、混凝土等)在大气、水、烟、盐等侵蚀介质作用下发生的劣化现象。衬砌材料劣化类型包括混凝土衬砌腐蚀和砌块衬砌的腐蚀两大类。

(1)混凝土衬砌的腐蚀

混凝土衬砌由于长时间使用,当受到侵蚀介质经常作用时,会出现混凝土强度降低、酥松、麻面蜂窝、起鼓剥落、孔洞露石、骨料分离等材质破坏。有的用手可捏成粉末,严重者成豆腐渣状。

(2)砌块衬砌的腐蚀

用砖、石块等材料修成的隧道衬砌的腐蚀,又可分为灰缝腐蚀和砌块腐蚀两种。

灰缝腐蚀表现为灰缝失去黏结力和抗压强度,因而发生灰缝脱落,砌块松动,严重的可导致衬砌变形,沿灰缝开裂和掉块,失去支护围岩的能力。

砌块腐蚀用砖、石块修建的衬砌风化剥落的现象。

2. 衬砌材料劣化评定方法

(1)确定衬砌材料劣化的类型和等级,可采用目视观察和仪器探测等方法进行。

(2)评定衬砌材料劣化等级,由于状况有多项,应按劣化最严重的一项评定。

(3)检查衬砌材料劣化和衬砌厚度的方法有:

①击声检法。

②衬砌钻孔调查,用简易钻孔机钻孔以调查衬砌厚度及背后情况。

(4)混凝土强度检定方法用回弹仪和超声仪测定。

3. 隧道衬砌腐蚀劣化等级评定及处理措施

隧道衬砌腐蚀劣化等级评定标准见表 8.1.4,处理措施见表 2.2.2。

表 8.1.4 隧道衬砌腐蚀劣化等级评定标准

序号	劣化类型	等级			
		AA	A1	B	C
1	混凝土衬砌厚度不足	因施工缺陷或腐蚀致使衬砌厚度 $h_i/h<0.60$,且长度≥5 m	①衬砌厚度 $h_i/h<0.60$,且长度<5 m ②衬砌有效厚度 $0.60\leqslant h_i/h<0.75$,且长度≥5 m	①衬砌有效厚度 $0.60\leqslant h_i/h<0.75$,且长度<5 m ②衬砌有效厚度 $0.75\leqslant h_i/h<0.90$,且长度≥5 m	①衬砌有效厚度 $0.75\leqslant h_i/h<0.90$,且长度<5 m ②衬砌有效厚度 $1>h_i/h\geqslant0.9$ ③衬砌有剥蚀
2	混凝土衬砌强度不足	因施工缺陷或腐蚀致使衬砌混凝土强度 $q_i/q<0.65$,且长度≥5 m	①衬砌混凝土强度 $q_i/q<0.65$,且长度<5 m ②混凝土强度 $0.65\leqslant q_i/q<0.75$,且长度≥5 m	①混凝土强度 $0.65\leqslant q_i/q<0.75$,且长度<5 m ②混凝土强度 $0.75\leqslant q_i/q<0.85$,且长度≥5 m	①混凝土强度 $0.75\leqslant q_i/q<0.85$,且长度<5 m ②混凝土强度 $1>q_i/q\geqslant0.85$
3	砌块衬砌腐蚀	拱部衬砌有可能掉落大块体(与砌块大小一样)	①接缝开裂,其深度≥10 cm ②砌块错落大于 1 cm,剥蚀深度≥4 cm	①接缝开裂,但深度<10 cm ②砌块有剥蚀,但剥蚀深度<4 cm	①接缝开裂,但深度不大 ②砌块有风化剥落

注:①h_i 为检测衬砌厚度,当衬砌混凝土存在内部缺陷时,检测衬砌厚度应换算为有效衬砌厚度,即将检测衬砌厚度减去内部缺陷削弱的部分厚度;h 为设计衬砌厚度;长度指沿隧道纵向连续长度。

②q_i 为检测断面衬砌混凝土测点的平均强度;q 为设计衬砌混凝土强度。

8.1.5 隧道仰坡、洞底及排水设施劣化等级评定

(1)隧道内基底沉陷、上拱,承轨台与作业通道交界处、中心水沟、伸缩缝等部位的裂缝、变形、错台检查

整体道床是直接承受动力荷载的刚性结构,每个支承点均要承受反复冲击。由于整体道

床本身缺乏弹性，在支承块、混凝土、仰拱和基岩之间存在着多层结合面，列车的冲击加上基础的不均匀性，道床下面的软硬不一，这些是整体道床的不利因素。一般说来，整体道床发生病害，地下水的危害是主要的，它从软化基岩开始。若新建时施工处理不当，清理基底不彻底，浮渣未清除干净，或用弃渣回填超挖，甚至木片草袋也留在道床下，则将在整体道床与基岩间形成不密贴的夹层，夹杂物受地下水浸泡饱和后在动荷载反复作用下，也很快化成淤泥。由于基岩的软化、冲空，再加上结构形式的缺陷（如采用中间水沟的结构形式，沟底整体道床就成薄弱环节）、结构强度不足、变形缝布置不合理、碎石道床连接处未设过渡段等，都将可能引起整体道床病害。由于道床产生下沉后与人行道脱离，中心水沟裂缝上下颤动，导致道床破碎，翻浆冒泥，线路轨距、水平、方向难以保证，危及行车安全。故隧道内整体道床应重点检查：支承块有无松动损坏，挡肩是否开裂损坏，道床基底有无沉陷变化，承轨台与人行道交界处、中心水沟底部、伸缩缝以及道床沟槽联结处等部位有无裂缝、变形。为查明道床下与围岩是否出现空隙，必要时应进行凿孔检查，了解基岩及地下水情况。

（2）隧道洞口边仰坡崩塌落石、滑坡；偏压隧道或明洞的山体滑动和衬砌有无变形裂缝；明洞顶填土厚度和坡度是否符合要求等检查

隧道洞口边坡、仰坡由于开挖破坏，形成不稳定边坡，经长年风化腐蚀后，易产生崩塌落石、风化剥落病害，虽然属于路基设备，一旦发生崩塌落石，将严重危及行车安全，应重点关注。

穿越于山坡下、古滑坡下或有明显偏压的隧道或明洞，影响隧道结构安全，应检查山体的动态、洞内衬砌有无裂缝、变形等。若山体有滑动时，则应设观测网，用经纬仪和水准仪观测各桩的纵、横向位移量及高程的变化，以便分析山体滑动方向、范围、速度及其产生的原因、对隧道的影响等。

明洞上填土的厚度应保持不少于设计要求，以满足扩散、均匀分布山坡落石冲击力到整个拱跨，不致因局部承受过大的冲击力造成顶部或边墙产生裂缝等病害。

（3）隧道内排水设施、出入口的天沟、吊沟、截水沟及隧道顶防排水、泄水洞淤积、衬砌掉块等情况的检查

隧道出入口天沟、吊沟、截水沟及隧道顶的植被影响隧道的排水系统，对隧道衬砌也产生影响，保证其状态完好是减少隧道病害的必要手段，在检查中应列为重点项目。

（4）隧道防护门检查

隧道防护门指的是由工务维护的疏散救援通道、横通道等设置的防护门。重点检查防护门有无松动脱落隐患，是否能够正常开启，是否存在结构变形失效。隧道仰坡、洞底及排水设施劣化等级评定标准见表 8.1.5，处理措施见表 2.2.2。

表 8.1.5　隧道仰坡、洞底及排水设施劣化等级评定标准

序号	劣化类型	等级			
		AA	A1	B	C
1	仰拱及铺底损坏/(处/m)		仰拱变形损坏及铺底损坏影响线路稳定等		
2	排水设施/(处/m)		①未按规定设置隧道内外排水设施 ②隧道内外排水设施严重损坏，造成隧道内漏水或影响道床稳定	隧道内外排水设施损坏	
3	坍方落石/(处/m)	洞口仰坡坍方落石	洞口仰坡有危石未处理		

8.1.6 隧道通风劣化等级评定

试验表明,内燃机车通过隧道产生有害气体主要是 CO 和氮氧化物,对人体危害最大。电力机车牵引的隧道内有害气体浓度一般不超标,但接触网周围产生一定的电磁场及特长隧道中污浊空气滞留,会造成环境污染。

隧道通风是要解决隧道内有害气体对机车乘务人员和维修养护人员的危害,预防对各种设备的不良影响、瓦斯对运营安全的威胁。防范措施主要是通过通风将有害气体和瓦斯排出洞外,在规定时间内达到卫生标准和瓦斯浓度安全标准。隧道限界、通风、照明设施劣化等级评定标准见表 8.1.6。

表 8.1.6 隧道限界、通风、照明设施劣化等级评定标准

序号	劣化类型	等级			
		AA 级	A1 级	B 级	C 级
1	限界不足/座		实际限界不能满足最大级超限货物的装载限界加 100 mm 的要求(曲线时按规定加宽)		
2	通风不良/座		①有害气体浓度超过容许值且未设通风机械 ②通风机械不能使用	通风机械不能正常使用	
3	照明不良/座		①未按规定设置照明 ②照明设备不能使用	照明设备不能正常使用	

8.1.7 隧道照明劣化

根据多年实践经验,指示照明主要用于巡查人员检查轨道上是否有影响行车的障碍物、钢轨大方向,以及轨道部件是否齐全,其最小照度不小于 1.0 lx;对轨距、水平、三角坑、轨道部件损伤及隧道裂缝、损坏等检查,可根据检查项目的需要采用不同照度的移动照明灯,其最小照度不小于 15 lx 。

"lx "(勒克斯)是光照度的国际统一单位,是衡量被照面光亮程度大小的一项指标,使用中可用特制的照度仪直接测取。

8.1.8 任务考核

文本

8.1.8 答案

1. 单选题

(1)隧道山体滑动使衬砌移动、变形、下沉发展迅速,危及行车安全。劣化等级可评定为______。

(A)AA (B)A1 (C)B (D)C

(2)隧道滴水、淌水、渗水及排水不良引起洞内局部道床翻浆冒泥。劣化等级可评定为______。

(A)AA (B)A1 (C)B (D)C

(3)冰楔和围岩冰胀的反复作用使衬砌变形、开裂并构成纵横交错的裂缝。劣化等级可评定为______。

(A)AA　(B)A1　(C)B　(D)C

(4)隧道衬砌混凝土强度 $0.75 \leq q_i/q < 0.85$,且长度<5 m。劣化等级可评定为______。

(A)AA　(B)A1　(C)B　(D)C

(5)隧道的漏水水源有地表水和______两种。

(A)岩层集水　(B)地下水　(C)地下溶洞　(D)潜流

2. 判断题

(1)隧道衬砌裂损类型包括衬砌变形、衬砌移动和衬砌开裂三种。（　）

(2)衬砌变形有横向变形和纵向变形两种。而纵向变形是主要变形。（　）

(3)隧道衬砌的一般检查,可使用分格检查方法。（　）

(4)隧道渗漏水类型包括隧道漏水和涌水(拱部滴水、隧底冒水、孔眼渗水)、隧道衬砌周围积水,潜流冲刷和侵蚀性水对衬砌的侵蚀等几种。（　）

(5)衬砌冷缩开裂不属于隧道冻害劣化类型。（　）

(6)确定衬砌材料劣化的类型和等级,可采用目视观察和仪器探测等方法进行。（　）

(7)整体道床是直接承受动力荷载的刚性结构,每个支承点均要承受反复冲击。（　）

(8)内燃机车通过隧道产生有害气体主要是 CO_2 和氮氧化物,对人体危害最大。（　）

3. 思考题

(1)简述隧道衬砌裂损等级的评定方法。

(2)隧道冻害劣化主要有哪些类型?

任务 8.2　隧道养护维修

本任务主要讲述铁路隧道养护维修,重在技术技能培养。

学习目标

1. 掌握铁路隧道养护维修分类。
2. 掌握隧道治水原则。
3. 掌握隧道技术标准及养修质量评定标准。

8.2.1　铁路隧道养护维修

1. 隧道养护

隧道内应保持清洁,定期清理隧道内煤粉、尘土、杂物。排水沟畅通,盖板完好。洞内积冰无侵限。

2. 无衬砌隧道整修

铁路隧道为永久性建筑物,对无衬砌地段,为避免洞内岩石层因风化及水的侵蚀而发生落石掉块,应根据隧道状态有计划地补做衬砌或加固。

3. 隧道底部整修

长期运营实践证明,隧道突出的薄弱环节之一是隧道底部,一是该修仰拱的未修仰拱,二是铺底过薄。单线Ⅲ级以上、双线Ⅲ级及以上围岩地段,岩层一般受地质构造影响严重,风化破碎,侧压力大,基础易产生沉陷;土质基础则承载能力低,稳定性较差,故在总结以往经验、教训的基础上,规范规定均应设仰拱,且仰供上回填混凝土强度等级与拱部相同,仰拱填充混凝土等级不低于 C20。不设仰拱的石质隧道,在列车动载作用长期作用及地下水侵蚀的影响下,地基岩石易破碎松散,底部日趋泥化,常发生基底沉陷、道床翻浆冒泥等病害,不但增加养护维修工作量,而且影响运营安全。故加固隧道底板时应采用钢筋混凝土,底板厚度不小于 30 cm。

4. 洞门整修

一般情况下,洞口外围岩多风化破碎,地质条件较差,气温变化大,自然条件不利,修建隧道时开挖边仰坡又破坏了山体原有平衡,洞门的作用在于支撑隧道边仰坡、拦截仰坡面的小量剥落、掉块,并将仰坡的水引离隧道洞口,以稳固洞口,保证洞口线路安全。洞门端墙顶面高出仰坡脚不小于 0.5 m,仰坡脚至洞门端墙顶帽背的水平距离应不小于 1.5 m。洞门端墙与仰坡之间的水沟底至衬砌拱顶外缘的厚度不宜小于 1.0 m,如图 8.2.1 所示。按此要求修建的隧道洞门一般未发现多大问题,若运营隧道未达到上述要求,应设法整修。

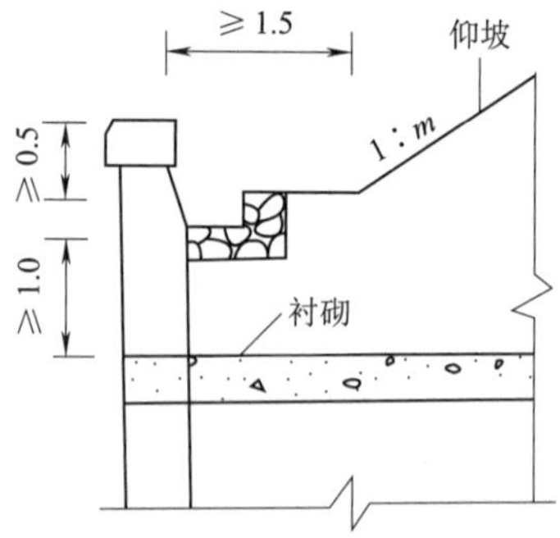

图 8.2.1 洞门排水(单位:m)

5. 衬砌病害整治

根据国内外隧道病害整治经验,混凝土衬砌因水蚀、烟蚀、冻蚀或有害介质的腐蚀等原因,出现疏松、蜂窝麻面、鼓起剥落、孔洞露石、骨料分离等破坏,而导致材料强度降低,衬砌厚度变薄,渗漏水日趋严重,衬砌失去对围岩的支护作用,其他病害也会接踵而来。对石块衬砌,特别是当灰缝及石料(花岗岩抗风化腐蚀能力很强,但砂岩则甚差)同时发生腐蚀时危害更大。对病害的整治,可视造成病害原因,分别采取措施:

(1)治水。

(2)设置各种防蚀层(如特种水泥砂浆或混凝土作防蚀层),也可用各种防蚀涂料以及块材镶面等措施进行处理。

(3)当腐蚀严重时,则应进行翻修,必要时可用成环整体加固或成环更换旧衬砌等方法进行修理加固。隧道发生裂缝变形,如净空变小侵限、衬砌碎裂失去整体性、仰拱或铺底出现裂损、裂缝漏水其他病害等,应对裂损变形作详细记录,定期观测监视其发展,进行衬砌应力与应变的测量等,认真分析原因后,再采取针对性措施,有注浆加固,嵌补,增设锚杆、W 钢带加固,喷射混凝土(包括素喷、锚网喷、喷射钢纤维混凝土等)加固,加套拱,全拱更换或成段更换衬砌,增设混凝土支撑,增设仰拱或更换钢筋混凝土仰拱,加深展宽墙基等。

8.2.2　漏水整治

隧道衬砌的漏水现象一般表现为渗、滴、淌、冒几种。“渗”是指地下水从衬砌向外润湿,使衬砌表面出现面积大小不等的湿渍;“滴”是指水滴间断地脱离衬砌滴落的现象,有时连续出水,即滴水成线,常称为漏水;“淌”是指漏水连续沿衬砌流淌而下;“冒”是指有一定压力的水从衬砌或隧底外冒。这几种漏水现象,其部位与出水量不同,对隧道产生的危害也不同。

隧道漏水是由洞内、洞外的多种因素引起的,所以不可能靠单一的办法就能得到很好的解决。根据多年来的经验,隧道治水应采取“防、截、排、堵相结合,因地制宜,综合治理”的原则。隧道的防排水工作需结合水文地质条件,查明水源及漏水位置及漏水量大小,结合施工技术条件、材料和成本等,因地制宜,选择适宜的方法才能达到防水可靠、经济合理的目的。

防:要求隧道衬砌结构具有一定的防水能力,防止地下水渗入。采用防水混凝土或防水板等,提高衬砌抗渗能力。防水板厚度不应小于 1.5 mm。

截:隧道顶部如有地表水易于渗漏处所或有坑洼地积水,应设置截、排水沟和采取清除积水的措施。

排:隧道应有良好的排水设施并充分发挥其作用,以减少渗水压力和渗水量。但必须注意大量排水后引起的后果,如围岩颗粒流失、降低围岩稳定性或造成当地农田灌溉和生活用水困难等,要了解当地的环境要求,通过注浆堵水,达到“限量排放”,妥善处理排水问题。

堵:采用注浆、喷涂,或用嵌填材料、防水抹面等方法堵水。

整治隧道漏水,视漏水部位和漏水量,可选用以下方法。

1. 拱部(或边墙)漏水

20 世纪 50~60 年代采用注浆整治隧道漏水,对衬砌背后普遍进行注浆防水。采用注浆是将不透水的胶凝物质(防水材料)通过钻孔注入扩散到衬砌及背后一定深度的岩层裂隙中去,把裂隙中的水挤走,堵住地下水的通路,减少或防止衬砌漏水,同时起到固结破碎岩层的作用。这种方法只要应用得当,对整治隧道漏水是有一定作用的。总结以上经验得出:围岩及回填层压注普通水泥或特种水泥浆液;衬砌内注入速凝止水化学浆液等方法。但要注意压注浆液不是为了简单地把水流封闭在围岩内,一般都应给每一压浆防水段落的地下水安排一条出路。衬砌内贴防水层是整治衬砌大面积漏水病害的常用方法。禁止使用水玻璃浆液作为永久堵水材料,因为水玻璃短期内效果虽好,但不耐久,故永久防水时不得使用。

2. 边墙淌水

可采用边墙内间隔一定距离设竖向排水暗槽或边墙背后设竖向盲沟排除。为扩大集水范围,在不影响围岩稳定和引起盲沟堵塞的前提下,可以盲沟为轴心,在垂直面上、左右三方面适当地钻一些集水孔,以拦截水流,集中排出。

3. 施工缝、伸缩缝、沉降缝渗漏水

可采用嵌填弹性防水橡胶条、防水膨胀嵌缝腻子条、粘贴橡胶止水带等,对施工接缝也可用压注水溶性聚氨酯等速凝止水浆液。

4. 隧底冒水

一般可采用压注速凝水泥或化学堵水浆液以堵塞隧底裂隙,加大、加深或增设排水沟使隧底水流能迅速排除等方法整治。

当隧道内结冰时,不论是挂冰或冰溜、冰柱或侧冰以及冰锥,当其侵入限界或冰锥覆盖轨面都将危及行车安全,或者隧道内排水设备出现冰塞,不但造成沟、管自身破碎不能再用,冬季不能排水,同时隧道内各种病害现象接踵而来,所以都必须及时刨除。

隧道漏水病害的整治,应千方百计保证质量,取得最佳效果。根据成功的经验,宜采用"拱堵边排"方案,即拱部以封堵为主,边墙以引排为主,通过堵与排的结合处理,尽可能将渗漏水引排流入侧沟。为了保证治漏的质量,不论堵或排的部位,均应按先后顺序,设有临时堵漏(用双快水泥或水泥水玻璃)、柔性防水(氯丁乳胶水泥浆或改性聚氨酯涂料)和刚性防水(改性环氧砂浆或防水砂浆)等多道防水层,切忌单一处理,以防止堵水材料因收缩而失效。因此,在进行漏水整治时,一定要因地制宜,优化选料,精心施工。

8.2.3 建筑材料

隧道洞门及衬砌修理用混凝土、喷射混凝土、水泥砂浆、石材材料应符合《铁路隧道设计规范》(TB 10003—2016)的规定。具体见表 8.2.1 和表 8.2.2。

表 8.2.1 洞门建筑材料

工程部位	材料种类	
	混凝土	钢筋混凝土
端墙	C25	C30
顶帽	C25	C30
洞口挡、翼墙	C25	C30
侧沟、截水沟	C20	—
护坡	C20	—

注:护坡材料也可采用 C20 喷射混凝土、M10 水泥砂浆砌片石。

表 8.2.2 衬砌建筑材料

工程部位	材料种类			
	混凝土	钢筋混凝土	喷射混凝土	
			衬砌	支护
拱墙	C25	C30	C25	C25
仰拱	C25	C30	C25	C25
底板	—	C30	—	—
仰拱填充	C20	—	—	—
仰拱预制块	—	C40	—	—
管片	—	C50	—	—
水沟、电缆槽	C25	C25	—	—
水沟、电缆槽盖板	—	C30	—	—

选用的建筑材料应符合结构强度和耐久性的要求。同时,根据结构功能的需要还应满足抗冻、抗渗、抗侵蚀的要求。混凝土的抗渗等级,寒冷地区有冻害地段和严寒地区不应低于 P10,其他地区不应低于 P8。

在寒冷及严寒地区隧道受冻害影响的地段，应采用整体式钢筋混凝土衬砌，混凝土强度等级应适当提高。

8.2.4　隧道技术标准及养修质量评定（验收）标准

隧道、明洞应保持状态完好。如发现下列病害，应查明原因，安排处理。

（1）衬砌开裂、变形、损坏。衬砌裂缝长度＞5 m、宽度＞5 mm；衬砌变形速率＞10 mm/年；拱部衬砌压溃范围＞1 m^2、掉块深度＞10 mm。衬砌多条裂缝贯通有掉块可能时应立即有计划地安排处理。

（2）衬砌严重风化、腐蚀造成衬砌崩塌、剥落。衬砌腐蚀疏松深度大于衬砌厚度的 1/6、面积在 0.3 m^2 以上。

（3）严重漏水、涌砂、涌水。电力牵引区段隧道拱部漏水，影响接触网正常使用；非电力牵引区段隧道拱部漏水成线；边墙淌水，造成严重翻浆冒泥，道床下沉；严寒地区漏水造成结冰侵限；涌水、涌砂浸泡道床。

（4）仰拱或底板变形损坏，导致基床下沉、道床翻浆，影响轨道稳定。

（5）洞内外排水设施损坏、失效，影响排水功能。

隧道保养质量评定标准参考表 2.3.1。

隧道修理作业验收标准参考表 2.4.1。

8.2.5　典型工作任务

1. 隧道排水沟清理作业（图 8.2.2）

图 8.2.2　排水沟清理作业

（1）挖除道床

挖除道床及覆土，或打开井盖，掀开沟盖。

（2）清淤

伸入竹皮或铁线，拉入带特制耙的大绳，反复拉动，捞打出淤积物，并清理沉淀井坑底。

（3）补修

调查和补修破损部分。

（4）恢复

恢复井（沟）盖。

（5）运淤

清除的杂物，应及时运出线路，避免弄脏道床。

（6）清理顺序

从上游到下游。

（7）检查

按照作业质量标准对隧道水沟整修质量进行检查，发现不符合要求及时整改，确保作业质量达标。

（8）作业结束

清扫作业现场及回收清理料具。

（9）完工会

收工后，施工（作业）负责人组织召开完工会，对当日作业质量及安全情况进行总结。

⚠ 安全风险

风险名称:人身伤害

防控措施:

1. 列车到来前及时待避,所有料具不侵限。
2. 佩戴护目镜、手套、胶靴等。
3. 携带照明工具,作业前选好待避洞。

2. 涂刷隧道标志作业(图 8.2.3)

(1)清扫灰垢

彻底清除掉旧有灰垢。

(2)粉刷

涂刷均匀,字迹清楚、正确。

(3)检查

按照作业质量标准对隧道标志涂刷质量进行检查,发现不符合要求及时整改,确保作业质量达标。

(4)作业结束

清扫作业现场及回收清理料具。

(5)完工会

收工后,施工(作业)负责人组织召开完工会,对当日作业质量及安全情况进行总结。

图 8.2.3　涂刷隧道标志作业

⚠ 安全风险

风险名称:人身伤害

防控措施:

1. 列车到来前及时待避,所有料具不侵限。
2. 调灰浆时应戴橡胶手套。
3. 携带照明工具,作业前选好待避洞。

3. 隧道拱顶漏水整治作业(图 8.2.4)

(1)拱顶采用注浆堵漏

①作业程序:找漏水点→钻孔→埋设注浆管→注浆→抹面→涂防渗材料。

②点漏整治。先在漏水点凿 V 形槽(外口直径 45 mm,深 50~100 mm),再用速凝水泥将注浆管埋入,速凝水泥应少拌、勤拌、宁湿勿干,待速凝水泥封堵干热后,浇水养护 2~3 次,1 h 后方可压浆。

在做 V 形槽时,注意察看两侧混凝土质量,如有疏松渗漏现象应在漏水点四周 100~200 mm 范围再埋设 4 根注浆管,构成梅花形布置,一并注浆。

图 8.2.4　隧道拱顶漏水整治作业

③线(缝)漏整治。沿线(缝)凿 V 形槽,每隔 400~600 mm 埋设一个注浆管,注浆时从低位向高位注浆,干缝或水量较小时应从高位注水,以保证注浆液充分反应;注浆、拆除注浆管后沿缝加做排水槽,引至侧排水沟,速凝水泥砂浆抹面,表面加贴维纶布,并涂刷防水材料 2~3 遍。

④面漏整治。首先铲除表面疏松混凝土,一般为 30~50 mm;查找漏水点,钻孔,埋设注浆管(凡有漏水点均应埋设注浆管),然后压注浆液,用水泥砂浆修补找平,表面涂刮防渗材料两遍。

⑤注浆方法:注浆泵操作人员应听从注浆人员指挥,注浆人员根据注浆管的压力来判断是否停止注浆,注浆顺序一般由下往上,采取跳跃式和间歇式压浆,先快后慢。拆管时先开放手阀,再拆管、扎节,防止浆液喷出。间隔式压注法:当压力表达到设定的压力后,可暂停片刻,待压力下降后再继续慢慢加压,反复数次直至压力不再降低方可停止。跳跃式压浆法:一般对渗漏缝采取此种方法,从第一根注浆管开始压浆,至第二根注浆管出浆后立即用铁丝将其扎住,再从第三根注浆管中压浆至第四根注浆管出浆,依此类推。

⑥点漏、面漏、线漏、缝漏均应遵循“面变线、线变点”的整治原则。

(2)安装 PPR 塑料板

①注浆、拆除注浆管后,沿缝加做排水槽,引至侧排水沟。

②排水槽采用 PPR 塑料板,抗拉强度不小于 13 MPa,厚度不小于 2 mm。

③压条采用 PPR 塑料管加工而成,厚度不小于 5 mm,压条外侧应留出软板 2~3 mm,以保证 PPR 塑料板不被撕裂,压条间距不大于 0.6 cm。

④膨胀螺栓采用不锈钢材质,规格为 M12,长度 120 mm,间距不大于 20 cm,螺栓扭矩必须达到要求。

⑤膨胀螺栓端部与承力索安全净距不得超过 260 mm,排水板无撕裂、无漏水、中部下垂度 3~5 cm。

⑥压条接头处为搭接,搭接段不小于 6 cm,并用膨胀螺栓固定。

⑦多条排水板槽并排安装不得搭接,若现场必须搭接时压条不得共用(即搭接处两侧必须各自安设压条)。

(3)检查

按照作业质量标准对拱顶漏水整治质量进行检查,发现不符合要求及时整改,确保作业质量达标。

(4)作业结束清扫作业现场及回收清理料具。撤除防护,开通线路。

(5)完工会

收工后,施工(作业)负责人组织召开完工会,对当日作业质量及安全情况进行总结。

⚠ 安全风险

风险名称:人身伤害

防控措施:

1. 确认线路封锁并停电后,方可上道作业。

2. 双层作业必须设置隔离设备,否则严禁双层作业;活动架子应设有防溜装置。

3. 活动梯子、活动脚手架等作业架使用前,认真检查是否牢固,作业结束后安放牢固不要侵限。

4. 聚氨酯堵漏剂遇水起化学反应,应特别注意戴好护目镜和防护罩,以免浆液溅入眼内。

风险名称:触电伤害

防控措施:

1. 电气化铁路区段,隧道拱部作业时,需停电。

2. 施工负责人确认接触网断电后才能进行作业。作业完毕,确认作业人员到齐、机具清理收集完毕后,施工负责人与供电部门联系恢复供电,待隧道作业车入站后才能销除封锁点,开通线路。

文本

8.2.6 答案

8.2.6 任务考核

1. 单选题

(1)加固隧道底板时应采用钢筋混凝土,底板厚度不小于______ cm。

(A)20 (B)30 (C)40 (D)50

(2)仰坡脚至洞门端墙顶帽背的水平距离应不小于______ m。

(A)0.5 (B)1.0 (C)1.5 (D)2.0

(3)隧道洞门端墙用混凝土强度等级不应低于______。

(A)C15 (B)C20 (C)C25 (D)C30

2. 判断题

(1)隧道内应保持清洁,定期清理隧道内煤粉、尘土、杂物。 ( )

(2)洞门端墙顶面高出仰坡脚不小于0.3 m。 ( )

(3)隧道衬砌的漏水现象一般表现为渗、滴、淌、冒几种。 ( )

3. 实作题

考核方式一:依据桥隧工考核大纲,具备实习实训条件的单位,根据具体情况,从8.2.5中抽选一个或几个典型工作任务,现场实作考核。

考核方式二:依据桥隧工考核大纲,无实习实训条件的单位,选择8.2.5中一个或几个典型工作任务,从作业流程、质量验收标准及安全注意事项等方面进行试卷考核。

如:(1)隧道危石处理作业的质量标准有哪些?

(2)隧道危石处理作业过程中的安全注意事项有哪些?

(3)试述隧道内危石处理的作业(操作)方法及步骤。

项目9　涵渠及其他设备修理

项目概述

本项目包括2个项目，主要介绍铁路涵渠修理及其他结构的修理。重在技术技能培养，是本门课程的重点学习内容。

学习目标

知识目标

1. 掌握铁路涵渠修理技术。
2. 掌握其他设备修理技术。

能力目标

1. 具备铁路涵渠修理的能力。
2. 初步具备铁路其他设备修理的能力。

素质目标

培养学生的专业技能及职业素养；培养学生严谨务实、实事求是的工作作风。

课前导学

京九铁路江西九江段，有大大小小涵洞700余个。受强降雨影响，一些涵洞被杂草淤积堵塞。桥隧工们就像"医生"一样，疏通涵洞的"毛细血管"，保障京九铁路大动脉运输畅通。涵洞清淤作业如图9.0.1所示。

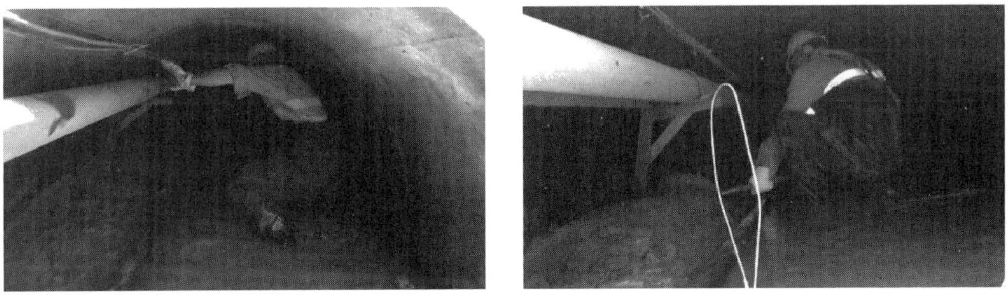

图9.0.1　涵洞清淤作业

涵洞高度不到1.5 m，桥隧工们只能泡在水里，弯曲着身子慢慢挪动。一铲一铲地清出淤泥，再用牵引绳拖到洞口。

他们用辛勤汗水，默默保障着我们的日常生活，他们默默地坚守，是奋斗者最美的姿态。

任务 9.1 涵渠修理

本任务主要讲述铁路涵渠养护维修技术,重在技能的培养,是本项目的重点学习内容。

学习目标

1. 掌握铁路涵渠劣化等级评定方法。
2. 掌握铁路涵渠养护维修技术。

9.1.1 涵渠劣化评定标准

1. 涵渠劣化类型

(1)涵身变形和破损

①开裂(裂纹)

裂纹种类有表面龟裂、微裂、开裂。

②错位

包括管节之间的拉开,上、下、左、右错位,洞身与翼墙的错位。

③冲毁

涵身、翼墙、端墙破损,倾斜。

④腐蚀、风化和脱落

洞身管节腐蚀,保护层风化、脱落、掉块、钢筋锈蚀。

⑤下沉(下陷)

洞身均匀和不均匀下沉、出入口或洞身堵死。

(2)涵洞排水不良而引起的病害

①堵塞(淤积)

涵内泥砂淤积,杂草、垃圾、泥石流堵塞,影响正常排水。

②漏水、渗水

洞身渗水,管节接头处漏水,基底冒水、潜流。

③积水(倒虹吸管除外)

涵洞洞身管节不均匀下沉,出口不畅,洞身坡度变化,洞内常年积水。

④孔径不足

孔径不足、涵前积水升高,浸泡上游路堤。

(3)防护设施破损

①包括上下游锥体护坡,上下游铺砌、垂裙和导流设施。

②防杂物设施损坏。

包括防淤、防杂的栅栏和其他设施。

2. 劣化等级评定方法

(1)一座涵渠有多种劣化类型时,可按较高一级的劣化等级确定。

(2)对各种劣化类型,劣化等级的评定,应根据各种病害的情况,分别采用目测(观察裂纹时,采用20倍放大镜和刻度放大镜)、探测、手(锤)检、丈量、仪器测量等相应的手段测定之。

3. 涵渠劣化等级评定及处理措施

涵渠劣化等级评定标准见表9.1.1,处理措施见表2.2.2。

表9.1.1　涵渠劣化等级评定标准

序号	劣化类型	等级			
		AA	A1	B	C
1	开裂(裂缝宽度 b)	①盖板涵盖板断裂 ②拱涵沿轴向开裂贯通、错台,危及行车安全	①钢筋混凝土结构裂缝宽度 $b \geq 0.3$ mm ②混凝土拱形结构(含砖、石等砌体拱形结构)裂缝宽度 $b \geq 20$ mm	①钢筋混凝土结构裂缝宽度 $b < 0.3$ mm ②混凝土拱形结构裂缝宽度:10 mm $\leq b <$ 20 mm ③因裂纹产生局部渗漏水(冒泥浆、吊空)	混凝土拱形结构裂缝宽度:2 mm $\leq b <$ 10 mm
2	下沉、错位	涵洞破损变形、错位、拉开漏土,严重影响路基稳定	①涵身破损变形、错位、拉开造成漏土或排水不畅 ②冻害引起线路变形	涵身局部破损变形、错位、拉开,未造成漏土或不影响排水,继续发展会升级为A1级	
3	基底淘空		①涵身、端、翼墙基础冲坏、基底全部或局部冲空 ②基底冒水潜流,洞内渗漏水,影响路基稳定		
4	腐蚀风化		严重腐蚀风化、脱落深度 $\geq$ 20 mm,面积 $\geq 0.5\ m^2$	腐蚀、风化、脱落深度 < 20 mm,面积 $< 0.5\ m^2$	
5	孔径不足	涵前积水升高,浸泡路基,危及行车安全	淤积严重影响排洪	轻度淤积影响排水	孔径小于1 m经检算不满足要求或临时涵
6	防护设备损坏		冲毁	部分损坏	轻微损坏、不影响使用

4. 涵洞检查重点

(1)涵身是否变形、裂损、露筋,接头是否错位、漏水、漏土。

(2)涵内是否淤积造成孔径不足,涵洞与水沟之间水路是否顺接。

(3)涵洞基底是否冒水、潜流造成基底淘空等。

(4)进出口铺砌、河床导流建筑物和路堤边坡防护设施是否完好。

(5)接长涵洞的有无沉降。

(6)行洪涵洞有无水标尺,标示是否清晰。

(7)盖板涵盖板是否发生横向断裂,边墙是否开裂外鼓。

9.1.2 涵渠养护维修

1. 涵渠技术标准及养修质量评定(验收)标准

(1)孔径、长度

为了便于维修与清除淤积,排洪涵洞的最小孔径不应小于 1.25 m,且全长不宜大于 25 m,当全长大于 25 m 时,孔径还应相应加大。无淤积的灌溉涵孔径不应小于 0.75 m。当孔径为 0.75 m 且净高(或内径)小于 1.0 m 时,长度不宜大于 10 m;净高(或内径)大于等于 1.0 m 时,长度不宜超过 15 m。

若孔径过小、长度过长,不易清淤养护,一旦淤积又不能及时疏通,易造成淤塞、冲毁涵洞和周围路基,致使行车中断。位于城市或大型车站(如枢纽、区段站)的涵洞,一般因人口比较集中,涵洞除排洪外,尚有污水、垃圾杂物流入,清淤的通风条件应比一般排洪涵洞要高,因此孔径应根据需要酌情加大。现有涵洞不符合上述规定者,应结合具体情况逐步改造。

(2)沉降缝或管节缝

涵洞的沉降缝或管节缝必须填塞密实,填塞材料可使用防水膨胀嵌缝腻子条、弹性防水橡胶条、特种橡胶密封剂或其他有弹性的防水材料,确保密封效果,尤其是有压涵洞、倒虹吸的管节接缝更应密不透水,既要不透水,又要能沉降自如,以免水流在压力下渗入路堤及基底,影响路堤及基底的稳定性。

(3)涵洞应保持状态完好

如发现下列状态之一时,应有计划地安排处理:

①钢筋混凝土结构裂缝宽度大于等于 0.3 mm;混凝土拱形结构(含砖、石等砌体拱形结构)裂缝宽度大于等于 20 mm。

②涵身破损变形、错位、拉开造成漏土或排水不畅;冻害引起线路变形。

③涵身、端、翼墙基础冲坏、基底全部或局部冲空。

④涵洞基底冒水潜流,洞内渗漏水,影响路基稳定。

⑤涵洞严重腐蚀风化、脱落深度≥20 mm,面积≥0.5 m^2。

⑥涵洞淤积严重,影响排洪。

⑦涵洞进出口护锥及防护设施冲毁。

(4)涵渠养修质量评定(验收)标准

涵渠保养质量评定标准参考表 2.3.1。

涵渠修理作业验收标准参考表 2.4.1。

2. 涵洞整治

对涵洞有满流的,入口加筑抬高节成漏斗形进口,使水位变动在抬高节范围内,在跌水完成后再流经其他管节,以便较好地利用全部管节的泄水能力。必要时应按压力涵管进行检算后予以改善,无法改善时,应重新改建或增设。

对涵管缝隙过大或管节裂损严重的,在孔径许可的条件下,可在洞内加筑衬环、套管整治;缝隙过大但管节尚完好的,也可用拉管法整正。

对排洪涵破损严重而净空有富余,孔径较大,有条件时也可采用喷射混凝土(素喷、锚网喷或喷钢纤维混凝土)及加筑套拱进行加固。

对拱涵顶填土较薄,而孔径又不容许压缩,不能采用套拱等方法加固时,可在涵顶加设钢筋混凝土板卸载,改善其受力状态。

9.1.3 任务考核

文本

9.1.3 答案

1. 单选题

(1)高度为 1 m 的涵洞,长度不宜超过______ m。

(A)10　　(B)15　　(C)20　　(D)25

(2)钢筋混凝土涵渠裂缝宽度 $b\geq 0.3$ mm,劣化等级可评定为______。

(A)AA　　(B)A1　　(C)B　　(D)C

(3)涵渠腐蚀、风化、脱落深度小于 20 mm,面积小于 0.5m^2,劣化等级可评定为______。

(A)AA　　(B)A1　　(C)B　　(D)C

2. 判断题

(1)涵身裂纹种类有表面龟裂、微裂、开裂。　　(　　)

(2)路桥过渡段、新旧路基和涵洞顶至轨底高度小于 1.0 m 的路涵过渡段,路基刚度不均匀和薄弱处所应作加固处理。　　(　　)

(3)涵渠防护设施包括上、下游锥体护坡,上、下游铺砌、垂裙和导流设施。　　(　　)

3. 实作题

依据《桥隧工》考核大纲,选择桥隧工典型工作任务,从作业流程、质量验收标准及安全注意事项等方面进行试卷考核。

如:(1)整修涵渠作业的质量标准及作业过程中的安全注意事项有哪些?

(2)涵渠检查的重点内容有哪些?

(3)整修涵渠的作业(操作)方法及步骤是什么?

任务 9.2 其他设备修理

本任务主要讲述铁路附属设备的修理,重在技能培养,是本项目的重点学习内容。

学习目标

1. 掌握河道、防护设备及调节河流建筑物养护维修技术。
2. 掌握附属、安全及动力设备养护维修技术。

9.2.1 河道、防护设备及调节河流建筑物养护维修

1. 清淤

为了保证水和流冰的正常通过,必须清理桥涵附近的淤土杂物和阻碍水流的杂草,砍除上下游至少各 30 m 范围内的灌木丛。在春汛和每次洪水通过后,须立即将小桥下及涵洞内的淤积物清除。

为了防止河床的淤积,可采用加大河床坡度、加大流速等方法使水流中的夹杂物向桥孔下游排泄。

2. 泥石流整治

对有泥石流的桥涵,可在上游沟谷适当的位置修建拦渣坝(谷坊)或拦石栅拦截石渣,将水位分段提高,使水流从坝顶漫过,将石渣拦在坝间沉积下来,使泥石流的紊流变为缓流,消耗水流中积聚的能量,并连续改变河道的纵向坡度形成跌水,只有冲积物溢出谷坊脊顶以后才能继续流动。谷坊可根据冲积物成分采用柳囤、柳杆单层编篱、柳杆木笼、干砌片石、浆砌片石、混凝土或钢轨内填充石堆等筑成。对坡降较大的泥石流也可修建排导槽,使泥石流排入下游河道

3. 冻害处理

有冻害的桥涵应加强整治,整治方法应视具体情况确定。桥涵基底在冻结线以上,桥涵翼墙后为渗水不良土壤时,可采取加深基础、基底压浆、桥台和翼墙后更换为透水性土壤等措施,并作排水盲沟等方法整治。冻害未整治前,应视不同情况采取防冻措施。对冬季无水河流的桥墩,可在墩周一定范围内培土培草;有水的小桥有条件时可在下游填土筑坝,临时抬高水位,或填平冲刷坑等。寒冷地区为防止涵洞内发生冻结,在冬季应采用挡雪板挡住小孔径涵洞的洞口,或采取在涵洞口培土培草、挂帘等临时防冻措施。

有流冰的河流,除应做好破冰工作外,墩台前还应设有破冰棱或其他防冰设备及措施。破冰棱可设在桥墩上,或在桥墩前单独设立。

4. 浅基墩台防护加固

浅基墩台防护加固的方法一般有:局部防护、整体防护和加深基础等。加深基础以采用在原基础周围加钻孔桩、灌注钢筋混凝土承台,并与原墩台基础承台相联结,将基础加深到要求高程的方法较为普遍,也最为可靠。

局部防护是在桥墩周围为防止水流局部冲刷而设置的防护措施,一般用于大跨度桥梁。其防护面应不高于一般冲刷线,否则易被洪水冲毁。

整体防护是对小桥和桥长 50 m 以下的中桥进行全桥防护,其防护面不高于河床最低点,并在上下游防护体端部设置垂裙,上、下游垂裙的埋置深度应按照《铁路桥梁检定规范》计算确定。对桥长大于 50 m 桥梁的浅基墩台,若采用整体刚性防护,投资较大、可靠性差,防护质量控制困难,出现局部冲空又不易检查,致使全桥防护损坏,造成桥梁冲毁。故宜采取桩基托换或其他可靠的局部防护措施。

5. 遇有下列情况时,应修建或加固防护设备和调节河流建筑物,也可根据具体情况,对河道作适当的裁弯取直

(1)水流威胁桥台、桥头路基及淘刷桥头路基的堤脚。

(2)河道变迁,流向不顺,造成集中冲刷,影响局部墩台的稳定。

(3)防护设备或调节河流建筑物位置不当,数量不够,强度不足,可能造成冲毁或损坏。

对既有桥梁,遇上述所列三种情况时,应修建或加固防护设备和丁坝、导流堤等调节河流建筑物,修建时还应根据当地条件及以往所做防洪工程的效果,并考虑对上下游农田的影响和地方水利建设,经综合研究后审慎确定。对已存在多年而并未遭受冲毁或发生险情的防护设备和调节河流建筑物,应尽可能予以利用。

6. 养修质量评定(验收)标准

保养质量评定标准参考表 2. 3. 1。

修理作业验收标准参考表 2. 4. 1。

9.2.2　附属、安全及动力设备养护维修

1. 桥涵限高防护架(图9.2.1)

在养护维修过程中,限高防护架应重点检查限高是否与实际相符;结构是否完整;状态是否良好。

图9.2.1　桥涵限高防护架

2. 防火设备

明桥面结构的木料及桥梁附近的枯木、刨花、柴草等易燃物易发生火灾,造成桥梁的损坏,所以必须及时清除易燃物,配置灭火设施。无巡守的明桥面应按本条文规定设置钢筋混凝土制砂箱或水桶。设有巡守、结构复杂或重要的桥梁,除备有砂箱水桶外,还应配备化学灭火器及消防水管、消火栓、水龙带等防火用具(表9.2.1),并保持完整,能应急使用。

表9.2.1　明桥面防火设备设置数量及安设位置

桥梁全长/m	水桶或砂箱数量及安装位置
30~60以内	桥头设置1个
60~120以内	桥两头各设置1个
120及以上	除桥两头各设置1个外,并每隔约60 m交错设置1个

注:水桶容量不小于0.15 m^3,并备提水桶;砂箱容量0.1 m^3,并备有砂铲或将砂装袋存放。

3. 检查设备

为了便于桥涵、隧道进行检查维修,必须设置必要的检修设备。

(1)当路堤及路堑边坡、隧道仰坡高度大于3 m时,应设置简易台阶(图9.2.2)。

(2)墩台顶至地面高度大于4 m,或经常有水的桥梁,墩台顶应设置围栏、吊栏(桥墩设双侧);桥面至墩台顶应设置检查梯(图9.2.3),并在作业通道或避车台上设有能开闭的出入孔。

图9.2.2　简易台阶

图9.2.3　检查梯、围栏、吊栏

(3)钢梁、圬工梁拱应根据结构形式和需要,分别设置吊篮、活动检查小车、栏杆和检查梯等。重要的桥梁应根据构造特点和需要,设置专门的移动检查设备和固定检查通道。河道可航行的桥梁应配备检修船只,常年有水桥梁应配备水下检查设备。

(4)空心墩、斜拉桥、系杆拱等均应安装相应的检查设备与桥梁检查通道。

(5)隧道、明洞及棚洞,应配备移动检查设备。

4. 避车洞

隧道内一般均有程度不同的地下水,有的修建时干燥无水,建成后由于水文地质条件的变

化,出现渗、漏水的情况,考虑岩层遇水更易风化,为了减少养护维修工作量,确保行车安全,故避车洞也应衬砌,其衬砌类型应和该处的隧道衬砌类型相适应。为了便于轻型车辆、小车和行人待避,以避免事故的发生,避车洞底面应与道床、人行道或侧沟盖板面齐平。

5. 通信设备

为了在遇到紧急情况时可直接与车站及线路、桥隧车间、工区联系,及时采取应急抢险措施,保证行车安全,应在全长 500 m 以上的钢梁桥和全长 3 000 m 以上的隧道两端设置电话。瞭望条件较差的桥隧设备,为保护在桥面和隧道内作业及巡检人员的安全,必要时应安装警报音响信号。

6. 动力设备

钢梁总长超过 500 m 的特大桥及多线并行的钢梁桥,由于钢结构保护涂装及各种修理作业工作量较大而集中,为减轻工人体力劳动,提高养护质量,实现养桥机械化的需要,应在桥头设固定动力站。

动力站包括高压风机站及变配电设施。动力站应设置在距钢梁最近的适当地点,以缩短风管路及动力线路的长度,尽可能减少风压降及电压降。风管及水管的直径、储风包的容积和电力动力线路的截面积均应根据计算确定,要求在钢梁最远端仍有 0.6 MPa 的风压、380 V 及 220 V 电压、清洗钢梁最高点和消防用水所必需的水压。一般钢梁总长不大的大中桥及各类圬工桥,机械化作业工作量相对较小,以配备移动式养桥机械(包括发电机、空压机、运输机具等)为宜。

7. 航标设置维护

按照《铁路安全管理条例》规定,设备管理单位应做好桥区航标中的梁桥航标、桥柱标、桥梁水尺标的设置和维护工作;水面航标由设备管理单位负责设置,航道管理部门负责维护。

根据航道管理部门的规定,在通航桥孔迎船一面跨中设桥涵标(正方形标牌)。多孔通航的桥梁,正方形标牌表示大轮通航桥孔,圆形标牌表示小轮(包括非机动船)通航桥孔。正方形标牌为红色(夜间为红色单面定光),圆形标牌为白色(夜间为绿色单面定光)。通航桥孔两侧桥墩上,迎船一面设桥柱灯 2~4 盏(按桥墩高度确定),为绿色单面定光。航道标志及其照明应做到显示正确,完整无缺少。

8. 电缆通信

为了保证铁路桥隧安全运用,原则上不容许路外单位通过桥隧建筑物安装高低压电缆、电线、各种管路(如自来水管道、煤气管道等),应单独另行设置过桥。如必须通过时,应提出设计、施工和使用的安全措施等文件并经铁路局集团公司批准,不得随便擅自安装。因为高压电力线路会干扰影响铁路通信,对钢梁桥来说还存在不安全因素。至于通信电缆,一般在特大桥及隧道内都应在一定部位设置的电缆槽道内通过,并应加防护措施。总的要求是,在任何情况下,这些设备的安装必须做到:在桥梁承载力容许范围以内,不侵入限界、不妨碍桥梁检查修理工作并要求有确保桥隧及养护人员安全的措施。

9. 增建新建筑物

路内外单位需要通过路基增设立交桥、涵管等也须经铁路局集团公司批准,并按铁路有关规范设计施工,由铁路有关单位(设备主管部门)验收。在修建与铁路隧道立体交叉或邻近的构筑物工程时,由于采用爆破等施工方法,对既有隧道的围岩及衬砌将产生较大影响,甚至发生衬砌开裂、脱落等影响行车安全的事故,因此该类施工应进行专项论证,并对既有铁路隧道结构进行安全评估。

10. 其他设备

为了利于养护管理,保证铁路行车安全,在桥隧建筑物上安装各种设施,穿越铁路修建桥涵设备的路内外单位,应与设备管理部门签订协议,明确产权归属及养护、安全责任。

11. 公铁两用桥

铁路、道路两用桥梁的管理要按照《铁路安全管理条例》规定,由设备管理单位和道路管理有关部门联系,建立健全桥梁管理机制,制订具体管理办法,明确设备管理范围、养护费用分摊和安全责任。

12. 周边环境检查

《铁路安全管理条例》规定桥隧建筑物周边环境应重点检查以下项目:

(1)是否有易燃、易爆物品;

(2)是否有采砂、围垦造田、抽取地下水、拦河筑坝、架设浮桥等情况;

(3)是否有采石、开矿及隧道上方修建建筑物等;

(4)周边危及铁路桥隧设备安全的其他内容。

13. 养修质量评定(验收)标准

保养质量评定标准参考表2.3.1。

修理作业验收标准参考表2.4.1。

9.2.3 典型工作任务

1. 浆砌片石作业

(1)适用范围

护锥、护坡、护底、垂裙和基础以及根据需要新砌筑浆砌片石部位。

(2)作业目的

对桥涵附属设备进行改善,保护桥涵主体结构等。

(3)作业条件

当地昼夜平均气温(最高和最低气温的平均值或当地时间6时、14时及21时室外气温的平均值)连续3天不低于5 ℃或最低气温高于-3 ℃以上正常施工,低于-3 ℃按冬季施工作业办理。

(4)机具和材料

机具:铁锹、镐、土篮、扁担、水桶、瓦工工具、铁板、挂线、锤、錾子、垂球、角度尺等。

材料:水泥、砂子、水、木板、草袋、片石或料石等。

(5)作业程序及要领

①清理整平基底。

②放样挂线。

③选料加工,片石表面平整,打掉棱角及凸出部分。

④按配合比拌和水泥砂浆,砂浆拌和要均匀。

⑤浆砌片石作业(图9.2.4)。

砌筑顺序自下而上,分层进行。每隔70~120 cm为一层,找平一次,一次砌筑不得超过1.2 m。

图9.2.4 浆砌片石作业

大面积浆砌坡面时,每 2 m 左右、用 50 mm 圆棒插入砌体,留泄水孔,泄水孔要里高外低,以利排水。初凝时拔出圆棒,内壁处做过滤层。

片石要在砌筑前修好,不准在已经砌好的砌体上敲打。砌筑前先将片石湿润,以免吸收砂浆中水分。

砌筑顺序是先角石,再镶面后填腹。填腹石的分层高度与镶面石相同。

⑥勾缝抹面。

表层砌缝中的砂浆要清除,其深度不小于 3 cm,用水刷洗后再勾平缝或凹缝。缝宽一般 3~5 cm 为宜,缝厚一般在 0.5~1.0 cm。

封顶抹面厚度不小于 2 cm。

⑦养生。砂浆初凝后约 1 h,用草袋(帘)或塑料薄膜覆盖砂浆,使用喷壶对其浇水,使砂浆保持湿润。

⑧清理场地,砌体附近的土石方彻底清理干净。

(6)作业结束

清扫作业现场及回收清理料具。

(7)销点

设备经验收达到放行列车条件后,清扫作业现场及回收清理料具、撤除防护,按要求销点,开通线路。

(8)完工会

收工后,施工(作业)负责人组织召开完工会,对当日作业质量及安全情况进行总结。

⚠ 安全风险

风险名称:人身风险

防控措施:

1. 搬运石料时,要清除道路上的障碍物,防止绊倒摔伤。
2. 加工石料时要戴防护镜,并控制石屑飞出的方向,避免伤人。
3. 搬运、砌石时要戴手套、轻拿轻放,防止挤手碰脚、严禁下摔。
4. 工作面上待用的石料应放稳,防止滑动伤人。靠近线路堆放机具材料等按要求堆放。不得侵入建筑接近限界。每次卸车后,施工负责人应组织人员全面检查堆放情况,不符合规定或堆放不稳固的应立即清理。
5. 高处作业需符合《普速铁路工务安全规则》(TG/GW 101—2023)的有关规定。

2. 干砌片石作业

(1)适用范围

防护设备、调节河流建筑物破损,以及根据需要新筑干砌片石部位。

(2)作业目的

对桥涵两头护锥、路基护坡设备进行改善,保护桥涵、路基主体结构稳定性,延长使用寿命。

(3)作业条件

天窗点外作业。

(4)机具和材料

机具:大锤、钢钎、手锤、铁锹、小撬棍、水平尺、木折尺、皮尺、垂球、线绳等。

材料：片石、碎石、细砂、水泥、木桩、线绳等。

(5)作业程序及要领

①按设计放样挂线。

②挖基础，基础一般采用立墙式干砌片石，其深度及宽度符合设计尺寸。

③整平基面并夯实，锥体土方短缺时，要挖台阶分层填夯，个别坑洼处所要用片石填平夯实，使基底及坡面坚实。

④捣实垫层，在干砌片石之前，先铺100～150 mm厚的碎石垫层。随着片石砌筑的高度逐层铺设并进行捣实。

⑤干砌片石（图9.2.5）。

图9.2.5 干砌片石

单层砌片石采用栽砌、双层砌片石采用平砌，每块片石都要垫实靠紧做稳，其顶面与坡面接近垂直。在表层砌石的砌缝应选用小石块填塞并用手锤打紧。

砌筑顺序为自下而上分层进行。石块大小不一，应将大块置于下层。片石要选用表面平整的，打掉凸出的棱角。铺砌护基时，应由外向内砌，铺砌护底时，应由梁端向中间砌，砌筑上游河床时应将较大石块砌筑在铺砌开始的地方，砌下游河床将较大石块砌在靠近出口处。铺砌护底垂裙，应先砌外侧后砌内侧，以防下滑。

每隔1 m砌丁石一块，丁石要插入垫层内，交错排列。丁石的长度应大于片石层的厚度，一般不小于50 cm。石块支垫稳固，咬接紧密，最大砌缝不超过40 mm，并选用小石块进行填塞，用手锤打紧（达到手取不出来的程度）。砌缝无贯通，垂直错缝不小于40 mm。

⑥ 封顶，桥头护锥顶面用水泥砂浆封顶抹平，宽度约40 cm。厚度2～3 cm，每隔2～3 m留一断缝。

⑦ 清理场地，将翻至坡脚附近的土石方彻底清理干净。

(6)作业结束

清扫作业现场及回收清理料具。

(7)销点

设备经验收达到放行列车条件后，清扫作业现场及回收清理料具、撤除防护，按要求销点，开通线路。

(8)完工会

收工后，施工（作业）负责人组织召开完工会，对当日作业质量及安全情况进行总结。

⚠ 安全风险

风险名称：人身风险

防控措施：

1. 搬运石料前，要清除道路上的障碍物，防止绊倒摔伤。
2. 加工石料前，要戴护目镜并控制石屑飞出的方向，避免伤人。
3. 砌石时要戴手套等劳动保护用品，石料轻拿轻放，防止挤手碰脚。
4. 工作面上的机具及待用石料、应放稳，防止滑动伤人及侵入限界。
5. 在桥下作业时，注意桥上来车，防止车上坠物伤人。

3. 水泥砂浆勾缝作业

(1)适用范围

砌体勾缝脱落、断道、空响。

(2)作业目的

对浆砌片石缝隙进行封闭,防止雨水渗入造成基地下沉及冻害等产生,影响设备稳定。

(3)作业条件

就地搅拌水泥砂浆,日平均温度5℃以上。

(4)机具和材料。

机具:铁锹、铁板、小方锹、水桶、电镐、方锤、钢钎等,瓦工工具、发电设备。

材料:水泥、砂、水、外加剂、草袋等。

(5)作业程序及要领。

①开缝。凿除砌体脱落、断道、空响的灰缝,凿深3~5 cm。开缝宽度,料石1.0~1.5 cm,片石1~4 cm。

②用压力水将缝内石渣、粉末等杂物冲洗干净,浇水使石缝充分湿润。

图9.2.6 水泥砂浆勾缝作业

③配制M10水泥砂浆,水灰比不超过0.52~0.65。

④勾缝。先刷素水泥浆一遍,再用抹子将砂浆填入灰缝内(自上而下,从左至右),缝深时分两层填平,灰缝宽3~5 cm为宜。砂浆初凝前用抹子压缝,保持灰缝略高于砌石5~10 mm,如勾凹缝灰缝略低于砌石5~10 mm。用毛刷打去毛刺和飞边。水泥砂浆勾缝作业如图9.2.6所示。

⑤养护。用草袋或野草、塑料薄膜等覆盖,并经常洒水养护,时间不少于7 d。

(6)作业结束

清扫作业现场及回收清理料具。

(7)销点

设备经验收达到放行列车条件后,清扫作业现场及回收清理料具、撤除防护,按要求销点,开通线路。

(8)完工会

收工后,施工(作业)负责人组织召开完工会,对当日作业质量及安全情况进行总结。

⚠ 安全风险

风险名称:人身伤害

防控措施:

1. 搭设脚手架符合有关规定。

2. 凿除坡面砌体勾缝时要注意脚下防滑,凿除灰缝要戴护目镜。持锤手不得戴手套。

3. 作业人员要按规定穿戴劳动保护用品,距地面2 m以上高处作业,需系安全带,戴安全帽。

4. 在桥下作业时,应注意桥上来车,防止车上坠物伤人。

4. 水泥砂浆抹面作业

(1)作业目的

防止圬工桥隧建筑物平面或主面风化、脱落,延长桥隧建筑物的使用寿命。

(2)作业条件

①设驻站、远端、现场防护,桥上用对讲机或电话防护,利用列车间隔时间作业。

②带班人由工、班长或指派能胜任的桥隧工担任。

③宜在室外昼夜平均5 ℃以上气温条件下作业,低于5 ℃时按冬季施工办理。

(3)作业程序

①凿除风化混凝土,不留痕迹。

②凿除的新麻面要用水冲洗干净,在抹面前要刷一层素灰浆。

③抹M7.5砂浆、筛、洗砂子,拌和砂浆时要干拌三道,湿拌三道;水灰比一般不超过0.65。

(4)抹面(图9.2.7)

图9.2.7　水泥砂浆抹面作业

①砂浆可分层抹面,先紧贴坡面抹底层,底层表面可用抿刀做成波浪状或锯齿状粗糙面。当底层表面出现细微裂纹,一般为五六成干时,立即开始抹第二层。每层厚度为10~15 mm,下层抹面时,砂浆面拉毛,使层次联结紧密,如有第三层,则第二层表面亦应做成粗糙面,并待其稍干后抹第三层。面层表面要抹平。当抹面作业中断时间较长时,停工处灰体应做成斜形粗糙面抹面。

②压实提浆:灰体初凝后,稍待数小时,先用木抹子赶平压实,反复磨压提浆,再用铁抹子压光。一般应进行2~3次。后一次提浆需在前一次提浆后,表面略微干燥时进行。

③养生:一般抹面后10~12 h(炎热天气2~3 h),灰浆即初凝,应立即用麻袋、草帘等遮盖并浇水养生,养生期约7 d。

(5)作业结束

清扫作业现场及回收清理料具。

(6)销点

设备经验收达到放行列车条件后,清扫作业现场及回收清理料具、撤除防护,按要求销点,开通线路。

(7)完工会

收工后,施工(作业)负责人组织召开完工会,对当日作业质量及安全情况进行总结。

安全风险

风险名称:人身风险

防控措施:

1. 开行动车地段,在动车组通过前30 min应停止作业,到线路外侧3 m外的安全地点避车。视线不良地段应增设中间联络员。

2. 高空作业搭脚手架牢固,作业人员系安全带,禁止双层作业。

3. 凿除混凝土要戴好劳保用品。

4. 凿除混凝土打锤人员与把钎人员要垂直成90°,禁止面对面打锤,锤把安牢,锤头、钢钎不得有飞边。

5. 电气化区段距接触网2 m以内作业应断电。

5. 限高防护架整修作业

(1)适用范围

限高架被撞损坏,限高标志丢失,涂装失效。

(2)作业目的

防止限高防护架钢结构锈蚀,延长使用寿命。限高防护架结构完整,限高标志齐全、完好、规范、清晰,保证其作用功能。

(3)作业条件

铁路正常行车条件下,根据限高架损坏及道路通行情况确定是否需要向道路管理和交通运输部门请求封锁道路。

(4)机具和材料

机具:吊车、发电电焊两用机、撬棍、手锤、油刷、安全带等。

材料:油漆、电焊条、钢筋、钢管、钢轨、限高标志等。

(5)作业程序及要领(图 9.2.8)

①根据需要封锁限高架下的道路。

②利用吊车将损坏的限高架移出道路外进行修理。

③将修理完毕的限高架吊装就位,螺栓拧紧、焊接牢固。

④按《普速铁路桥隧建筑物修理规则》(TG/GW 103—2018)的规定对限高架进行涂装油漆,安设符合国家标准的交通标志。

图 9.2.8　限高防护架整修作业

(6)作业结束

清扫作业现场及回收清理料具。

(7)销点

设备经验收达到放行列车条件后,清扫作业现场及回收清理料具、撤除防护,按要求销点,开通线路。

(8)完工会

收工后,施工(作业)负责人组织召开完工会,对当日作业质量及安全情况进行总结。

⚠ **安全风险**

风险名称:人身风险

防控措施:

1. 作业前首先检查机具状态是否良好。
2. 作业人员按规定佩戴劳动保护用品。
3. 吊装重物时,吊臂下严禁站人。

9.2.4　任务考核

文本

9.2.4　答案

1. 单选题

(1)为了保证水和流冰的正常通过,必须清理桥涵附近的淤土杂物和阻碍水流的杂草,砍除上下游至少各______ m 范围内的灌木丛。

(A)10　　(B)20　　(C)30　　(D)35

(2)整体防护是对小桥和桥长______ m 以下的中桥进行全桥防护。

(A)30　　(B)40　　(C)50　　(D)100

(3)100 m 长的桥梁,应设置______个水桶或砂箱。

(A)1　　(B)2　　(C)3　　(D)5

(4)当路堤及路堑边坡、隧道仰坡高度大于______ m 时,应设置简易台阶

(A)1　　(B)2　　(C)3　　(D)5

(5)墩台顶至地面高度大于______ m,或经常有水的桥梁,墩台顶应设置围栏、吊篮。

(A)1　　(B)2　　(C)3　　(D)4

2. 判断题

(1)对有泥石流的桥涵,可在上游沟谷适当的位置修建拦渣坝(谷坊)或拦石栅拦截石渣。（　　）

(2)寒冷地区为防止涵洞内发生冻结,在冬季应用挡雪板挡小孔径涵洞的洞口。（　　）

(3)当水流威胁桥台、桥头路基及淘刷桥头路基的堤脚时,可对河道作适当的裁弯取直。（　　）

(4)应在全长 500 m 以上的钢梁桥和全长 1 000 m 以上的隧道两端设置电话。（　　）

(5)钢梁总长超过 500 m 的特大桥及多线并行的钢梁桥,应在桥头设固定动力站。（　　）

3. 实作题

考核方式一:依据桥隧工考核大纲,具备实习实训条件的单位,根据具体情况,从 9.2.3 中抽选一个或几个典型工作任务,现场实作考核。

考核方式二:依据桥隧工考核大纲,无实习实训条件的单位,选择 9.2.3 中一个或几个典型工作任务,从作业流程、质量验收标准及安全注意事项等方面进行试卷考核。

如:(1)浆砌片石作业中的安全注意事项有哪些?

(2)水泥砂浆勾缝作业中的安全注意事项有哪些?

(3)限高防护架整修作业过程中的安全注意事项有哪些?

参 考 文 献

[1] 《中国铁路隧道史》编纂委员会．中国铁路隧道史[M]．北京：中国铁道出版社，2004.

[2] 乜凤鸣，楼军．中国第一座通过多年冻土地区的铁路隧道[J]．低温建筑技术，2004(5)：76-77.

[3] 中国铁路总公司．普速铁路桥隧建筑物修理规则：TG/GW 103—2018[S]．北京：中国铁道出版社，2018.

[4] 夏禾．铁路桥梁养护维修[M]．北京：中国铁道出版社，2010.

[5] 中国铁路经济规划研究院有限公司．截至2018年底中国铁路隧道情况统计[J]．隧道建设，2019，39(2)：324-335.

[6] 广州铁路(集团)公司工务处．铁路工务桥隧作业指导书[M]．北京：中国铁道出版社，2017.

[7] 中国铁路总公司．铁路混凝土工程施工技术规程：Q/CR 9207—2017[S]．北京：中国铁道出版社，2017.

[8] 国家铁路局．铁路混凝土工程施工质量验收标准：TB 10424—2018[S]．北京：中国铁道出版社，2018.

[9] 罗荣凤．桥隧构造与养护[M]．北京：中国铁道出版社，2013.

[10] 张澍东，李文盛．桥隧构造与养护[M]．北京：中国铁道出版社，2017.

[11] 中国铁路总公司．铁路钢梁涂膜劣化评定：Q/CR 731—2019[S]．北京：中国铁道出版社有限公司，2019.

[12] 中国铁路总公司．铁路钢桥保护涂装及涂料供货技术条件：Q/CR 730—2019[S]．北京：中国铁道出版社有限公司，2019.

[13] 国家铁路局．铁路桥涵混凝土结构设计规范：TB 10092—2017[S]．北京：中国铁道出版社，2017.

[14] 国家铁路局．铁路桥涵设计规范：TB 10002—2017[S]．北京：中国铁道出版社，2017.

[15] 梁启龙，张振雷．铁路桥梁施工与维护[M]．成都：西南交通大学出版社，2018.

[16] 铁道专业设计院．铁路工程设计技术手册：钢桥[M]．北京：中国铁道出版社，2003.